武汉大学"985工程"资助；国家自然科学基金青年基金项目"多维技术空间机遇下的新兴经济企业成长路径：商业模式的视角"（编号：71302094）；"转型经济中后发企业创新能力的追赶路径和机理：国有和民营企业的比较"（编号：71202122）；2014年度中央高校基本科研业务费专项资金/武汉大学资助科研项目

新兴经济
企业成长路径研究

商业模式的视角

The Growth Routes of Emerging Economy Firms: A Business Model Perspective

龚丽敏 著

中国社会科学出版社

图书在版编目（CIP）数据

新兴经济企业成长路径研究：商业模式的视角/龚丽敏著 . —北京：中国社会科学出版社，2015.4

ISBN 978 - 7 - 5161 - 5889 - 0

Ⅰ.①新… Ⅱ.①龚… Ⅲ.①企业成长—研究—中国 Ⅳ.①F279.23

中国版本图书馆 CIP 数据核字（2015）第 069672 号

出 版 人	赵剑英
责任编辑	刘晓红
责任校对	周晓东
责任印制	戴 宽

出 版	中国社会科学出版社
社 址	北京鼓楼西大街甲 158 号（邮编 100720）
网 址	http://www.csspw.cn
发 行 部	010 - 84083635
门 市 部	010 - 84029450
经 销	新华书店及其他书店

印 刷	北京君升印刷有限公司
装 订	廊坊市广阳区广增装订厂
版 次	2015 年 4 月第 1 版
印 次	2015 年 4 月第 1 次印刷

开 本	710×1000 1/16
印 张	14.25
插 页	2
字 数	243 千字
定 价	48.00 元

凡购买中国社会科学出版社图书，如有质量问题请与本社发行部联系调换
电话：010 - 84083683

目　录

第一章 绪论

第一节 研究背景

一 现实背景

本书最初源自于对一类有趣现象的关注，即我国企业的非技术式成长。21世纪，位于深圳福田区一条名为"华强北"的商业街几乎成为全世界电子产品业者关注的焦点。这里"一天的客流量不下50万人次，天南海北前来打货的人络绎不绝，小小的市场里人挤人、人挨人，要想趴到某个柜台前去看看玻璃板下面的机器都需要费一番力气"①。2008年，华强北商业街获得"中国电子第一街"称号②，成为中国电子产业数据风向标。华强北这么火，全都因为"山寨"。山寨③常被用来描述仿制品，山寨工厂指设备差、低端、以家庭为基础的工厂。

将这个故事进一步展开也许更为惊人。2007年以来，传统民族手机巨头波导、夏新出现巨额亏损，国产手机份额从早期的50%以上下降到当年的30%；10月，实施长达9年的手机牌照制度取消，"黑手机"漂白，山寨手机正式走上历史舞台。同年，有"山寨机中的战斗机"之称的天语以1700万部的销售量高居国产手机榜首，超过了摩托罗拉、三星等国际巨头。为山寨机提供核心集成芯片的台湾芯片商联发科（MTK）当年出货量高达1.5亿颗，狂收183亿元。

---

① "华强北商业区"词条，百度文库：《华强北走向没落：山寨手机阴暗内幕揭底》，http://wenku.baidu.com/view/4866e93667ec102de2bd893b.html。

② 同上。

③ "山寨"的英文对应词为 Shanzhai 或 counterfeit consumer goods，山寨手机也被译为 Gray-Market Handset（http://en.wikipedia.org/wiki/Shanzhai）。

面对山寨机的火爆，有人甚至喊出了"国货当自强，山寨要领航"、"农业学大寨，工业学山寨"的口号①。表1-1展示了我国手机总体情况以及山寨手机、MTK、天语手机出货量情况。与山寨机如火如荼形成对比的是部分品牌手机的没落和"山寨化"。以摩托罗拉为例，2009年第三季度财报显示，摩托罗拉手机部门亏损1.83亿美元；当季手机出货量1360万部，相比较上一季度的1480万部，环比下滑超过百万部。2009年11月，摩托罗拉与联发科签署协议开始在中低端机型中使用其芯片，且已扩大至六款机型。其他品牌手机厂商也有类似行动。如联想也实施了"正规军编制＋山寨式作战"方式②。这些足以表明，山寨在逐渐改变人们生活的同时，也在改变着品牌手机厂商，甚至手机的产业组织情况。

表1-1　中国手机总体情况及山寨手机、MTK、天语手机出货量情况

（单位：万部）

内容	年份	2003	2004	2005	2006	2007	2008	2009	2010	2011
中国手机总体情况	出货量	1.78	2.30	0.96	1.27	2.29	3.39	4.04	—	—
	出口量	0.95	1.46	2.28	3.5	4.83	5.33	—	7.58	
山寨手机情况	出货量	—	—	0.37	0.55	0.90	1.01	1.45	2.28	2.55
	出口量			0.06	0.14	0.39	0.60	1.12	1.5	
MTK出货量			0.05	0.32	0.65	1.50	1.80	3.51	5.00	
天语出货量		—		—	0.10	0.17	0.24	—		

注："—"表示数据缺失。表中数据来源于网络，以新闻等非官方统计数据为主，因此，存在说法不一等情况，例如，2010年山寨手机出货量有1.75亿部和2.28亿部两种说法。文中采用了被广为接受的数据。

将视野进一步拓宽后，我们会发现山寨手机似乎并非特例。20世纪90年代初，广州花都VCD和音响行业也发生了类似故事③。花都产品"远看像洋货，近看是国货，细看是假货，一用是烂货"，市场集中在二、三线城市和农村。但花都最终走出了阴霾，成为华南地区乃至全国最大的

① 李铁：《"山寨机"启示：产业不能升级的症结在企业之外》，《南方周末》2008年8月14日评论版。

② 刘湘明：《商业价值:柳传志的512天》,http://it.sohu.com/20100708/n273361704.shtml。

③ 陈邦明：《花都电子音响沉浮录》，花都政府网，http://www.gzhd.net/html/85/n-8985.html。

音响产品生产基地之一，且有价值高、难度大的专业音响、汽车音响、安装类扬声器和多媒体微型扬声器等音响类产品1000多种。我国东南沿海的故事则发生得更早。浙江温州柳市低压电器企业发展也几乎遵循草根型企业"山寨化"①的发展道路。20世纪80年代中期，正泰从当地专业市场上购买零部件，从模仿起家，经过二十多年，逐步完成了产业链分工，转型升级进入相对高端的成套电器领域，开始产品自主研发，并成为ABB、施耐德等国际领先企业在国内和国际市场竞争都不可忽视的力量。

这样的故事也发生在中国的大企业和知名企业中。三一重工（Sany）、海尔（Haier）等企业也走过类似的发展道路，并被称为"新兴经济模仿者"（emerging economy copycat）（Luo，Sun，Wang，2011）。但它们似乎走出了抄袭的魔咒。以三一重工为例，虽然逆向工程是发展过程中至关重要的早期步骤，但企业现在已经在国内建立了博士后流动站和国家级研发中心，并在德国、美国和印度建立了研究和制造基地，拥有536个专利和数以百计的技术诀窍（know‐how）知识。

事实上，类似故事也在全球范围上演。Prahalad和Mashelkar（2010）讲述了山寨故事的"印度版本"。他们在印度的制造和服务产业中都观察到了类似的现象。制造业中，最著名的是汽车巨头TATA集团。它以广泛的供应商网络为基础，雄心勃勃地生产出前所未有、售价只需2000美元的Nano轿车，从而实现了急速成长，为全球消费者所熟悉。类似的例子还有墨西哥的Mabe、土耳其的Arcelik等企业（Luo，Sun，Wang，2011）。

这些故事发生在不同地域，背后似乎存在共通的原因和逻辑，这正是本书所关注的。撇开可能涉及的知识产权问题不谈，这些企业为什么能实现成长？它们是如何成长起来的？进一步的，这些企业的成长和发展是这些国家在特定发展阶段的特有现象吗？如果是，它们还将走向何方？山寨手机显然是这些例子中较为极端的一个，因此，本书尝试将其作为典型案例跟进并深入分析。华为在一份对山寨机的研究报告中说："山寨机极具创新意识，不怕丢脸，不怕低利润，把能实现的功能都实现，想方设法地满足消费者的一切需求，即使你没有的需求，也给你创造出来，只有想不

---

① 需要强调的是，本书中所说的"山寨化"只是将这种特殊发展方式以山寨这个极端的例子作为代表而进行命名，并不含有任何贬义成分，特别是不包含与违背法律相关的内容。

到，没有做不到。"①

这更像问题的提出，而不是解释。企业一直以来追求为顾客创造价值，如何做到？为什么品牌产品、品牌手机难以做到的，山寨手机做到了，它们是如何做到的？项兵和周长辉两位教授分别意识到了事情的阶段性：

"我们过去比较重视制造，因此我们把科技放在非常高的地位，科技兴国，全国都非常关注核心技术……不是说科技是不重要的，如果做航空发动机，核心技术非常重要，对汽车发动机，核心技术非常重要，但是我们必须同时意识到……你不需要有核心技术，在我们这个市场，甚至不需要创新……在中国这么大的服务市场里，我们不需要创新就可以为社会创造 N 多财富……但是真正成为世界体系，长期生存，我们还必须创新。"（项兵）

"低成本创新（Low Cost Innovation）是生存驱动的创新（Survival Driven Innovation）。这种创新是低层次的，是企业发展初期阶段的创新模式。早期阶段的比亚迪就是这类创新，不管不顾，只要能'卖'。当企业发展到一定阶段，创新必然走向持续导向的创新（Sustainability Oriented Innovation）。这是较高层次的创新。这两类创新在本质上完全不是一回事。"②（周长辉）

二 理论背景

（一）企业成长潜在质性差异研究亟待加强

虽然 Penrose（1959）的名著《企业成长理论》（*The Theory of the Growth of the Firm*）引发了学者们对企业成长研究的充分兴趣和大量经验研究，但该领域理论发展仍然相当缓慢（Delmar, Davidsson, Gartner 2003; Shepherd, Wiklund, 2009）。究其原因，是研究者急躁的（impatience）在充分解答"如何"之前，就强调"多少"的舍本逐末做法（McKelvie, Wiklund, 2010）。

一方面，大量研究都是解释不同企业之间成长差异，将成长作为"输入"或"输出"，将其过程看成一个黑箱，这是对企业成长内部情况时间维度的忽视（McKelvie, Wiklund, 2010）。一个证据是，在过去 15

---

① 来源：http://www.tianjinwe.com/tianjin/tjcj/201107/t20110711_4031029.html。

② 这一观点取自周长辉教授微博，http://weibo.com/changhuizhou。

年顶级管理和创业杂志中，有超过 80 篇的经验研究都尝试解释成长差异，而不是考虑企业成长路径的潜在定性差异（Shepherd，Wiklund，2009）。

另一方面，成长决定主义（deterministic）认为发展阶段可预知，忽视了成长的定性差异。经验事实中存在大量企业并不成长或者经历了一两个成长阶段后就停止行动或退出了（Birley，Westhead，1990），这意味着，很多企业的成长并未超越发展早期阶段。还有一些生存下来的企业也没有成长，一直保持较小规模。进一步，即便企业都实现了成长，导致成长结果的内部过程也可能不同。例如，企业发布新产品和让一定数量员工下岗产生的利润率可能接近，但显然内部过程完全不同。这不利于企业成长概念化和理论基础的建立（O'Farrell，Hitchens，1988）。

对企业成长路径潜在定性差异的研究能弥补以上不足。因为质性研究能通过充分、如实地展示企业成长的全过程，揭示成长结果的内部过程差异，最大限度地反映企业成长的经验事实，从而降低企业成长结果内部过程混淆的风险（Garnsey，Stam，Heffernan，2006）。

（二）商业模式作为企业战略管理研究的最新进展

商业模式概念出现是近二十年的事。实践方面，商业模式的重要性被不断强调（Johnson，Christensen，Kagermann，2008；Linder，Cantrell，2000；Teece，2010）；理论方面，在经历了商业模式概念理解的混沌和模糊（Linder，Cantrell，2000），甚至质疑其仅具有修辞学意义（Porter，2001）之后，理论界已达成了一个基本共识，即认为商业模式研究属于战略管理研究范畴（Morris，Schindehutte，Richardson，Allen，2006），它对企业战略管理研究具有重要意义（龚丽敏、江诗松、魏江，2011）。

商业模式议题在全局性和网络关注度等两个维度上的优势能有效拓展 Rumelt 等（1994）所定义的战略管理研究视野。一方面，商业模式强调全局视角（Hirsch，Levin，1999；Zott，Amit，Massa，2011；龚丽敏、江诗松、魏江，2011），与架构理论假设（Meyer，Tsui，Hinings，1993）和战略—环境架构（Tan，Tan，2005；Tan，Litsschert，1994）的内部逻辑一致。这更适合应对新经济中多元、无形且涉及范围更广的企业价值创造问题以及由于信息基础设施完善而带来的价值获取渠道多元化可能性（龚丽敏、江诗松、魏江，2011）。

另一方面，商业模式对网络的关注也有助于拓展战略管理研究视野。商业模式反映了商业网络和价值链的平衡系统（Voelpel，Leibold，Tekie，

2004），其转变伴随着新商业生态系统（business ecosystem）的创造。这意味着，企业竞争优势、资源获取视野从企业边界拓展到价值链（龚丽敏、江诗松，2012）、价值网络（Shafer，Smith，Linder，2005）甚至商业生态系统（Van der Borgh，Cloodt，Romme，2012）。可见，商业模式的引入对战略管理中企业边界的定义具有显著意义。此外，商业模式研究本质是整合（龚丽敏、江诗松、魏江，2011）。当整合范围跨越国家边界时，其研究就定义了企业如何全球化，这为战略管理中全球化这个议题提供了新研究机会。

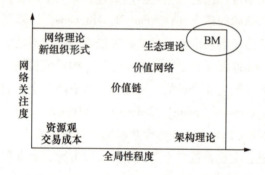

图 1-1 商业模式议题在理论体系中的位置

进一步，商业模式作为企业战略管理研究的最新进展适合新兴经济情境。McGrath（2010）指出，商业模式适合在快速变化、不确定及难以预测的环境中进行研究，这一视角与定位观（正确的定位）、能力观（协调内部资源）都不同，是一种自外向内的聚焦方式（outside - in focus）。类似的，Teece（2010）也指出，商业模式可以应用在新知识经济、网络和电子商务的成长、外包和离岸的增加、金融服务产业的重构、新产业赚钱方法与传统方式的差异等方面。

商业模式及其创新的研究为战略管理，特别是新经济时代企业战略管理提供了新洞见。相对西方成熟消费者而言，新兴经济体中数以十亿计的初次消费者（first - time consumer）对产品充满好奇，且对品质要求不高，"够用就行"（good enough）的态度让企业有机会迅速渗透进入大众市场（Immelt，Govindarajan，Trimble，2009）。也就是说，新兴经济企业有机会以够用的技术为基础，通过新商业模式实现价值创造。这解释了 Christensen 及其同事关于"破坏式创新"的一系列研究结果（Christensen，1997；Christensen，Baumann，Ruggles，Sadtler，2006）以及 Prahalad 和 Mashelkar（2010）的甘地式创新。

（三）中国企业管理理论研究情境化的重要性

管理理论中的情境化变得越来越必要且重要。Whetten（2002）曾指出，知识分为不随情境变化的"一般知识"（general knowledge）和随情境变化的"情境限定知识"（context – bounded knowledge）。作为社会科学的管理学研究获得一般知识的情况相对自然科学少，因为文献中提出的管理模型在其他社会情境中不一定有效（Hofstede，1993）。而全球管理知识主要是针对发达国家（特别是北美和西欧）情境，是限定在发达国家的情境知识（Tsui，2004），需要在其他情境中加以验证、修改甚至重塑。因此，情境嵌入式（context – embedded）（Cheng，1994）和情境特定式（context – specific）研究（Tsui，2004）对于贡献全球管理知识具有相当潜力。

即便如此，中国管理研究仍面临情境化不足的状况，许多仍倾向于利用现有理论（Li，Tsui，2002）。Tsui 等（2004）分析了 2000 年 1 月至 2003 年 6 月间发表的 106 篇聚焦中国的组织研究，发现只有两项研究提出了新理论。可见，进行"深度情境化"或发展新情境来丰富理论的努力远远不够（Tsui，2007），这可能导致中国学者过度依赖西方理论的尴尬状况。

因此，Tsui（2004）指出了两种不同的情境化研究方式：一种是情境嵌入研究中的情境化，主要采用国家层次特征的差异作为自变量或调节变量，即将国家层次的特征纳入考虑，并对此进行理论化；另一种是情境特定研究中的情境化，通过拓展人们所熟悉的构念和测度，以及展示情境变量（例如传统）来设定边界，或在特定情境边界内进行理论构建，提供情境特定的知识。在中国进行情境化研究具有非常大的理论贡献潜力（Tsui，2006）。

进一步，Tsui（2004）鼓励在新情境下开展高质量的本土研究。这与 Whetten（2009）提出的从西方"借"情境敏感理论的思路类似。她倡议在特定动态环境中鉴别和理解对中国企业、管理者、雇员来说独特或至少重要的问题，然后将中国情境与其他情境进行对比。与传统的文献驱动式研究不同，这一方式常直接在中国情境内提出一个研究问题，或应用一个西方研究中已有的熟悉现象，以此来避免对中国情境重要管理和组织问题的忽略。

（四）从权变逻辑到架构逻辑的范式转变

战略管理正经历从权变逻辑到架构逻辑的范式转变。权变观点（contingency）认为，要想变得有效率，企业条件需与其他方面保持一致，其核心概念是匹配（fit）（Drazin，Van de Ven，1985），包括选择（selection）、互动（interaction）以及系统方法（system approach）三种形式。前两种最为常见，其差异在于，选择假设需要两个或多个自变量，一个因变量（Drazin，Van de Ven，1985），且一般以"如果……那么……"的形式出现；而互动的变量处于相互平等地位。系统方法则逐步演化成后来的架构方法。权变较之普适观点的进步之处在于，承认了超越简单线性关系的互动存在（Venkatraman，Walker，1989），自变量和因变量间关系在不同权变因素影响下呈现不同结果。这可以解释企业在什么情况下获得竞争优势。

权变观点仍然存在一些问题。比如：（1）仅聚焦于少数环境和结构变量（常常是两个）之间的关系；（2）倾向于开展忽略时间变量的截面研究；（3）倾向于忽略样本中的不同组织类型得出变量关系的结论（Miller，Friesen，1980）；（4）常使用决定性假设。除此之外，权变方法也难以应付研究的复杂性（Miller，1996）。这种复杂性体现在以下方面：（1）多维构念或多变量及其与组织结果间的关系越来越成为一种常态（O'Leary，Cummings，2007）；（2）由于环境等因素不同导致的研究结果呈现冲突的状态；（3）动态事件（间断均衡）的时间、方向和程度越来越难以把握，在有些情况下，除了需要预测最佳点，当组织实践发生偏离，还需要预测出企业消极结果（Zajac，Kraatz，Bresser，2000）；（4）企业呈现生命周期阶段性发展的特征仍未得到解释。

针对这些问题，Meyer 等（1993）提出用架构观点来弥补。架构是指在个体中影响因素的组合所形成的一致模式或构象（Meyer，Tsui，Hinings，1993），强调在一个更广泛领域中的模式和相互关系（Miller，1987，1990）。可见，架构是重要属性紧密相关和相互增强的多维实体，是组织属性产生系统化集聚的结果（Meyer，Tsui，Hinings，1993），可用多个变量互动来反映（Baker，Cullen，1993；Dess，Lumpkin，Covin，1997）。

第二节 研究问题

对新兴经济企业成长及其演化的研究是一个重要主题。西方企业以大量研发投入促进技术创新，从而带来优质产品的成长方式显然已不适合。转型经济中后发企业"模仿—创新"道路（Hobday，Rush，Bessant，2004）为新兴经济企业成长提供了一种可能性，且得到了较为广泛的支持（Luo，Sun，Wang，2011）。最新研究基于对现实的观察，更大胆地提出了以市场开拓而非技术进步为核心的破坏式创新（Christensen，1997；Christensen，Baumann，Ruggles，Sadtler，2006；Christensen，Overdorf，2000）、逆向创新（Immelt，Govindarajan，Trimble，2009）以及甘地式创新（Prahalad，Mashelkar，2010），打破了竞争战略中市场情况假设（Kim，Mauborgne，1999；Kim，Mauborgne，2004；Sawy，Malhotra，Gosain，Young，1999）。其合理性在于意识到新兴经济与西方技术和市场分隔几十年导致的产品和工艺技术落后、技术累积性缺乏和互补资产缺失等情况（Prahalad，Mashelkar，2010），以及新兴经济国内中低端市场广阔可渗透（Immelt，Govindarajan，Trimble，2009）、企业急于迅速做大从而赢得政府关注和支持。这为建立"中国特定"理论提供了新的机会（Tsui，2006；Whetten，2009）。

这暗示了三个研究缺口。首先，企业成长研究仍主要遵循技术发展为主的传统逻辑（Arthur，Lawrence，1977；Bell，Pavitt，1993；Cho，Lee，2003；Ernst，Kim，2002；Fan，2006；Hobday，1995；Hobday，2005；Kim，1980；Mathews，2002；Mathews，Cho，1999；Wei，Malik，Shou，2005），而假设后发企业只能通过追逐技术的观点本来就是错误的（Hobday，Rush，Bessant，2004）。直到近期对技术创新之外成长动力的呼吁（Chesbrough，2007a），研究者才逐渐开始关注商业模式作为企业绩效解释（Zott，Amit，2008）以及技术创新和绩效关系的中间机制（Chesbrough，Rosenbloom，2002）。现有将商业模式作为企业成长可行路径研究仍付之阙如的一个重要原因是商业模式的战略归属尚未得到广泛认可（Morris，Schindehutte，Richardson，Allen，2006；龚丽敏、江诗松、魏江，2011）。

事实上，创业（George，Bock，2011）、技术创新（Chesbrough，Rosenbloom，2002）及商业模式与环境关系（Wirtz，Schilke，Ullrich，2010）等研究领域成果都暗示了商业模式的战略归属。Zott 和 Amit（2008）将其看成交易结构正是对这一支研究的推进。遵循 Teece（2010），本书将这一观点进行了拓展，认为商业模式是企业结构的架构，既反映了企业内部组织结构，又反映了供应链甚至企业网络结构。成功的商业模式意味着架构内部要素间的匹配或均衡（龚丽敏、江诗松、魏江，2011）。从这个角度来说，商业模式与企业成长之间显然存在强逻辑关系。因此，本书尝试关注商业模式如何带来企业成长。

其次，即便商业模式是新兴经济企业发展的重要动力，研究仍集中在对发达经济企业成长的研究中（Chesbrough，Rosenbloom，2002；Gambardella，McGahan，2010；Sabatier，Mangematin，Rousselle，2010；Smith，Binns，Tushman，2010），而企业在发达经济体和新兴经济体的成长显然存在差异（Guillén，Garcia‐Canal，2009）。事实上，商业模式更适合快速变化、不确定以及难以预测的环境（McGrath，2010；Teece，2010）这一特征被忽视，导致新兴经济中商业模式视角的企业成长研究不足。

本书认为，聚焦市场的商业模式是资源匮乏的新兴经济企业实现成长的备择战略决策。这响应了 Tan 等（2005）、Tan 和 Litsschert（1994）提出的"在环境动荡和嘈杂中开发一套企业成长新理论"的倡议。Luo 等（2011）指出，在新兴经济中显著模仿市场领导或先锋者产品的企业大多能快速设计、生产、营销以快速适应大众市场，暗示了通过非技术手段实现成长的可能性。可见，本书开篇的"山寨式发展模式"在中国并非偶然[①]。进一步，响应 Zott 和 Amit（2008）关注传统行业商业模式的号召，本书以制造企业作为研究对象，在前一个研究问题的基础上，探索新兴经济制造企业商业模式如何影响企业成长。

最后，对新兴经济企业成长演化研究缺乏。企业从创立之时起，就伴随着合作（Singh，Mitchell，2005）、企业网络（Hite，Hesterly，2001）、社会资本（Prashantham，Dhanaraj，2010）、不同战略选择组合（Lockett，Wiklund，Davidsson，Girma，2011）等外部要素演化及成长本身多要素共

---

① 当然，本书使用"山寨式"作为形容词时，并不带有任何贬义，也不涉及与其相关的法律问题，只是客观陈述一种特别的新兴经济企业发展方式。

同演化（Coad，2010）。外界环境变化时，企业需要调整资源发展和市场定位以实现成长（Pettus，2001）。但不同产业和组织情境中独立发展的成长模型仍不足（Harrison，2004）。

从研究情境角度看，现有新兴经济企业成长研究绝大多数聚焦于制度观（Yamakawa，Peng，Deeds，2008），但最近的经验研究发现，企业动态能力的某些内容（如逆向工程和制造柔性）对制度情境并不敏感（Malik，Kotabe，2009）。事实上，在新兴经济中，某些产业中的企业受到的制度影响远小于市场影响。这些都暗示了，新兴经济企业成长研究对制度和市场共同作用的具体过程不甚清晰。因此，本书同时关注制度和市场在企业成长过程中的作用。具体而言，本书希望关注新兴经济中企业商业模式与成长间如何共同演化。

显然，对以上三个问题的关注须先厘清商业模式构念。商业模式是一个具有强烈吸引力的概念。实践界对商业模式有着前所未有的狂热（Linder，Cantrell，2000）。理论研究数量也持续快速增长[①]，越来越多期刊纷纷出版文章和专刊进行探讨[②]。与这种狂热相对应的是实践界和理论界对商业模式理解的"混沌"。高管们虽然热衷于这个词，但令人惊讶的是，他们中的62%在被要求简要描述公司的商业模式时都存在困难（Linder，Cantrell，2000）。学者们也远未形成统一认识（Baden – Fuller，Morgan，2010；Morris，Schindehutte，Allen，2005），甚至对将商业模式研究是否纳入战略管理范畴都尚未确定（Morris，Schindehutte，Richardson，Allen，2006）。这种混沌的存在不可避免地导致研究者对商业模式理论生命力的质疑，甚至认为商业模式仅具有修辞学的意义（Porter，2001）。针对这一声音，本书在展开商业模式与企业成长关系的研究之前，从哲学和逻辑的层次解释了商业模式构念出现这一问题的原因。本书认为，商业模式是对以资源和能力的投入为基础，通过建构企业所处的价值链和外部网络，实现价值创造和价值获取的描述。基于此，本书回答了两个问题：

---

① 这从 SSCI 文献数量变化可见一斑。另外，Zott 等（2011）的最新综述中，也反映了这一趋势。

② *Havard Business Review*、*MIT Sloan Management Review* 等期刊早已有文章专门探讨商业模式的议题。更值得一提的是，*Long Range Planning* 在 2010 年出版了一期专刊，不仅有商业模式研究的著名学者（如 Zott、Chesbrough 等）发表他们对商业模式研究的最新看法，同时邀请其他领域的学者（如 Teece、Itami 等）就商业模式研究提出见解。

（1）商业模式是一个具有理论潜力的构念吗？如果是，那么（2）商业模式作为一个构念应该如何发展？

总之，本书聚焦于我国制造企业发展，旨在发现和解释转型经济中制造企业发展的独特路径。更为具体的，本书研究问题如下：

——商业模式是一个具有理论潜力的构念吗？如果是，那么它该如何发展？

——新兴经济制造企业不同阶段的商业模式如何影响企业成长？

——新兴经济制造企业的商业模式与成长之间如何共演？

第三节　研究设计

一　技术路线

本书基于对现实背景的观察和提炼提出了三个相关的研究问题，并分解为三个子研究。子研究一针对第一个研究问题，目的在于厘清商业模式构念的范畴、本质，并基于社会网络方法对商业模式现有研究脉络进行识别。子研究二针对第二个研究问题，通过一个对比案例研究，展示新兴经济中不同环境特征下商业模式架构对企业成长的影响。子研究三针对第三个研究问题，通过正泰集团的纵向案例研究展示商业模式与企业成长之间的演化关系。图1-2描绘了本书的技术路线。

需要强调的是，子研究一虽然主要通过对文献的梳理来完成，但作为一个相对较新且尚未得到足够共识的构念，商业模式本身及其相关理论进展并不足够明晰，因此，进行系统回顾和深入详尽的剖析非常必要且有价值，且为后两个子研究提供理论基础。因此，本书将其独立成一个子研究，而不是作为文献综述的一个部分。可见，事实上，三个子研究分为两个层次，第一个子研究厘清构念，后两个子研究共同发展了关于商业模式与成长关系的情境化理论。

二　研究方法

（一）社会网络分析

本书在对商业模式文献进行综述之前，采用社会网络分析方法，希望从现有商业模式文献的相互引证关系中发现构念发展及研究流派的蛛丝马迹。为了系统了解商业模式这一主题的文献，与以往回顾总结式的文献综述不同,本书采用了一种相对客观的文献分析。原因在于:第一,商业模式构念本身的混沌特性,导致研究流派不明确,部分研究者对其研究定位也不明确,而对现有文献的社会网络分析方法能相对客观地呈现文献间以及文献与理论间的潜在关系。第二,方法透明、可复制。这能避免传统文献综述中因为学者背景和关注点不同而导致的综述不全面的情况。

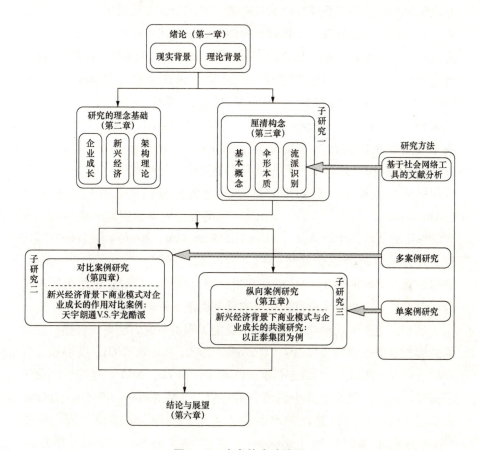

图1-2 本书技术路线图

若结果能显示几个聚集的文献群体,就能帮助后续研究更清晰地了解文献之间、文献群体间的关系,帮助寻找文献的理论传统。文献分析的结果与Morris等(2005)、Zott等(2011)文献综述的结果进行对照,帮助研究者更清晰地了解构念的发展脉络。具体而言,本书采用UCINET软件(版本11)来展示基于引用情况的商业模式研究流派的分析结果。UCI-

NET 是以矩阵为分析基础的社会网络数据分析软件包，包含了中心度计算、子群确定、角色分析等多种功能。

（二）案例研究方法

本书子研究二、三都采用案例研究方法，包括一个多案例研究（对比案例研究）和一个纵向案例研究。总体而言，本书立足于新兴经济企业成长研究，选择案例研究作为本书最重要的研究方法是因为：

第一，本书目的在于解释和充分展示企业如何发展和如何实现成长的定性差异，也就是企业成长路径和成长模式的潜在定性差异。如前所述，将成长作为"输入"或"输出"的过程黑箱式研究（McKelvie, Wiklund, 2010）常采用定量方法验证变量间线性关系。但 Delmar 等（2003）、Markman 和 Gartner（2002）等的研究都指出，企业规模变化呈现非线性特征以及自然发生变异（naturally occurring variation）。因此，Leitch 等（2010）建议采用更为包容和多元化的研究视角和方法，特别是采用更多定性研究，帮助理解迄今为止成长研究被忽视的一些方面（Achtenhagen, Naldi, Melin, 2010）。这类经验数据能很好地推动人们对传统思维的重新思考和挑战（Alvesson, Kärreman, 2007）。案例研究等定性研究方法既能考虑企业成长内部情况的时间维度（temporal perspective），能将 Penrose（1959）成长理论在强调成长路径对企业结果影响差异所忽略的、与企业成长息息相关的重要因素——环境纳入考虑。

第二，商业模式构念本身的特征决定了案例研究方法更为合适。商业模式构念本身不成熟（Linder, Cantrell, 2000; Porter, 2001; 龚丽敏、江诗松、魏江, 2011）、"实践导向"（George, Bock, 2011）等特征都决定了研究"从一个狭窄群体中总结会更有效"（McKelvey, 1982）。具体而言，商业模式本身就是以分类的方式来阐释商业，其逻辑是理论分类（typology）和实践分类（taxonomy）的混合（Baden - Fuller, Morgan, 2010），从理论出发进行自上而下的推演和从实践出发进行自下而上的总结都是必要的。因此，本书遵照定性研究方法适合理论构建目的（Eisenhardt, 1989）的传统逻辑，采用案例研究方法。更为具体的，商业模式动态性特征（Svejenova, Planellas, Vives, 2010; Yunus, Moingeon, Lehmann - Ortega, 2010）暗示了纵向案例的可行性。

第三，本书响应了 Li 等（2012）对在中国管理本土研究中更多地采用案例研究等定性研究的倡议。他们指出："中国管理的本土研究显著根植于某个特定区域的文化和历史情境，不能也不应该盲目模仿并简单采用社会科学中被广为采用的'科学'方法（例如定量研究方法）……"在文化基础与西方截然不同的情境中，情境化显得特别重要。本书定位于Tsui（2004）提出的情境嵌入式研究和情境特定式研究的后者。文章的价值是提供一个新兴经济的新洞见。即便只能提供情境特定的知识，但仍有机会影响后续研究，并成为全球管理知识基础中的一部分（Whetten，2002）。而Tsui（2004、2006）也建议此类研究采用归纳或扎根式理论构建，因为高质量本土研究需采用本地语言、主题和在本地有意义的构念，对本地现象进行科学研究，并以测试或建立在本地社会文化情境中解释和预测特定现象和相关现象的理论为目的。遵循这样的建议，本书采用案例研究方法。

第四节　研究意义

一　理论意义

（一）厘清商业模式构念对战略管理研究视野的拓展

本书对商业模式构念进行深入剖析后发现，商业模式构念具有大伞特征，因此采用架构方法是研究这一构念的最优方法；本书还发现，商业模式构念的优势在于它同时包含了价值创造和价值获取逻辑；此外，商业模式本身是企业一个虚拟的特殊层次。厘清这三个方面对战略管理研究视野的拓展具有重要意义，具体而言：

首先，商业模式构念的伞形特征对战略管理研究视野的拓展具有重要意义。本书证明了商业模式的伞形特征（Hirsch，Levin，1999），并指出运用架构理论和方法的可行性和有效性。具体而言，针对商业模式构念发展现状，本书通过证明构念的存在意义、普适性及其"大伞构念"的本质，解释了造成相关研究发展受阻这一尴尬局面的原因，并建议运用架构理论来开展商业模式构念界定和理论建构。通过对商业模式构念的深度剖析，本书尝试回答了关于构念构成的"how"问题（Whetten，1989）。商业模式构念目前正处在已经确定了多个构成要素，但必须回答它们如何相关的关键阶段。这一工作有助于降低构念界定和理论建构的无序性，提高商业模式研究的针对性。

现有战略与组织管理研究"线性逻辑—权变逻辑—全局逻辑"的转变，使得架构逻辑越来越重要（Fiss，2007）。这体现在架构的多维特征符合战略管理研究特征（Ketchen，Thomas，Snow，1993；Miller，Lant，Milliken，Korn，1996）、帮助战略管理研究结果的充分理解和解释以及统一战略管理研究结果（龚丽敏、江诗松、魏江，2011）等方面。进一步，架构能调和传统战略管理中战略选择（strategic choice）和组织生态（organizational ecology）这两个竞争性的学派。战略选择认为组织如何对环境条件做出反应是组织结果的重要决定因素（Child，1972），因此，组织不仅适应环境，还通过其行为影响环境（Miles，Snow，1978）；而组织生态观认为环境是企业产出的首要决定因素（Hannan，Freeman，1977，1984）。从架构的角度来说，这两种方式都可以表现为特定架构所产生的良好结果，只是核心和外围要素的位置可能存在差异。此外，架构逻辑还能解决"硬币两面"分开考虑的资源观缺陷（Wernerfelt，1984）。

其次，商业模式同时包含价值创造和价值获取的逻辑拓展了战略管理的研究思路。价值创造解释了企业如何从获取原材料直到向最终消费者提供产品或服务并获利（Amit，Zott，2001；Morris，Schindehutte，Richardson，Allen，2006）。这回答了"企业是如何工作"的问题，包含了从资源获取到产品和服务提供的全过程（Amit，Zott，2001；Morris，Schindehutte，Richardson，Allen，2006；Osterwalder，2003）。但光有价值创造是不够的，企业若不能从创造的价值中获得一部分，价值创造活动将无法延续（Chesbrough，2007a）。可见，价值创造与获取之间需要取得一定平衡。但当企业战略聚焦于提升顾客利益并通过增加顾客愿意为整个价值系统所额外支付的报酬来实现价值创造时，企业价值获取不会成为商业模式成败的决定因素（Priem，2007）。这一观点补充了企业定位、交易成本和资源观视角。

最后，商业模式研究层次的特殊性拓展了战略管理研究思路。商业模式构念中包含不同层次要素，使得一种全新的产业模型成为可能。由于商业模式中既包含了产业本身的要素，又包含了上下游企业的相关要素，因此，其创新在产业结构的变化中扮演了重要角色（Gambardella，McGahan，2010）。更为具体的，对商业模式的层次存在两种观点，一种观点是将其看成企业模型，这与管理创新的概念非常接近，那么其创新是通过组织结构的创新、价值链上下游不同行为的整合、战略性聚集与核心能力来实现的；另一种观点认为商业模式暗示了一个产业模型，与熊彼特的创业模型非常接近（Damanpour，Aravind，2012）。

（二）提出新兴经济中小企业成长的整合解释

最新研究指出，新兴经济企业特别是中小企业有"基于关系"和"基于技术"两种主要成长方式（Majumdar，2010），前者倾向于强调关系的增强，主要关注信任、合作、社区和社会收益，其基础是企业网络以及企业家、管理者网络，与企业网络化成长的逻辑类似。而后者是以技术来发展和提升产品和过程绩效，并需要投资与风险容忍的能力，其结论符合动态能力视角的企业成长（Malik，Kotabe，2009；Teece，Pisano，Shuen，1997）。

两种成长方式并非割裂的关系，最新研究显示了整合解释存在可能。Malik 和 Kotabe（2009）在新兴经济中对 Teece 等（1997）企业动态能力支撑的组织过程的三类——学习的组织过程、重构（reconfiguration）和合作（coordination）——具体化后，得到组织学习、逆向工程和制造柔性三种具体能力，后两者表现出对制度不敏感。而事实上，二者正是我国企业，尤其是中小型制造企业发展初级阶段的主要动力。结合 Hoskisson 等（2000）的观点，即认为制度理论在新兴经济转型初期解释力最大，随着时间的推移需要与其他理论整合来提升对现象的解释，本书认为这种制度不敏感的原因可能是企业所处的新兴经济发展阶段差异。而商业模式包含或暗示了 Luo 等（2011）指出的时间、企业内部能力、利益相关者、情境四个维度，使得本书有机会通过案例研究的方式，展示关系和技术两种成长方式在新兴经济中小企业成长过程中交替出现的阶段性特征。这说明，两种成长方式间并非割裂，而是在不同阶段发挥主导作用。

（三）为多种非技术创新成长方式提供理论支撑

商业模式与成长间的理论关系，为破坏式创新（Christensen，1997；Christensen，Baumann，Ruggles，Sadtler，2006；Christensen，Bohmer，Kenagy，2000；Christensen，Johnson，Rigby，2002；Christensen，Overdorf，2000）、逆向创新（Immelt，Govindarajan，Trimble，2009）以及甘地式创新（Prahalad，Mashelkar，2010）等非技术创新成长方式提供了理论支撑。以这三种创新为代表的非技术创新讲述了类似的故事，即企业通过追求前沿技术以外的东西实现企业成长。这种思路特别适合新兴经济，也适用于发达国家部分产业。它们都是通过对企业长期和深刻观察提出洞见，存在无法理论化的问题，这也是为什么相关内容常在《哈佛商业评论》、《（MIT）斯隆管理评论》等实践类期刊上发表，而较少在研究型期刊上发表。

　　本书将依托商业模式构念的提出，总结这些创新模式背后的理论洞见。即以企业商业模式演化为基础，证明成功企业在怎样的产业和政策情境下如何创造"足够好"的产品获得成长，并通过失败者的失败过程暗示了商业模式驱动的企业成长与技术驱动的企业成长之间交替的阶段性过程。通过商业模式、产业情境、政策情境的整合框架，本书将破坏式创新、逆向创新以及甘地式创新等多种非技术主导的创新模式纳入了理论解释的框架。

二　实践意义

（一）商业模式作为技术创新之外的企业发展新选择

　　商业模式驱动的企业成长是中国民营企业发展的新思路。中国经济发展存在的一个悖论是，民营企业是中国经济的发动机，却又缺乏政府保护，无法触碰到政府控制的关键资源（Luo，Sun，Wang，2011）。要扭转这样的态势，民营企业的一个可行之举是先快速做大。一方面，新兴经济体内部存在巨大的市场亟待满足；另一方面，以前沿的技术创新为基础的企业成长显然无法在短期内实现，因为存在一个这样的潜在假设，即技术含量越高的产品，价格也越高、面对的客户也将越少（Christensen，1997）。

　　一个全新的商业模式能使这一切成为可能。山寨手机厂商天宇朗通发展前期爆炸式的成长正符合这一思路。对跨国公司而言，逆向创新、破坏式创新、甘地式创新等方式是出于防守的原因。本书对手机产业发展案例研究显示，国外品牌厂商忽视广大中低端客户的需求直接导致了山寨手机轻而易举地攻城掠地。Immelt 等（2009）就曾经毫不客气地指出，如果GE 不在贫穷国家进行这类创新并将它们带向国际，发展中国家的新竞争者——Goldwind 和 Haier 之类——会去做。

（二）避免企业不同业务之间商业模式"一刀切"

　　从本书结果来看，商业模式需要与产业制度环境和技术环境相匹配才能带来企业成长。而新兴经济企业的一个重要特点是常进行多元化以降低风险。显然，不同行业技术发展水平和政策环境可能存在显著差异，如果采用"一刀切"的商业模式，它与不同产业和政策环境匹配的可能性很低，那么从业务角度来说，失败的可能性增加。更可怕的是，"一刀切"的商业模式可能使得企业不同业务之间一损俱损。

进一步，对于企业相同业务（或产品），也可以采用不同商业模式来实现业务成长。许多跨国公司品牌战略正是针对这一问题的反应，常在同一个业务采取主牌和副牌共同经营模式。例如全球最大的旅游行李箱公司新秀丽（Samsonite）在旅游行李箱业务就至少有新秀丽这一高端主品牌与美国旅行者（American Tourister）的中端副牌来服务不同细分市场客户，且都很成功。这至少表明，价值主张差异带来的商业模式差异使得两种商业模式殊途同归成为可能。

（三）避免企业不同发展阶段商业模式固化

企业应避免不同阶段商业模式固化。本书案例中显示的不同发展阶段商业模式变化带来的企业成长为企业商业模式的适应性变化提供了很好的例子。当进入新发展阶段时，旧商业模式很可能无法适应企业特定发展阶段。特别地，对于本书案例呈现的正泰集团等制造行业龙头企业而言，其转型升级过程正在经历制造业服务化转变，而作为制造业和作为服务业的基本逻辑存在显著差异。因此，制造业龙头企业在转型升级过程中对商业模式的修正可能是企业实现转型升级的关键之所在。

当然，这并不意味着企业商业模式创新能解决未来新兴经济制造企业成长的一切问题。本书案例研究暗示，新兴经济制造企业发展呈现阶段性特征。当行业处于技术相对成熟和制度环境逐步放宽的情境下，企业有机会采用新商业模式实现快速发展。而随着大众市场对技术需求的提升，新商业模式带来的非技术成长方式也许不再适用。这符合 Luo 等（2011）的观点，即无论技术驱动或商业模式驱动的企业成长，其最终目的都是企业能力的构建，并最终实现与跨国公司在主流国际市场的竞争。这也正表明了新兴经济制造企业成长的不同阶段特征。

（四）新兴经济企业边界模糊挑战了企业管理者思维

商业模式构念本身暗示新兴经济企业管理者在制定成长战略时，需要同时考虑内部资源能力和价值链以及利益相关者等（Luo, Sun, Wang, 2011），这符合企业战略全局性思维的要求。因此，管理者决策时，不能仅关注企业自身能力，还需将企业自身看成是整个商业生态系统（business ecosystem）的一部分。

换句话说，企业之间的边界和它们的外界环境都变得更具有穿透性

（penetrated），创新变得更容易实现，这正是开放式创新的思维（Ches-
brough，2006；Chesbrough，2007b）。例如，技术在企业外部商业化成为
可能。科学家和工程师既可以在企业内部进行商业化，也多了其他外部选
择。Morris 等（2005）就指出了二次创业带来商业模式创新的可能。可
见，商业模式视角的企业成长观点将一种新创业观引入了战略实践者的
视野。

第五节　章节安排

　　全书分为三个子研究，其中子研究一是子研究二、三的基础。本书拟
分为六个章节完成整体的研究设计。具体而言，文献综述（第二章）是
全文研究开展的理论基础，包括企业成长、新兴经济企业战略与行为以及
架构理论与方法三个主要内容。其中，企业成长是本书落脚点，新兴经济
是本书研究情境，架构理论与方法是本书看待商业模式的本质。随之展开
的是全文的三个子研究：

　　子研究一是对商业模式构念范畴的明确以及对构念本质的分析，并以
此为基础，通过社会网络分析方法对商业模式相关研究流派进行总结。这
个子研究是后续研究的基础，共同回答了本书的第一个研究问题。

　　子研究二是对新兴经济企业不同阶段中商业模式对企业成长作用的对
比案例研究，选择手机行业中两个具有类似发展历程却具有截然不同商业
模式的企业作为对象。这个子研究回答了本书的第二个研究问题。

　　子研究三是从纵向的角度去探索第二个问题的结论。之所以以产业集
群中的企业为研究对象，是因为本书关注的低压电器产业集群完全符合前
文所说的商业模式所擅长的网络化和全局化的特征，且显然为新兴经济推
动经济发展的重要形式。这个子研究回答了本书的最后一个研究问题。

　　需要指出的是，本书的三个子研究虽然服务于同一个研究目的，即探
索商业模式与企业成长的情境化理论，但三者的研究层次存在一定差异：
子研究一的目的是厘清商业模式构念本质和特征，是全文展开后续研究的
基础，而子研究二和子研究三都探讨了商业模式与企业成长的关系，分别
采用对比案例研究揭示商业模式对企业成长的作用机理，并在此基础上以
一个纵向案例揭示商业模式和企业成长之间的潜在共演关系。

第二章　相关理论背景研究综述

本书研究的落脚点是企业成长研究议题，所以本章首先对企业成长研究进行回顾。将综述的范围限制在 21 世纪以后的十余年是因为本书关注的新兴经济情境研究逐渐明晰正符合这一个时间阶段。在对应的时间范畴之内回顾文献能最有效地启发思维。接下来，对研究情境——新兴经济中企业战略与行为进行回顾。最后，对处理商业模式的架构理论和方法进行回顾，这是对商业模式构念分析时需要遵循的原则。本章的初衷是为新兴经济中商业模式对企业成长的影响进行探索式研究做准备，希望通过对文献的回顾帮助启发研究灵感以及展开理论对话。

需要强调的是，本章没有直接涉及商业模式相关综述，而是将对商业模式构念的剖析和对其研究脉络的识别在后文独立成章。这是因为，作为一个相对较新、发展历史非常短且尚未得到足够共识的构念，对其进行深入和详尽的剖析非常重要。这样也能使以它们为基础的定性研究更加坚固。

第一节　企业成长：21 世纪的十余年

企业成长是管理领域中传统且重要的研究议题，由于与社会和地区经济发展息息相关而受到理论界和实践界的广泛关注。然而，尽管学者们对于企业成长有充分的兴趣和大量经验研究，但是该领域理论发展仍然相当缓慢（Delmar，Davidsson，Gartner，2003；Shepherd，Wiklund，2009）。一个显著现象是，很多企业成长深入、充分和流行的理论都是在 Penrose（1959）的名著《企业成长理论》（*The Theory of the Growth of the Firm*）基础上发展而来的（McKelvie，Wiklund，2010）。

21 世纪以来，世界经济风云变幻。期间，成长议题的理论研究出现了一些不同声音，有些学者认为现有成长研究的一些支流发生了偏离。例如，有学者在提及企业成长时并不确定他们提的到底是什么（Shepherd，Wiklund，2009）；测度方面也出现了一些问题，如 Bamford 等（2004）批评新企业成长文献总尝试解释企业最初资源条件对后续成长的影响，却忽视"最初资源"的经验测量实际发生在一个更后的时间段，与他们最初所假设的并不一致。如此种种，无不为企业成长研究者提供了机会和挑战。

本节的目的并不是提供企业成长文献的穷尽（exhaustive）分析，而是主要从管理学顶级理论与实践型期刊中着手，寻找 21 世纪的十余年中，企业成长研究的新洞见。对顶级期刊的聚焦能帮助我们最迅速和准确地抓住理论发展的脉络。具体而言，是将文献搜索范围限制在 Administrative Science Quarterly（ASQ）、Academy of Management Journal（AMJ）、Strategic Management Journal（SMJ）等被广泛认同的管理领域顶级同行评议期刊（见表 2 - 1）。事实上，在文献搜索过程中，也发现了一些综述性的文章（如 Gilbert，McDougall，Audretsch，2006；Macpherson，Holt，2007；Phelps，Adams，Bessant，2007；Shepherd，Wiklund，2009 等），这些研究都是基于企业成长一个特定领域进行总结，而本书希望呈现一个企业成长的完整图景，从而帮助企业成长学者更好地了解研究主流，避免出现偏离。当然，在文献综述的过程中，不断地与前人综述的结果进行对比，希望能从类似或有分歧的结果中发现新洞见。

表 2 - 1　　　　　　　商业模式文献分析期刊列表

序号	期刊名称	序号	期刊名称
1	Academy of Management Journal	12	Management Science
2	Academy of Management Review	13	Organization Science
3	Administrative Science Quarterly	14	Organization Studies
4	Annual Review of Sociology	15	Organizational Research Methods
5	Entrepreneurship Theory and Practice	16	Research Policy
6	Industrial and Corporate Change	17	Strategic Management Journal
7	International Journal of Management Reviews	18	Strategic Entrepreneurship Journal
8	Journal of Business Venturing	19	Academy of Management Executive（Perspectives）
9	Journal of International Business Studies	20	Harvard Business Review
10	Journal of Management	21	（MIT）Sloan Management Review
11	Journal of Management Studies		

为了研究的方便，本章对新创企业和在位企业的成长分别予以考虑，最后考虑企业成长动态性问题。做这样的区分，是因为新创企业一般比较新、比较小，常缺乏确保企业成功成长的关键内部资源和能力（Gartner，Brush，1999；Stinchcombe，1965），因而与在位企业成长具有显著差异（Gilbert，McDougall，Audretsch，2006）。这样区分的另一个好处是，企业在不同生命周期阶段成长的原因和动力能够共同形成企业从新创到发展、从小到大、资源变化的、横截面组成的动态图景。再加上成长过程视角的研究，企业成长研究全景能更为清晰地展示。

一　新创企业的成长

新创企业成长是创业研究的重要组成部分（Thakur，1999）。它们成立时间较短受资源、社会认同等限制。但一些初始要素能帮助他们获得财务和社会资源（Khaire，2010），如创始人性别（Alsos，Isaksen，Ljunggren，2006）、特征（Santarelli，Vivarelli，2007）、人力资本（Colombo，Grilli，2010）、社会资本（Prashantham，Dhanaraj，2010）、创始团队特质（Bruton，Rubanik，2002）以及财务管理能力（Brinckmann，Salomo，Gemuenden，2011）等。除了创业领域相关要素之外，非财务资源（Khaire，2010）、技术（产品）特征（Bruton，Rubanik，2002；Clarysse，Wright，Van de Velde，2011）等也使企业处于有利成长位置。

这些成长要素需要通过感知和行为才能真正促进成长（Alsos，Isaksen，Ljunggren，2006）。感知方面，诸如企业家智慧的研究就建立了这样的桥梁（Baum，Bird，2010）。行为方面，过去研究强调投资行为对新创企业成长的影响（Thakur，1999）。近年来，研究循着外部资源获取以及内部资源创造两条路线展开。外部资源获取方面，近期研究继续深化既有市场中财务资本（如风投）引入以及企业网络中社会资本获取的研究。对财务资本作用的研究并不算新，但最近研究常发现违背直觉的结果。如Davila等（2003）的研究结果指出风投本身并不能带来新创企业的成长，而是通过给市场发出一个可靠信号来起作用；类似的，Colombo 和 Grilli（2010）也指出，风投更多实现的是"教练"的功能，而非"监视者"。社会资本的研究方面，Batjargal（2010）强调了企业所处的网络结构洞的效果。内部资源创造方面，主要从企业通过战略行动来获得认可的角度出发。Zimmerman 和 Zeitz（2002）指出，新创企业合法性需要高于一定程度才能生存，因此，新企业通过非物质资源（如社会资源）获取等方式，尽力使自己和产业中的在位企业一致，以获得合法性和地位（Khaire，2010）。

新创企业成长研究的另一条研究主线是对新情境中传统成长要素作用的重新审视。这主要包括制度、产业组织、市场三类。对制度情境关注的主要动力是转型经济国家的兴起。Bruton 和 Rubanik（2002）在俄罗斯转型经济背景下对创始特征等传统要素机制进行了解释，Batjargal（2010）则比较了同为转型经济的中国和俄罗斯新创企业成长差异。对产业情境的关注主要是在较新产业或组织形式中。如对高技术或以技术为基础的新创企业成长的关注（Brinckmann，Salomo，Gemuenden，2011；Bruton，Rubanik，2002；Clarysse，Bruneel，Wright，2011；Colombo，Grilli，2010），对衍生公司中创业缘起（origin）和技术知识对成长作用的考察（Clarysse，Wright，Van de Velde，2011）。市场方面，Chowdhury（2011）关注了顾客驱动的复杂性对新创企业"结构—成长"关系的调节作用。

二　在位企业的成长

本书按照 Baum 等（2001）对企业成长的四个理论体系作为划分的依据，即战略管理理论、组织行为理论、组织理论、创业理论（如图 2 - 1）。他们的研究对 21 世纪之前的研究文献进行了很好的整合，提出了来自五个宏观和微观研究领域中对企业成长具有解释力的 17 个构念。这个研究结果与 Barringer 等（2005）通过对 50 个快速发展企业、50 个缓慢发展企业的描述性材料进行的内容分析结果不谋而合。后者得出了与高速成长相关的四个领域的特征分别为创立者特征、企业特征、业务实践和人力资源管理实践。本书的定位正好与此互补，主要关注 21 世纪发展过程中不同领域的成长理论。通过这样的努力能使企业成长理论的图景更为完整。

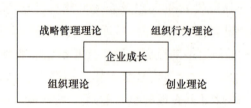

图 2 - 1　企业成长议题的不同理论领域

（一）战略管理领域的企业成长新理论

按照 Rumelt 等（1994）的观点，战略管理研究有四个核心问题：

（1）企业有何差异；（2）企业如何行动；（3）什么决定了企业的范围；（4）什么决定了企业在全球范围的成功和失败。因此，战略管理领域的企业成长研究关注的问题是：（1）企业成长有什么异质性，其来源是什么？（2）企业的战略行动如何带来或保证企业成长？（3）企业成长过程中的边界是什么？以及（4）什么决定了企业在全球范围内成长的成败？显然，这四个问题之间存在着因果关系。本部分对战略管理领域成长的回顾就尝试以这四个问题为出发点，对现有文献进行梳理。

对企业成长异质性的研究主要有两条明显的研究脉络。其一为资源异质性。这一研究较为传统，除了企业本身特征差异（如 Bothner，2005；Bottazzi，Cefis，Dosi，2002；Shinkle，Kriauciunas，2010）、风险承担层次（Desai，2008）、经济制度（Shinkle，Kriauciunas，2010）等能带来企业异质性之外，网络资源对象（Galaskiewicz，Bielefeld，Dowell，2006）、内容（Tseng，Tansuhaj，Hallagan，McCullough，2007）等资源特征的异质性，以及资源来源的异质性（O'Brien，David，2010）等都会带来企业成长差异。进一步，这一支研究近来主要聚焦于资源不同特性之间的互补作用。

其二，也是更为重要的研究脉络是将企业成长异质性归因于企业资源杠杆的异质性。例如，组织内部社会资本对知识传递的撬动（Maurer，Bartsch，Ebers，2011）、社会资本对企业资源基础生产率的撬动（Florin，Lubatkin，Schulze，2003）、人力资本对人力资源开发利用的撬动（Rauch，Frese，Utsch，2005）以及伙伴对企业判断的影响（Watson，Stewart，BarNir，2003）、衍生企业与父母企业之间交叠程度对本地搜索和知识吸收以及对新知识整合的撬动（Sapienza，Parhankangas，Autio，2004）、财务冗余对产品扩展和人力资源冗余对市场扩张的撬动（Mishina，Pollock，Porac，2004）等。这一支研究关注具有杠杆作用的资源所带来的企业成长异质性。

总体而言，企业成长战略是产业结构、绩效、创业动机、态度和企业家战略计划能力的函数（Majumdar，2010）。在总结战略行动对成长的影响时，本书遵循两条传统的研究主线——内生性成长和外生性成长。Hamel 和 Getz（2004）是企业内生成长的鼓吹者，他们认为，成长的真正来源是企业内部创新，而不是收购等外部行为，因为收购的本质是将企业基准线提高，而并不能带来真正持久的成长。而外生成长方式的推崇者则认为这可能让企业更快、更便宜地成长。也有学者（如 Majumdar，2010）建议从关系和技术两个维度出发，总结组织成长的战略计划框架。但笔者认为，这一方式着眼于对企业规模差异的重视，而本书中对创业理论视角下企业成长理论的总结的对象正是规模相对较小的创业企业，为减少重合，这里采用传统的内生性和外生性成长的分类方式。

企业内生性（organic）成长战略从企业学习的角度出发，有三种常见的模式：扩大规模（scaling，如 Netscape）、复制（dulication，也就是常见的 Gibrat 法则的内容，如 IKEA）以及重点发展（granulation，如 SAP）（Von Krogh，Cusumano，2001；Zook，Allen，2003）。具体地，又有以产品为导向和以市场为导向两种方式。前者的核心是企业技术创新驱动的成长，创新管理的失败会导致企业成长停滞（Olson，Van Bever，Verry，2008）。Slywotzky 和 Wise（2002）指出新产品开发无法保证成长可能的原因在于这一战略与销售成长率间相关关系会因企业不同业务间的异质性而变得模糊（Corsino，Gabriele，2011）。企业可以通过自身学习（Geroski，Mazzucato，2002）、提升企业可见度（Reuer，Tong，2010）吸引投资者、与占有领先技术资源的大企业结成创新性战略联盟（Stuart，2000）等方式来吸引技术机会；也可以关注企业间关系，通过供应链上下游互补式创新（Naghavi，Ottaviano，2010；Quinn，2000）等方式培育合作创新的网络；还可以通过与顾客的互动产生租金（Zander，Zander，2005）而保证长期成长。后两种方式正是 Hagel（2002）所提出的用资产去撬动其他产业链层次、获得作为知识经纪应获得价值的业务成长。进一步，对中小企业来说，创新战略与出口战略形成互补（Golovko，Valentini，2011）。

一旦在技术市场遇到阻碍，可采取先进入阻碍较小的新技术市场，再最终返回原技术轨迹并达到前沿的"迂回策略"（Bresnahan，Yin，2010）。进一步，企业成长展示了产业技术依赖（Delmar，Wennberg，Hellerstedt，2011）和新兴经济情境（Iacovone，Crespi，2010）的权变特性。

与对产品的关注相反，以市场为导向的内生性成长关注顾客和市场培育。传统思路认为企业通过撬动、重复利用并扩展企业隐形资产（Slywotzky，Wise，2002）创造全新的产品体系来满足企业从未满足过的需求（Laurie，Doz，Sheer，2006）或下一代需求（Slywotzky，Wise，2002），从而防止市场地位动摇（Olson，van Bever，Verry，2008）。与之相对应，破坏式创新（Christensen，Johnson，Rigby，2002）提出了用不那么先进的技术去满足更多需求的全新观点，这与价值创新（Kim，Mauborgne，2004）、更细微市场的挖掘（Baghai，Smit，Viguerie，2009）、通过商业模式创新来发现新的成长平台（Laurie，Doz，Sheer，2006）、投入慈善等（Lev，Petrovits，Radhakrishnan，2010）都表明了企业成长的非技术路径。这些市场战略具有情境权变性（Danis，Chiaburu，Lyles，2010），它们在转型等不同情境中发挥的作用都不同。但核心业务尚未成熟就被放弃，则企业成长会受到打击（Olson，van Bever，Verry，2008）。需要注意，这些成长决策的前提是，企业进行单一市场竞争。而 Haveman 和 Nonnemaker（2000）、Greve（2008b）指出，企业在进行单一市场战略决策时，受到多市场企业之间的多市场联系对单市场溢出效应的影响。

研究的另一条主线是外生性成长。在传统研究强调收购成长（acquisition）之外，最新研究中提出了同时具备内部和收购成长优势的混合成长（McKelvie，Wiklund，2010）。更为具体地，Larsson 等（2003）提出了将联盟看成一种新路径，认为联盟可以比内部或并购成长更便宜、有弹性及更快。资产联盟（Reuer，Tong，2010）、战略联盟（Larsson，Brousseau，Driver，Holmqvist，Tarnovskaya，2003）等不同的联盟形式都为企业提供成长机会。但本书并不区分并购或联盟方式对企业成长影响的差异，仍将它们统一作为外生因素进行考虑。

以产品为导向的外生性成长中，传统研究认为在战略性竞争市场中，投资使得企业有更大能力利用未来成长机会，从而阻止行业中新企业进入或打败在位企业，获得更多市场份额（Kulatilaka，Perotti，1998），最新研究进一步强调了长期研发投资的适度性（Eisenmann，2006）和与核心业务之间具有战略性联系（特别是纵向联系）的多样性投资组合的重要性（Lin，Lee，2011）。这些合作态势都受到产业技术环境的调节（Ang，2008）。

以市场为导向的外生性成长中，最新研究关注在不确定和不完美竞争环境中，企业如何进行战略性成长决策。成立时间尚短的企业可以通过与大企业结成战略联盟从而帮助它们传递社会地位和认知信号（Stuart，2000）建立声誉，这一外部品牌形象的树立与内部品牌身份（brand identity）的匹配能帮助企业强化内外部整合成长（Larsson，Brousseau，Driver, Holmqvist, Tarnovskaya, 2003）。企业年龄对并购之后的企业国际化绩效起调节作用（Carr, Haggard, Hmieleski, Zahra, 2010）。进一步, 在选择何种方式进行外生性成长方面, 需要依据企业内部（Tan, 2009; Tseng, Tansuhaj, Hallagan, McCullough, 2007）和外部环境（Belderbos, Zou, 2007; Lu, Xu, 2006）状况决定, 且全球化的最终结果受到组织特征的调节（Sapienza, Autio, George, Zahra, 2006）。

企业成长本身预示着对原有边界的突破。国际化等企业内生性成长是企业跨越边界能力演化的一种表现（Sapienza, Autio, George, Zahra, 2006）。这些企业在保持原有优势的前提下, 突破地理边界, 发挥国际化优势。外生性成长则更多地体现了全新边界或者虚拟边界的构筑。更为具体的, 收购方式直接将被收购企业的产品线或市场纳入企业原来的经营版图中, 联盟方式则使企业与合作伙伴共同形成了新的虚拟边界, 降低了知识传递、技术学习、市场分享的成本。这些研究都是基于 OLI（所有者优势—地理优势—国际化优势）框架而展开的。最新研究提出了 NOLI 框架, 考虑了企业外部网络这一关键要素（Singh, Kundu, 2002）。

企业在全球范围的成败首先取决于企业全球化时间的决策。Autio 等（2000）指出, 更早的国际化行动可能带来更快的国际化成长。但最新研究指出这一关系随企业年龄发生变化, 企业年龄对"国际化—国际化后生存"具有正向调节作用, 而对"国际化—国际化后短期绩效"有负向调节作用。也就是说, 国际化的时间点对于企业短期成长有重要影响（Carr, Haggard, Hmieleski, Zahra, 2010）。

然后, 企业需要决定以何种方式进入外国市场。企业的国外分支机构的决策受到企业内部状况和外部环境的双重制约。从跨国公司内部而言, 不同的进入形式需要与公司网络中相互依赖程度和可编码的程度匹配（Tan, 2009）, 这符合多国际企业成长主要驱动力量是以知识为基础的资源而非以产权为基础资源的观点（Tseng, Tansuhaj, Hallagan, McCullough, 2007）; 从跨国公司所处情境而言, 需要同时具有企业母公司和其他机构相关的内部以及与东道国制度情况的外部的双重合法性（Lu, Xu, 2006）, 且受环境特征是变革还是高发展影响（Belderbos, Zou, 2007）。即便企业进行全球化, 这一决策对企业生存和成长也具有不同效果, 受到组织年龄、管理经验和资源可替代性的调节（Sapienza, Autio, George, Zahra, 2006）。

（二）组织行为领域的企业成长新理论

近年来组织行为领域的企业成长研究似乎正趋于聚焦。以往研究从管理者个性、背景、行动等多方面进行，近来也有从企业家认知模式（Dutta，Thornhill，2008）、管理者成长渴望（Greve，2008a；Wiklund，Shepherd，2003）等内在认知角度考察企业成长意图。但更多研究显示，管理者背景（主要是教育和经历）是企业成长的主导因素（Kor，2003；Lee，Tsang，2001；Wiklund，Shepherd，2003）。这决定了企业家的创造力和科学知识（Holliday，2001），并决定了人力资源实践情况，后者能通过降低退出率而带来销售成长（Batt，2002）。

（三）创业理论领域的企业成长新理论

传统创业理论视角的企业成长研究强调创业行为对企业成长的决定作用。在此基础上，最近研究进行了以下三方面的延续：首先，创业研究必要性的研究，主要关注创业认知和创业行为对成长的影响。学者们关注了创业时间点（Bamford，Dean，Douglas，2004）、创业者特征（Gundry，Welsch，2001）、人力资本和网络（Manolova，Carter，Manev，Gyoshev，2007）、创业机会成本（Cassar，2006）、企业私有化（Wright，Hoskisson，Busenitz，2001；Wright，Hoskisson，Busenitz，Dial，2000）、公司创业（Covin，Slevin，Heeley，2000）、创业导向（Covin，Green，Slevin，2006；Moreno，Casillas，2008）、企业研发强度（Filatotchev，Piesse，2009）以及最新的战略创业（Steffens，Davidsson，Fitzsimmons，2009）等与企业成长间是否确实存在稳定联系，目的是给新创业要素与成长绩效之间提供足够的证据和经验支持。这支研究进一步夯实了创业管理的研究基础。

其次，将创业要素看成企业内部特征和战略以及外部环境的特定现象。也就是说，认为一些特定类型的内部战略行动或外部环境可能鼓励某些创业行为，而这些创业行为在企业采取其他战略行动或在其他环境中可能不太成功。例如，创业认知和创业行为与企业成长间的关系受到企业家性别（Manolova，Carter，Manev，Gyoshev，2007）、战略过程变量（Covin，Green，Slevin，2006）、企业无形资产撬动（Filatotchev，Piesse，2009）、外部环境（Covin，Slevin，Heeley，2000；Manolova，Carter，Manev，Gyoshev，2007）、制度情境（Majumdar，2004）等影响而呈现差异。进一步，Moreno 和 Casillas（2008）的文章结果则显示了创业导向、战略、环境、资源和成长之间存在更为复杂的关系。这支研究的关注点是创业的权变效应。

最后，是将创业管理实践看成将一些传统的资源和行为转化为成长动力的机制。例如，创业管理可以作为促进冗余资源成为成长动力的重要中介机制（Bradley，Wiklund，Shepherd，2011），也可以解释研发和出口对新上市公司国际化成长的作用（Filatotchev，Piesse，2009）。这一类研究多为理论交叉发展的结果，通过新兴的创业管理理论与资源观、能力观等传统理论的交叉来实现。

（四）组织理论领域的企业成长新理论

本书主要从产业以及国家两个层次对企业成长的影响进行梳理。传统产业创新缓慢和市场饱和是阻碍企业成长的产业因素（Slywotzky，Wise，2002）。最新研究着手探究更为复杂的嵌入情况和产业特征的作用。产业方面，如 Shelton（2010）考察了非白色人种创业企业混合嵌入（mixed embeddedness）的产业社会结构和经济结构后，提出它们需要同时满足产业中社会和经济的混合结构。Castellacci 和 Zheng（2010）则考察了产业技术体制以及产业创新模式的作用。对产业集聚方面的研究出现了与现有理论相反的结果。Globerman 等（2005）发现，控制了企业层可能决定成长率和生存的特定要素之后，地理和城市层次的集聚不会影响成长率和生存可能性，但集聚对于成长绩效的影响是高度地域化的，非常有限的生存影响因素是和地点相关的。

国家层次，最新研究不断强调宏观环境变化——政策、技术、经济、文化环境（Marquis，Huang，2009）以及金融环境（Fagiolo，Luzzi，2006）——对组织成长的权变效果。Majumdar（2007）的研究是对这一结论的具体体现，他发现，在制度转型过程中，民营部门和国有部门间存在相互作用，民营企业数量增加的直接效果是国有企业数量减少，但更为重要的间接效果是使民营和国有企业的生产率都提升了。在强调宏观环境的同时，国家和产业互动效果也被证明是除了企业效果以外的成长选择价值差异的第二大来源，但单独考虑其效果的话则非常微弱（Tong，Alessandri，Reuer，Chintakananda，2008）。

三 作为过程的企业成长

将成长作为"输入"或"输出"的研究从某种程度上来说是将成长过程看成一个黑箱，是"研究者急躁的（impatience）在充分回答'如何'的问题前，就强调'多少'的舍本逐末做法……阻碍了未来的概念化发展"（McKelvie，Wiklund，2010），忽视成长过程，也就是忽略了企业成长内部情况的时间维度（temporal perspective）。换句话说，大量研究都是解释不同企业成长差异，而非企业是如何发展和如何实现成长的定性差异。Shepherd 和 Wiklund（2009）发现，过去 15 年顶级管理和创业杂志中，有超过 80 篇经验研究都尝试解释成长差异，而不是考虑企业成长路径的潜在定性差异。

更为具体地，成长是一种过程，而不仅是一个量的变化。特别地，新创企业的形成、生存和成长是产业动态性的微观经济基础和创业企业业务绩效的事前特征（Santarelli，Vivarelli，2007）。因此，成长研究应该更多地关注成长过程和成长模型（Harrison，2004），采用多种相互包含（inclusivity）和多元化的研究视角和方法，鼓励主要利益相关者之间的对话，从而获得更多理解（Leitch，Hill，Neergaard，2010）。近年来，很多学者都不断意识到，Penrose（1959）的成长理论在强调不同成长路径对企业绩效影响差异时，忽略了与企业成长息息相关的一个重要因素——环境。针对这一议题，存在以下两种观点：

环境适应论的学者认为，企业成长过程是企业修正内部能力不断适应环境的过程。绝大部分研究都存在这样的前提假设，即企业成长的原因是过去、现在或未来适应了环境。特别是在一些发展中国家，不同的战略类型显示了不同的环境特征和竞争行为。与这一观点类似的是惯性说，认为组织发展存在惯性，过去的成长战略（Lockett，Wiklund，Davidsson，Girma，2011）、成长动机及其结果（Coad，2010；Delmar，Wiklund，2008）、企业结构（Nachum，Song，2011）等对现有战略和成长结果都存在影响，因为企业风险承担程度（Desai，2008）和对环境适应程度（Delmar，Wiklund，2008）都在不断发生变化。企业从创立时起，就伴随着合作（Singh，Mitchell，2005）、企业网络（Hite，Hesterly，2001）、社会资本（Prashantham，Dhanaraj，2010）、不同战略选择组合演化（Lockett，Wiklund，Davidsson，Girma，2011）等多个外部要素的演化以及成长本身多要素之间的共同演化（Coad，2010），来达到成长所需的资源管理和竞争环境的一致（Clarysse，Bruneel，Wright，2011）。当外界环境变化时，企业调整资源发展和市场定位，以实现成长（Pettus，2001）。进一步，Harrison（2004）指出，在不同的产业和组织情境中需要发展独立的成长模型以帮助组织生态研究理解成长。

环境修正论的学者在认同前者观点的基础上进一步指出，企业成长过程中伴随着企业对环境的主动修正。这一支研究相对前一支研究来说数量较少。Morgan 和 Quack（2005）就是一个典型的例子。通过对律师事务所这一特定行业的案例研究，他们反驳了制度遗产对组织动态性影响的简单观点，并提出了经济行为者在国际化行动中能塑造（或重塑）组织和制度情境的思路，并指出，律所在成长过程中容忍了对传统路径的遵守，同时也容忍了路径修改的信号（Morgan，Quack，2005）。

四　企业成长测度

虽然企业成长研究非常丰富，且已存在大量经验研究，但最新研究仍指出了关于成长测度存在的几个问题。第一，成长构念的多维特征（Delmar，Davidsson，Gartner，2003）导致的成长测度发散（Weinzimmer，Nystrom，Freeman，1998）。测度指标（indicator）有销售额、雇员数量、利润、资产、资本等，规则（formula）有相对、绝对等，还有不同的时间段（time span）。问题是，除了雇员数量与资产（Davila，Foster，Gupta，2003）等少数指标的显著相关性被证明外，测度结果的差异［如会计汇报和成长率测度的结果差异（Geroski，Mazzucato，2002）］暗示，企业成长构念鲁棒性（robustness）并未建立，不同测度方式共变性（shared variance）很低，可能原因是不同指标所暗示的企业成长机理存在差异[1]。可见，不同测度间相互替代性并不能像实际情况那样随意（Shepherd，Wiklund，2009）。

第二，成长的线性假设和简化导致的分析方法不精确（McKelvie，Wiklund，2010）。由于不同企业成长过程差异，其内部行为也会显著不同，极少企业遵循线性和稳定成长（Delmar，Davidsson，Gartner，2003；Garnsey，Stam，Heffernan，2006；McKelvie，Wiklund，2010），新创企业成长更是非线性和不稳定的（Garnsey，Stam，Heffernan，2006）。因此，之前研究中常用的取一个时间段（如3—5 年）内开始年份和截止年份的规模差异或成长率平均值的做法，以及以线性假设为基础的研究方法（如回归等）对企业成长进行解释具有潜在风险，即可能会忽视时间框架内企业成长的起起落落，从而忽视在企业成长过程中自然发生变异（naturally occurring variation）（McKelvie，Wiklund，2010）。

---

[1]　例如，Cho 和 Pucik（2005）曾就成长与利润率的来源机理进行过探讨。

第三，与成长的线性假设问题类似的一种观点，是成长的"增量说"带来的测度绝对化问题。这种观点将成长看成一种状态（state），而不是一个过程（process），导致研究者将成长作为因变量而非自变量或中间变量（Achtenhagen，Naldi，Melin，2010）。增量（increase in amount）只体现了Penrose（1959）对成长看法的一面，而另一面，即成长是一种发展过程（process of development），则被忽略了。成长本应是对绝对量（如规模）随着时间的相对测度（Whetten，1987）。在对成长进行经验测度时，需关注对规模或量的增加。例如，现在很多研究新创企业都是用创立以后一段时间的发展情况作为成立点的一个近似。总之，仅用少数指标来测度成长，不仅影响研究效度（Bamford，Dean，Douglas，2004），还与实践者所说所想的"成长"南辕北辙（Shepherd，Wiklund，2009）。即便如此，"增量说"仍占据了创业领域研究的主导（Achtenhagen，Naldi，Melin，2010）。

这些关于企业成长测度的问题导致了成长理论基础的破碎化（Achtenhagen，Naldi，Melin，2010）。许多问题并非新问题，而是在近年来研究者们对成长研究进行的反思中不断凸显。问题的解决有助于夯实企业成长的经验研究基础和知识积累（Shepherd，Wiklund，2009）。因此，针对成长测度的问题，学术界就企业成长在不同时间点和不同层次开展研究的具体方法开展了广泛讨论。例如，研究方法方面就有采用 HLM 模型和 RCM 模型的争议。Schonfeld 和 Rindskopf（2007）等学者建议用层次线性模型（HLM 模型）对纵向数据进行组织分析[1]；而 Holcomb 等（2010）则认为该模型对同时强调跨层次和不同时间点的研究来说存在信息丢失，需引入随机系数模型（RCM 模型）来更好地处理纵向数据成长模型。

五 未来研究方向

本书聚焦于 21 世纪企业成长研究的最新动态，关注新创企业和在位企业的成长变异，以及企业成长过程。在对在位企业文献进行梳理时，本书按照以前文献建议的战略管理、组织行为、创业管理以及组织理论等不同理论领域分别进行梳理。接着，对近年来企业成长测度存在的争论进行了回顾，并希望通过梳理顶级期刊中对企业成长议题所进行的讨论，帮助研究者整理企业成长研究脉络，特别是 21 世纪以来十余年中最新研究动态和

---

① 文章是以个体成长作为应用进行举例。但我们仍可以发现个体内部、个体之间的不同层次影响因素可以推广到产业、企业关系中进而作为对企业成长不同层次影响因素的解释。

未来可能的研究方向。对企业成长领域的未来研究可以沿着如下方向展开：

第一，突破成长的线性假设，防止企业成长研究的过度简化。这需要研究者们关注不同成长方面之间的相互作用（interplay），采用合适的研究方法。这一方面有助于减小学术界与实践界认识之间的间隙（gap）（Achtenhagen，Naldi，Melin，2010），同时也有助于统一学者对成长的认识，增加成长构念鲁棒性，更有利于知识积累（Shepherd，Wiklund，2009）。进一步地，成长方面之间的相互作用最终形成特定成长模式，既响应了McKelvie和Wiklund（2010）将研究重点从"多少"转化到"如何"上来的建议，同时又对成长研究进行了有益的简化。

第二，关注比较企业成长的不同动力。相关研究较多地关注技术含量相对较高的新创企业（如Brinckmann，Salomo，Gemuenden，2011；Bruton，Rubanik，2002；Clarysse，Wright，Van de Velde，2011；Colombo，Grilli，2010），如具备领先技术的领先企业。但是在不具备技术优势的产业和国家，诸如破坏式创新（Christensen，Johnson，Rigby，2002）、商业模式创新（龚丽敏、江诗松，2012）等非技术成长动力显得尤为重要。实践先驱已经开始关注这一点（Laurie，Doz，Sheer，2006），理论研究者需要抓住机会、迎接挑战。

第三，强调企业成长对环境的主动修正作用。这一研究主题已经得到了关注新兴经济国家和转型经济国家学者的重视。例如，在描述转型经济中后发企业追赶问题时，江诗松等（2011b）指出，后发企业政治战略反映了企业对政府的影响作用。这种关注发展中国家企业，特别是转型经济、新兴经济企业对本国经济社会环境，乃至全球商业和政治环境的影响作用，有助于学者明确全球经济发展的微观动力。

第二节 新兴经济企业战略与行为

新兴市场经济（New Emerging Economies，以下简称新兴经济）企业发展已成为全球经济发展重要推动力量之一。它们发展过程面临的环境不确定、产权系统不完善以及政府较强管制（Luo，2001）等限制条件，以及它们在发展和全球化过程中与西方发达国家企业之间的学习和追赶（Mathews，2006）、在新兴经济国内市场（Hermelo，Vassolo，2010）和国外市场进行竞争（Yamakawa, Peng, Deeds, 2008）等情况，是西方企业发展历史过程中从未遇到过的。显然，针对这些现象进行的新兴经济情境化研究能为全球管理知识提供全新洞见（Tsui, 2004; 2006）。

Hoskisson 等（2000）在美国管理学会期刊（*Academy of Management Journal*）特别研究论坛（Special Research Forum）上发表题为"新兴经济中的战略"的里程碑式文章，明确了新兴经济概念界定，并确认了新兴经济企业战略研究是企业战略管理研究的重要分支。此后，全球学者对新兴经济国家企业表现了前所未有的热情①。十余年过去了，这期间，不同地区和情境的新兴经济企业在战略制定和执行过程中，是否又上演了新故事，为研究提供了新线索？探究这一问题的答案对于我国学者开展新兴经济情境化研究大有裨益。作为中国企业发展的见证者，我们需要结合本地语言、本地主题，发展有意义的构念，在对本地现象进行的本土科学研究中发展新理论（Tsui, 2004）。本节旨在为回答这一问题提供洞见。

我国新兴经济企业战略管理研究尚处于起步阶段。本书基于"中国期刊全文数据库"（CNKI）的初步搜索结果显示，以"新兴经济"和"新兴市场"为标题的文章分别为 183 篇和 914 篇，而发表在国家自然科学基金委 A 类期刊上的文章却凤毛麟角，仅为 2 篇和 10 篇②。事实上，由于我国正是一个新兴经济，因此，我国研究者具有研究便利性，对西方研究的情境化也需要我们进一步开展新兴经济中的企业战略与行为研究。

通过对 Hoskisson 等（2000）之后十余年的主流战略管理文献按照其建议的制度理论（institutional theory）、交易成本经济学（TCE）和资源基础观（RBV）进行回顾后发现，新兴经济制度情境特殊性及其演化过程中不断塑造企业竞争优势的同时，也受到具有主动意识企业的修正。新兴经济环境中也不断涌现与发达国家企业相同类型、成本更高甚至从未出现的交易成本类型，并对企业战略行为发生影响。这要求企业获得与发达国家企业期望所不同的资源和能力。

---

① 证据之一是论文数量的惊人增长。Hoskisson 等（2000）之后的十余年，即 2001—2010 年，ISI Web of Science 中 SSCI 检索的文献主题为"emerging economy"或"emerging economies"，文献数量分别为 169、201、198、230、266、284、317、499、615、656 篇。

② 其中，标题中包含"新兴经济"的两篇文章均来自《会计研究》，标题中包含"新兴市场"的 10 篇文章分别来自《数量经济技术经济研究》（3 篇）、《管理世界》（2 篇）、《金融研究》（2 篇）、《中国软科学》（1 篇）、《管理评论》（1 篇）、《科学学研究》（1 篇）。

一　新兴工业化国家、新兴市场经济和转型经济

20世纪80年代，新兴工业化国家（newly industrializing countries，NIC）的概念就用于一些快速发展和自由化的亚洲和拉美国家。而因为发展中国家采用的广泛自由化和基于市场的政策，新兴工业化国家的概念就被更广泛的词——新兴市场经济——所取代了。Arnold 和 Quelch（1998）指出，新兴经济可以定义为满足以下两个条件的国家：（1）经济的快速发展；以及（2）突出经济自由化和采用自由市场系统的政府政策。这与当时一些国际组织的观点基本吻合①。

Hoskisson 等（2000）在 Arnold 和 Quelch（1998）的基础上，进一步将新兴经济国家的指代进行了细化，他们指出，新兴经济是那些低收入、高速发展，并以经济自由化作为其主要发展引擎的国家。按照这个定义，原来的新兴经济中所包含的51个国家或地区中显然遗漏了一个非常重要的群体——1989年（苏联）共产主义的倾覆创造的中、东欧的一群快速成长的国家和中国。它们从计划经济（planned economies）经过强调创业行为的私有化过程，转变成市场经济（Zahra, Ireland, Gutierrez, Hitt, 2000）。它们显然也在不同程度上通过自由化、稳定化和鼓励民营企业，增强市场机制（Hoskisson, Eden, Lau, Wright, 2000）。它们被称为转型经济——从计划经济向市场经济转型。

因此，全球的新兴经济就包含了两类：（1）亚洲、拉美、非洲和中东的发展中国家；以及（2）苏联和中国的转型经济。这与欧洲重建和发展银行（European Bank for Reconstruction and Development, EBRD）的分类中关于增加一些"快速跟进者"（fast followers）的观点相呼应（Hoskisson, Eden, Lau, Wright, 2000）。因此，在51个高速增长的亚、拉美、非、中东发展中国家或地区的基础上，Hoskisson 等（2000）加入了13个转型经济体，使得新兴经济体的数量扩大到64个。

从新兴工业化国家到新兴市场经济再到转型经济的概念沿革中，大致可以判断三个概念之间的关系。新兴工业化国家主要是以"亚洲四小龙"为代表的、在20世纪80年代实现快速工业化的国家和地区。当时，它们符合 Arnold 和 Quelch（1998）对新兴经济的两个要求。随着时间推进，

---

① 如国际金融组织（International Financial Corporation, IFC）就曾确定了亚洲、拉丁美洲、欧洲以及中东的51个国家或地区为新兴经济体。

这些国家或地区无论在经济发展速度还是开放政策方面都已趋于稳定。学术讨论中对这一概念的使用也逐渐减少。新兴市场经济正是对新兴工业化国家这一概念的承接，且适用范围更大。而转型经济是新兴市场经济的一个子集，它的关键特征是政治体制转换。换句话说，转型经济具备新兴经济的全部特征，反之则不成立。

因此，研究者在选择研究情境时，需要根据不同的研究问题决定。对中国的学者而言，当研究问题所在情境中政府管制发挥着较大的作用时，需要考虑用转型经济作为背景，如汽车产业中民营企业发展（江诗松、龚丽敏、魏江，2011b）以及技术追赶跨国公司（江诗松、龚丽敏、魏江，2011c）等。若研究情境的强调点仅为开放化的市场环境和政府政策及其所带来的双元性情境（Luo，Rui，2009），以及社会、技术、市场、规制、组织等条件发生的变化（Luo，Sun，Wang，2011）时，使用新兴经济情境则更为贴切。

二　新兴经济体的环境特征及其对企业的影响

新兴经济环境在经济、制度等方面具有特殊性。首先，新兴经济大多有保护经济的传统，即便如此，它们仍正从经济欠发达状态过渡到开放市场状态。保护经济的传统与经济体中国有企业控制一起，导致了消费者面临要么多样化产品的短缺，要么购买选择有限（Aulakh，Kotabe，Teegen，2000），这使得企业更应该去满足人们的"需求"而非"贪婪"、产品"对得起价格"（Prahalad，Mashelkar，2010）。而在市场逐步开放的过程中，企业面临开放市场所带来的环境冲击（Marino，Lohrke，Hill，Weaver，Tambunan，2008），市场特征表现为动态性、不确定性和复杂性等（Hitt，Li，Worthington，2005）。比如，国内经济逐步自由化和知识产权逐步完善的一个结果是资源和产品市场的国际化（Aulakh，Kotabe，Teegen，2000）。

其次，新兴经济制度本身具有制度环境较弱或制度缺陷（institutional deficits）（Khanna，Palepu，1997）等制度不完善问题，且正面临更具动态性的制度环境（Chung，Beamish，2005）。具体而言：（1）新兴经济缺乏强的法律框架[①]。新兴经济缺乏良好定义的产权（Devlin，Grafton，

---

① 这具体体现在：法律执行的不对称（asymmetrical enforcement of law or lack of law enforcement）、弱的商业和知识产权保护（weak commercial and interllectual property protection）、缺乏会计与财务准则和制度（lack of accounting and financial regulations and institutions）、法律系统转型所导致的法律和执行模糊的状态（Ahlstrom，Young，Nair，2002）。

Rowlands，1998）以及良好编码和执行的法律（Ahlstrom，Bruton，2001）。因此，市场中无效法律框架和弱知识产权保护等情况（Khanna，Palepu，1997）导致机会主义增加、租金上升、贿赂、腐败等问题（Luo，Han，2009；Nelson，Tilley，Walker，1998），这些又会恶化产权执行能力（Estrin，Wright，1999）。（2）新兴经济金融制度不完善。具体表现在缺乏会计与财务准则和制度（Ahlstrom，Young，Nair，2002）以及有很多的内部市场（Makhija，2004）。

更为概括性地，Luo 等（2011）在对新兴经济模仿企业（EEC）的研究中，将这些企业所面对的新兴经济环境概括为"STORM"，即社会、技术、组织、规制和法律以及市场（见图2－2）。这几乎是对新兴经济所有环境特征的总结。

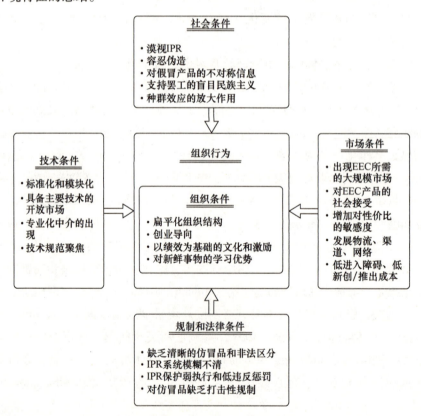

图2－2 新兴经济中模仿企业所面临的环境特征总结：STORM 框架

资料来源：Luo, Y., Sun, J. Y., Wang, S. L. Emerging Economy Copycats: Capability, Environment, and Strategy [J]. *Academy of Management Perspectives*, 2011, 25 (2): 37–56.

新兴经济制度的不完善不仅为国外企业适应新兴经济制度环境带来严重问题（Khanna，Palepu，1997），也为本土企业带来土地购买、项目审批、权利保护和地方主义等障碍（Ahlstrom，Bruton，Lui，2000）。因此本土企业管理者不得不采取迷惑性的管理实践来应对（Ahlstrom，Young，Nair，2002）。进一步，这样的环境导致了企业战略制定关注资源配置的同时兼顾交易能力和关系能力，需要同时关注竞争与合作、短期和长期以及在本国和投资国的共同利益的二元特性（Ambidexterity）（Luo，Rui，2009）。此外，这样的环境中还要求企业强化商业模式创新，印度 Bharti Airtel 电信公司的甘地式创新（Prahalad，Mashelkar，2010）以及天宇等以模仿起步的中国企业发展道路（Luo，Sun，Wang，2011）都是很好的例子。

作为一种特例，转型经济政府和企业都在从中央计划经济运作方式向自由市场经济转变过程中学习。初期，政府规制性制度仍具有高度短暂和干涉性，企业也努力寻求合法性（Peng，Heath，1996）。整个转型阶段，较弱的政治制度要求企业运作过程中用网络和其他非正式制度加以补充和替代（Ahlstrom，Bruton，2006）。除此之外，技工缺乏、资本市场稀薄和基础设施不完善等也是限制新兴经济本土企业发展和外资进入的客观情况（Hoskisson，Eden，Lau，Wright，2000）。可见，新兴经济制度缺陷导致了国内市场不确定性增强。

三　新兴经济战略管理的理论新发展

新兴经济中经济和政治的快速变化使得民营和公共企业战略的形成和执行具有独特性。Hoskisson 等（2000）总结了当时新兴经济企业战略管理研究三个主要理论视角——制度理论、交易成本经济学和资源基础理论。他们也强调了理论混合的作用，包括在经济发展的不同阶段对不同理论混合的使用及其倾向的增加等。这些理论视角的差异可以为考察新兴经济企业战略提供洞见。

当然，新兴经济不同发展阶段，各种理论解释力存在差异。Hoskisson 等（2000）指出，在市场出现的早期阶段，制度理论在解释对企业战略的影响时卓有成效，因为政府和社会对新兴经济体比对发达国家影响强。当市场成熟以后，交易成本经济学以及资源观变得更为重要。而无论在哪个阶段，整合的观点都充满了丰富的洞见。本书遵循 Hoskisson 等的三个理论视角并强调了整合观点的作用，通过对 Hoskisson 等（2000）之后十余年关键文献的回顾，进一步梳理了新兴经济战略管理的理论发展情况。

(一) 新兴经济中的制度理论最新发展

制度理论强调组织过程和决策制定受到制度系统的影响 (Scott, 1995)。制度能通过减小不确定性和建立促进互动的稳定结构，降低交易和信息成本。新兴经济中制度理论研究主要关注制度变革的特性及其对企业战略的影响。新兴经济具有市场化和私有化的趋势，但仍受到很强的规制，这为发展和测试制度理论提供了必要的条件，这一理论被认为是解释新兴经济中企业行为最有用的范式 (Shenkar, Von Glinow, 1994)。在新兴经济双轨制经济转型过程中，政府及其机构所创造的规制性环境 (Bruton, Ahlstrom, Yeh, 2004；Bruton, Ahlstrom, 2003；Bruton, Ahlstrom, Singh, 2002) 以及地方政府的影响 (Li, 2005) 不容忽视。进一步，新兴经济制度环境的多样性是解释企业战略反应的重要因素 (Manolova, Eunni, Gyoshev, 2008；Narayanan, Fahey, 2005)，主要体现在政策包含的不同维度 [如环境政策 (Child, Tsai, 2005)] 以及一国内部制度发展水平 (如制度基础设施) 差异 (Chang, Chung, Mahmood, 2006) 等方面。制度演化也对企业价值创造具有显著影响 (Khanna, Palepu, 2000)，这体现在制度的不同发展阶段，制度冲突和制度收敛 (Kim, Hoskisson, 2010)、制度空洞和制度高度不确定 (Santangelo, Meyer, 2011)，对企业战略行动和决策的影响不同 (Kim, Hoskisson, 2010；Santangelo, Meyer, 2011)。特别地，在新兴经济的正式制度变弱时，网络和其他非正式制度可以作为正式制度的补充或替代，对企业行为及创业行为起作用 (Ahlstrom, Bruton, 2006)。

那么，新兴经济制度是如何影响企业决策呢? 总体而言，第一种方式是新兴经济制度可能导致超竞争环境出现，从而对企业产生压力 (Hermelo, Vassolo, 2010)。第二种方式是制度情境对企业产生的间接作用，包括对行业的塑造 (Bruton, Ahlstrom, Yeh, 2004；Bruton, Ahlstrom, 2003；Bruton, Ahlstrom, Singh, 2002) 以及通过影响行业中国有企业来发挥引导作用 (Li, Kozhikode, 2008)，后者在技术密集型产业中较为常见 (Bartlett, Ghoshal, 2000)。第三种方式是 "训练" 企业，使它们能适应不完美规制的情境，从而在更差的规制质量和更低腐败控制的情境中比那些来自发达国家的对手表现得好，实现企业能力的构建 (Cuervo - cazurra, Genc, 2008)。

在承认制度对企业战略选择限制的同时，我们也看到，以企业成长和成功为导向、主动的战略决策是企业将持续竞争优势拓展到新兴经济情境中来的基础（Hoskisson，Eden，Lau，Wright，2000）。本书从竞争地点将研究区分为在新兴经济市场的竞争以及新兴经济企业参与国外竞争两类。跨国公司与本地企业受到新兴经济制度作用存在差异（Child，Tsai，2005）。新兴经济的重要特征是缺乏私有财产保护，因此，新兴经济企业（特别是民营企业）在发展过程中需要主动为自己及产业建立合法性（Ahlstrom，Bruton，2001；Ahlstrom，Bruton，Lui，2000；Ahlstrom，Bruton，Yeh，2008）。外国公司在新兴经济中的行为同样受到市场对其合法性要求和能力条件的影响（Luo，Han，2009），通过选址战略（Tan，Meyer，2011）、进入模式选择（Uhlenbruck，Rodriguez，Doh，Eden，2006）等相关战略决策以及政治反应（Luo，Junkunc，2008）等具体方式获得合法性的来源（Li，Yang，Yue，2007），从而适应新兴经济环境。

要在新兴市场中发展，企业不仅需要持续获得合法性，还需要特殊竞争战略作为成长保证。它们通过合作来获得合法性和资源，对象一般为来自成熟经济的跨国或规模更大的企业。具体而言，新兴经济企业一方面可以从成熟经济合作者处获得政治影响、减轻贿赂、防止敲诈和免遭暴力（Young，Ahlstrom，Bruton，Rubanik，2010），还可以通过选择附属于一定多元化程度的企业集团（Khanna，Palepu，2000），特别是在新兴经济发展早期附属于未多元化企业集团的行动，获得对企业创新有帮助的技术知识和财务资源（Chang，Chung，Mahmood，2006）。研究也开始显示，由于开放市场带来的环境冲击，新兴经济企业也有动机与中小企业结成联盟，这取决于企业冗余资源情况（Marino，Lohrke，Hill，Weaver，Tambunan，2008）。

在竞争战略方面，新兴经济中的企业需要通过积极战略行动来保证企业发展。相对而言，新兴经济本国企业具有"暂时性优势"，但从长期看来，它们要保持更优的经济绩效比跨国公司子公司难（Hermelo，Vassolo，2010）。因此它们采用更为主动的方式，如通过财务战略转型减少对国家资本的依赖来展示其财务健康性（Keister，2004），采用多元化战略以及建立衍生企业等方式扩大内部市场规模从而实现价值创造（Makhija，2004），以及采用出口战略提升绩效（Gao，Murray，Kotabe，Lu，2010）等。而跨国公司则可以通过决定是否合资以及在合资公司中占比的多少来应对新兴经济环境动荡（Chung，Beamish，2005）。不同所有制企业也倾向于采用不同的战略，国有企业和民营企业分别倾向于采用防御者战略和探索者战略，而集体所有企业（COE）和外国投资企业（FIE）展示了一个在防御和探索之间的分析者战略（Peng，Tan，Tong，2004）。

随着企业的发展和时间的推移，新兴经济企业也开始参与国际竞争，那么新兴经济企业如何将竞争优势扩大至国外市场成为关键问题。它们可以选择进入发达国家市场或制度更为落后的市场。当新兴经济企业参与发达国家市场竞争时，传统的"本地—全球"（glocalization）战略不再适用（Immelt，Govindarajan，Trimble，2009）。这一战略是指产品生产商先基于富裕国家中开发出的良好产品分销到全球各地，然后根据本国情况进行适当修改。这允许跨国公司做到降低成本所需要的全球化范围与本地顾客化所需要最大化市场份额。使用这一战略的前提是，富裕国家占有了主要市场，而其他国家并不能提供多少机会。这个前提对新兴经济国家的跨国公司而言显然不成立，因为它们原来根据新兴经济顾客需求的产品在发达国家做不到足够好（good enough），且国内经济增长迅速。因此，需要逆向使用"本地—全球"战略，即先在新兴国家中开发产品，然后在全球范围内销售的"逆向创新"方式（Immelt，Govindarajan，Trimble，2009）。新兴经济本土企业国际化过程的关键是通过转型获得技术和财务资源，从而实现产品的国际化（Chittoor，Sarkar，Ray，Aulakh，2009）。

当企业进入更为落后的国家时，因为经历本国制度缺陷业已构建的特殊能力，使得它们相较于来自发达国家的对手竞争力更强（Uhlenbruck，Rodriguez，Doh，Eden，2006）。Cuervo - cazurra 和 Genc（2008）的观点与此如出一辙。因为新兴经济跨国公司较发达国家跨国公司而言在这些市场上更具有优势。它们虽然深受本国欠发达制度运作劣势之苦，但是一旦进入"困难"政府条件的国家，特别是那些规制质量更差和腐败控制更低的最不发达国家，这一劣势就转变成了优势，因为它们习惯了在这样的条件中运作，具备了在那样困难的制度条件中进行管理、生存和成功的能力，并已经积累了经验（Cuervo - cazurra，Genc，2008）。

新兴经济企业与环境政策之间存在共同演化，企业多数通过合作而非对抗的方式改变环境政策。例如，跨国公司与国家相关机构合作过程，通过提供技术给制度代理机构从而实现制度随时间的演化（Child，Tsai，2005）。Tan 和 Tan（2005）也指出，在转型的不同阶段，国有企业绩效受到组织环境—战略架构的影响，这暗示了环境和企业战略间的共演关系。大型家族企业的企业家也可以通过联合和影响政治家而用自身利益塑造制度从而实现对制度的修正（Dieleman，Sachs，2008）。转型经济企业改变环境的行为可以抵消其后发劣势（Luo，Rui，2009）。

（二）新兴经济中的交易成本经济学研究新发展

交易成本经济学聚焦于市场效率，并关注这一效率对企业形式的影响。该理论的主要发展多来源于对发达国家的观察。发达国家具有强法律体制和具有约束力的社会规则显然是新兴经济国家不具备的。这使得交易成本的一些基本假设在新兴经济中受到挑战。传统的交易成本假设常基于客观的企业外部环境测度，只强调不同管理者群体之间的管理者感知差异。White（2000）则指出，在新兴经济情境中，相同产业或群体中的管理者感知差异与不同群体之间的管理者感知差异一样大。这导致交易成本理论受到环境作用，只能在新兴经济的某些企业中得到支持。例如，在中国情境中，交易成本的假设在民营企业或集体企业等未得到强政府支持完全网络的企业中能找到很强的证据，虽然它们在资源上仍然需要依赖国家，特别是合法性方面，但它们与传统国有企业相比，更会将其战略考虑与竞争环境相适应，因为它们受到国家对其决策的介入较少。

新兴经济企业交易和治理成本与发达经济体的企业存在差异。如Choi等（1999）就指出，新兴经济中的两种最主要交易成本是因为价格系统无法准确提供有效资源配置信号而产生的高评价成本（measurement cost），以及因为官方决定而非法律决定产权的高执行成本（enforcement cost），例如本地保护主义和国内物流的无效性增加了国内业务成本，而西方知识产权保护和优势使得中国企业能够通过国际化减少"走出去"的成本，这样，跨越国内边界（主要是省界）与跨越国家界限的相对成本决定了新兴经济国家企业是否采取国际化行动。正是这种进入国外市场的战略而非退出本国市场战略对解释中国企业国际化问题也许更为有效（Boisot，Meyer，2008）。交易成本的差异不仅影响了其他国家和地区企业进入新兴经济时进入模式（Filatotchev，Strange，Piesse，Lien，2007）、选址（Filatotchev，Strange，Piesse，Lien，2007）、合作伙伴选择（Luo，Chung，Sobczak，2009）等战略决策，也影响了在新兴经济中运作的国外企业战略（Luo，Junkunc，2008；Meschi，2009）；同时还影响了本土企业是否参与贪污活动（Luo，Han，2009）以及国际化战略的选择（Boisot，Meyer，2008）。

对于治理模式的选择上，最新研究存在两种对立的观点。一种观点认为，新兴经济市场和法律体制的不完善特征要求企业采用介于完全市场化和完全层级制之间的治理模式以兼具二者优势，即同时包含市场和层级的混合治理结构。网络模式是一种可行的方式，因为网络契约和个人关系都可以减小不确定性（Peng，Heath，1996），而国家文化权变效应在信任与契约这两种互补关系中发挥的作用非常重要（Li，Li，Liu，Yang，2010）。具体而言可以采用多分部结构（Hoskisson，Hill，Kim，1993）、多元化战略以及建立衍生企业（Makhija，2004）、纵向整合和战略联盟（Kogut，1988）。后续研究解释了机理。如 Hoang 和 Antoncic（2003）考察了网络关系、网络治理和网络结构对创业影响，回答了三者如何随时间涌现。他们的研究发现，密集网络能增强信任，能培育更多连带的形成，从而影响企业间网络的持续以及对创新来说至关重要的信息流质量的提升。Siegel（2009）的研究则显示，联盟能保证良好的公司治理承诺机制。

另一种相反的观点则认为，一些替代性的治理模式在新兴经济中并不一定有效，市场治理仍然是最为有效的治理方式。例如 Chacar 和 Vissa（2005）对企业集团附属行为的研究中指出，在新兴经济中，集团附属虽能填补国家环境的制度空白，但导致企业绩效变好、效率更优的制度条件已经或正在消退这一点却常常被忽视，虽然不同国家制度环境变化速度不同。这解释了为什么全球市场变得更加有效而商业集团变得不那么有效（Khanna，Palepu，2000）。另外，新兴经济商业集团和跨国公司的管理者虽然是理性决策制定者，但他们可能牺牲短期利益去达成诸如建立共享、本地身份或政治支持（Prahalad，Hamel，1990）等其他目的。类似的，商业集团管理者也想避免与破产和清算（exit）相关的污名及其结果，因此，他们宁愿保持差绩效的附属关系，而不愿意"经济理性"。最后，都是附属企业，但不同企业获得的好处也不尽相同（Kim，Hoskisson，Wan，2004）。这些都导致了企业集团这一替代性治理模式中代理人问题被低估（Chacar，Vissa，2005）。Young 等（2008）指出，与发达国家公司治理中委托—代理问题情况不同，委托—委托（principal - principal）问题应该成为新兴经济国家中公司治理的关注点，具有控制权的股东和其他少数股东之间的委托—委托冲突是由集中所有权、广泛的家庭所有和控制、商业集团结构、对少数股东的弱法律保护等问题导致，会改变公司治理过程的动态性，且需要与委托—代理冲突不同的修复方式。

（三）新兴经济的资源观

企业资源特征差异导致了竞争优势差异，这是资源观核心问题，也是企业战略管理的核心问题之一。资源本身具有情境特异的特征。资源观研究早已指出，资源是基于情境、取决于情境特征、聚焦于资源可以创造战略柔性和核心刚性而导致不同回报（Leonard – Barton，1992）。新兴经济正好提供了一种新社会情境。相比发达国家企业希望通过合作方选择来获得独特能力和本地市场知识与知识获取渠道不同，新兴市场企业在选择合作者时更强调金融资产（financial assets）、技术能力（technical capabilities）、无形资产（intangible assets）和分享专业性的意愿（Hitt，Dacin，Levitas，Arregle，Borza，2000）。例如，新兴经济企业技术基础相对薄弱，其比较优势在于产品研发和市场的低成本，因此常聚焦于成熟产品（Vernon – Wortzel，Wortzel，1988），产品大多定位于市场低端，且已形成难以摆脱的固有印象（Cappelli，Singh，Singh，Useem，2010）。即便有资源匮乏和技术缺陷等问题，新兴经济企业正开始或已经在面对来自跨国公司的竞争（Hitt，Li，Worthington，2005）。新兴经济企业能力也有其特殊性，它们缺乏在资源分配和战略选择上的差异，因此市场竞争经验缺乏（Li，Kozhikode，2008）。可见，新兴经济企业尝试利用特有的能力去创造和获得新兴经济中极大的潜在价值。

新兴经济社会情境本身也在不断演化。在转型阶段初期，市场情境中有价值的资源可能稀缺，可得资源也不必然可模仿。例如，在共产主义系统中，偏离了之前经验的管理专业性，似乎不太可能在新兴经济中提供资源（Lyles，Baird，1994），而财务资源也同样稀缺（Wright，Hoskisson，Filatotchev，Buck，1998）。但随着竞争市场的发展，获得资源变得更加重要。按照这种逻辑，Hoskisson 等（2000）建议未来研究朝着新兴经济中带来竞争优势的特殊资源是什么、如何获得资源（能力）、资源获得障碍以及从国外投资者处获得资源的方向，提出了资源观的未来发展方向。本书也以此为框架，对最近研究进行总结。

很多新兴经济中企业竞争优势来源于网络关系和封闭的商业—政府连带（Hoskisson，Eden，Lau，Wright，2000）。网络形式倾向于在高共享利益、高不确定的持续形势下表现更好，且与高合作、高竞争、高探索和高利用相关（Li，1998b）。这连接了网络和企业两个层次。而 Peng 和 Luo（2000）也发现，连带（tie）、关系（relationship）非常重要，特别是管理者与其他企业高管、政府官员的微观个人连带，能提升企业绩效，这连接了企业和个体两个层次。进一步，Li 等（2008）也指出，新兴经济企业内部资源缺乏，因此它们必须依靠社会资本和资源积累实现在本土市场与跨国公司的竞争，并获得国际扩张的资源。与此相反，Yiu 等（2005）则认为，政府所赋予的资源并不能帮助企业集团创造一个竞争前沿的地位，反而是很多具有发展独特市场导向资源和能力组合的战略行动能让企业集团繁荣起来。换句话说，是企业的组织资源促进或限制了制度和战略的选择。

企业在新的制度情境下，如何获得不同类型的资源，不仅是跨国公司新兴市场进入战略的核心内容（Chan，2005；Meyer，Estrin，Bhaumik，Peng，2009），也是新兴经济本土企业的战略核心。作为后发者，新兴经济企业可以通过提升对跨国公司 FDI 过程中溢出效应的吸收能力来实现追赶（Meyer，2004），但这并不意味着追逐技术的企业战略和持续低成本战略是新兴经济在国际市场竞争的唯一路径（Hobday，Rush，Bessant，2004）。也就是说，技术能力的发展并不是新兴经济企业发展的必要条件。一个简单的例子是，新兴经济企业在本土竞争过程中能不断积累进入产业的能力，从而解释了新兴经济国家产业集团兴盛的原因（Guillén，2000）。新兴经济企业获得资源的另一个途径是合作。在新兴经济创业企业国际化过程中合作能力、重新组合能力、资源分配能力等尤为重要（Lu，Zhou，Bruton，Li，2010），而这与发达国家企业希望通过合作方选择来获得独特能力和本地市场知识显然不同（Hitt，Dacin，Levitas，Arregle，Borza，2000）。

资源障碍的存在阻碍了新兴经济企业获得成长和竞争优势。新兴经济企业在模仿过程中可能遭遇刚性管理而导致企业在资源获取过程中无法更好地反应（Li，Kozhikode，2008）。在位企业的防护行为（entrenchment behavior）可能对维护核心刚性有贡献。新兴经济企业之间信任状况也阻碍了其发展，而信任是对企业间网络持续和对创新至关重要的信息流质量的重要影响因素（Hoang，Antoncic，2003）。此外，新兴经济后发企业成功挑战了进入时间和资源为基础竞争力的传统智慧。Isobe 等（2000）研究显示，在新兴经济地区成立合资公司时，早行动者和技术领导者具有更好的绩效。Ramamurti（2000）也得到了类似结论，认为先发跨国公司能比后发者攫取更多利润，因为先发者有机会"买"现在广受关注的企业，从而享受垄断优势、有限投资、撬动政治联系和采用阻止进入政策以减小竞争。

随着经济的开放，外国投资者作为财务和管理资源提供者角色也变得越来越重要，并正在成为竞争优势的新来源。新兴经济企业在两种情况下能获得其发达国家对手的资源，一种是跨国公司参与本地竞争时带来的外部性。这种外部性带来的知识扩散、公共物品的扩散以及跨国公司管理者通过参与本地组织并惠顾供应商等战略行动对本土企业具有显著的溢出效应（Spencer，2008）。另一种是通过自身的国际化。虽然被认为是一种非有机（inorganic）模式，但是面对新兴经济的不连续制度变革、经济自由化以及知识产权转型时，这一模式获得的有形和无形资源在市场交易和内部发展中很难得到（Gubbi，Aulakh，Ray，Sarkar，Chittoor，2010）。而国际化技术和财务资源能带来产品市场的国际化，并进而影响企业财务绩效（Chittoor，Sarkar，Ray，Aulakh，2009）。

（四）新兴经济的理论整合及其解释

新兴经济情境特点是制度不完善和市场逐步放开。而制度观在考虑战略选择时，主要以产业条件驱动以及企业能力驱动的战略选择为基础，关注管理者和企业家所面对的特定制度框架的正式和非正式限制的作用（Peng，Delios，2006）。因此，制度观在新兴经济战略研究中占据了主要地位（Hoskisson，Eden，Lau，Wright，2000；Peng，2007；Wright，Filatotchev，Hoskisson，Peng，2005）。一个证据是，管理研究杂志（*Journal of Management Studies*）上由 Wright、Filatotchev、Hoskisson 以及 Peng（2005）主持的关于新兴经济战略研究的专刊上，有八分之七的文章是制度观视角（Yamakawa，Peng，Deeds，2008）。事实上，每个单一理论在描绘复杂现实时都很重要，每种观点都具洞见，却无一足够强大到可独自持续，而多种理论的混合能为复杂现象带来一个更好和更有洞见的理解（Yamakawa，Peng，Deeds，2008），例如政治观（political perspective）在理解商业和公共政策时对制度观的补充（Child，Tsai，2005）。这与 Hoskisson 等（2000）建议研究者考察制度理论和其他理论视角互动关系的号召不谋而合。

事实上，多种理论视角的引入对制度理论具有良好的补充作用。Yamakawa（2008）在解释新兴经济企业进入发达国家的国际化过程中，同时考虑了基于战略—产业、资源、制度三个方面的因素，并提出了一个整合框架。他们的后续研究指出这三个理论视角正是国际商务（IB）领域的"战略三角"（strategy tripod），且是国际化企业战略的主要影响因素（Peng，Wang，Jiang，2008）。进一步，Gao 等（2010）对新兴经济企业出口战略决定因素及出口绩效的经验研究发现，制度的作用大于其他两类因素。这也证实了制度观在新兴经济研究中占主导地位的合理性。

组织能力观为聚焦于制度情境的研究者提供了一个必要补充。能力观将企业看成行为和惯例束，而将传统绩效测度内容（如销售和利润）看成相对次要的产出。这也为资源观提出了强调行为和惯例的补充（White，2000）。进一步，Gao 等（2010）的研究也发现，企业能力对出口行为的影响也不同，那些不具有独特的企业能力、仅是成本领先企业不能从出口中获得财务收益。此外，交易成本与资源观、能力观在制度情境中相互补充。新兴经济企业资源和能力缺乏，战略选择时需同时考虑外部竞争和内部能力相关因素。而在考虑内部能力时，企业因为行为能力缺乏或能力低并不意味着能力发展的边际成本低，但这在预测交易成本的经验研究中大部分被忽视了（White，2000）。可见，新兴经济能力观对资源观有补充作用，而交易成本理论的引入对完善二者的解释力提供了基础。

四 未来研究方向

制度理论研究中的关键之一仍然是制度本身。Hoskisson 等（2000）指出了制度不同维度之间相互作用的重要性。因此，新兴经济制度本身可能呈现的差异仍然是未来值得研究的方向。具体而言，不同新兴经济体制度情境是否存在差异，这些差异的来源是什么？进一步，同一个新兴经济体（如中国）内部的制度情境是否存在差异？这些差异的存在对本土企业和跨国公司决策影响如何？随着市场不断开放和规制不断放松，其他哪些非正式制度能补充或替代正式制度，如何实现？此外，新兴经济制度不断完善暗示企业主观作用增加的可能性，也就是说，除了现有研究中受到广泛关注的国有企业之外，其他所有制企业，特别是民营企业以及规模相对较小、话语权有限的企业对制度的反作用成为可能，因此，新兴经济不同类型的企业对现有制度情境的影响途径的多样化和程度差异是一个有保证且符合最新实践的研究方向。

新兴经济中的交易结构显然较发达经济复杂得多，这对跨国公司在新兴经济市场运作带来极大挑战（如 Gong，Shenkar，Luo，Nyaw，2007）。它们可能通过合资等治理方式降低交易成本。本土合作企业机会主义行为必然随之出现（Luo，2007）。在这一情况下，实现交易成本控制是一个有保证的研究方向。具体而言，新兴经济中市场治理的替代治理模式研究仍然值得研究。例如，网络治理（Jones，Hesterly，Borgatti，1997）等新治理模式较之面临没落窘境的企业集团更为有效（Sivalingam，2010；Yoon，Hyun，2010）。此外，即便对新兴经济本土企业而言，经济演化过程中的交易成本内容差异与现有交易成本内容、结构的质变和量变同样难以处理。资源观方面，虽然规制不断解除，但与政府连带和关系等特殊资源仍然是企业获得竞争优势的最重要来源之一。此外，新兴经济本土企业在参与国际竞争的过程中，如何通过国际并购（Gubbi，Aulakh，Ray，Sarkar，Chittoor，2010）等战略选择获得互补资源来弥补其后发者技术劣势也值得关注。

新兴经济多理论整合的研究契机是企业新情况的出现。一个具有发展潜力的研究方向是企业（特别是新兴经济企业）面对的制度情境发生的变化。最新实践显示，新兴经济企业国际化目标不仅仅是欠发达国家和地区，它们也开始参与发达国家成熟市场的竞争（如海尔），那么它们在新兴经济制度情境的战略经验仍然有效吗？可以肯定的是，这时制度情境发生变化，它们获取竞争优势的资源与原来不同，交易成本的内容也发生变化，有效的市场治理也不是它们所熟悉的。

第三节　架构理论与方法

战略管理研究的核心是企业如何建立竞争优势并加以保持。显然，导致企业获得竞争优势的要素不唯一，不同要素在不同情境下的效用也不一致。这一情况在中国更为明显。因此，多维的特征在中国战略管理研究中变得越来越明显。中国的环境复杂性程度和竞争优势产生机制较西方发达国家复杂得多。例如，山寨企业的成长和成功就是一个西方国家鲜见的例子，是环境条件、组织条件和绩效之间形成了某种特定组合而出现的（Shi，Rong，2010）。呈现和解释这样的现象需从单一变量变成集聚图景。传统"普适"和"权变"范式几乎无法完成。

具有全局性和系统性视角的架构方法能极好地处理此类问题。架构方法（configurational approach）产生于 20 世纪 70 年代末期。Danny Miller

教授最初将这一概念引入战略管理，并与其同事开展了一系列卓有成效且影响深远的研究（Miles，Snow，1978；Miller，1978，1981，1986，1987，1988，1990，1992，1993，1994，1996；Miller，Friesen，1980；Miller，Friesen，1977；Miller，Friesen，1984；Miller，Lant，Milliken，Korn，1996）。架构是指在个体中影响因素的组合形成的一致模式（pattern）或构象（constellation）（Meyer，Tsui，Hinings，1993）。这弥补了单一变量、权变变量对组织结果解释的缺陷。正如 Acock 和 Defleur（1972）所指出的，"三个自变量独立效果无法很好地预测行为，其累积效果（additive effect）稍优，而其相互关系（interaction）或架构能最清楚地对行为进行预测"。

架构研究在 20 世纪 90 年代逐渐成熟（Gresov，Drazin，1997；Miller，1996）并受到关注。一个证据是，美国管理学会创办的期刊 AMJ（Academy of Management Journal）在 1993 年推出了一个特别论坛专门探讨架构方法对组织和战略管理研究的重要意义①。我国管理研究界对架构的研究和应用关注则较少。从数量上看，国内学者采用架构方法及其理论的研究极其有限，中国知网（Chinese Nationel Knowledge Infrastructure，CNKI）中以架构研究为主题和方法的文章寥寥。从内容上看，学者们在使用架构一词时也并不明确其指代，最多也只笼统地指一个复杂系统结构，而忽略了架构对要素之间关系的前提假设。针对这一情况，本节旨在全面梳理西方现有架构理论和方法的文献，尝试识别架构范式的演进、最新进展、架构和分类的关系、架构的操作化方法以及架构与组织结果间关系的实证方法，并在此基础上讨论架构理论和方法对中国战略管理研究的启示。

事实上，通过综述可以发现，架构的优势在于颠覆传统二元、线性思维，解决多维度（变量）复杂问题，更好把握对动态性情况，以及对殊途同归（equifinality）的解释。而这些正是中国情景战略管理研究的重要特征。我们相信，架构方法及其理论在中国情境的战略管理研究中应该且必将发挥更为重要的作用。

一　组织研究范式的演进：普适—权变—架构

（一）组织研究范式：从普适到权变到架构

普适（universalistic）观点认为，实践中总存在最优点，所有实践都该遵循这种最优。这是一种最简单的理论表述，认为即使在不同组织中，

---

① 这个特别论坛的主题为 Configurational Approaches to Organization。

给定的自变量和因变量间的关系也一成不变。换言之，当自变量 A 产生特定变化时，因变量 X 总能变好（如图 2 - 3 下部所示）。这一观点显然忽视了导致变量间关系的初始条件、边界和系统状态（Drazin，Van de Ven，1985）。

权变观点（contingency）正好能解决这样的问题。权变观点回答的问题是，企业在什么情况下会获得竞争优势。其逻辑是，要想变得有效率，企业条件（如政策等）需与其他方面保持一致（Drazin，Van de Ven，1985）。权变的核心思想是匹配（fit）（Drazin，Van de Ven，1985），包括选择（selection）、互动（interaction）以及系统方法（systems approach）三种形式。前两种最为常见，其差异在于，选择方法需要两个或多个自变量，一个因变量（Drazin，Van de Ven，1985），且一般以"如果……那么……"的形式出现；而互动方法的变量处于相互平等的地位。系统方法则逐步演化成后来的架构方法。权变较之普适观点的进步之处在于，承认了超越简单线性关系的互动的存在（Venkatraman，Walker，1989）。因此，自变量和因变量的关系在不同权变因素影响下不同（如图 2 - 3 中部所示）。权变观点的提出对战略管理研究的进步具有重要意义（Venkatraman，Walker，1989）。

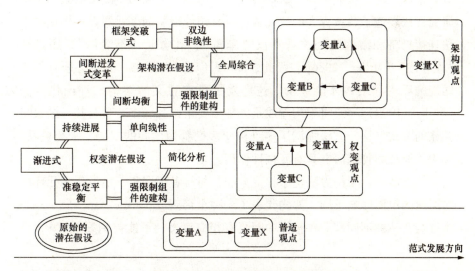

图 2 - 3　范式发展和潜在逻辑变化

权变观点本身也存在一些问题。比如：（1）仅聚焦于少数环境和结构变量间（常常是两个）关系。（2）倾向于开展忽略时间变量的截面研究而非纵向研究。(3) 倾向于忽略样本中的不同组织类型得出变量关系的结论 (Miller, Friesen, 1980)。(4) 常使用决定性假设。除此之外，权变方法也难以应付研究的复杂性 (Miller, 1996)。这种复杂性体现在：(1) 多维构念和多变量及其与组织结果间的关系越来越成为一种常态 (O' Leary, Cummings, 2007)。(2) 由于环境等因素不同导致的研究结果冲突。(3) 动态事件 (间断均衡) 的时间、方向和程度越来越难以把握。在有些情况下，除了需要预测最佳点，当组织实践发生偏离，还需要预测出企业消极结果 (Zajac, Kraatz, Bresser, 2000)。(4) 企业呈现生命周期阶段性发展的特征仍未得到解释。

针对这些问题，Meyer 等 (1993) 提出用架构观点来弥补。架构指在个体中影响因素的组合所形成的一致模式或构象 (Meyer, Tsui, Hinings, 1993)，强调在一个更广泛领域中的模式和相互关系 (Miller, 1987, 1990)。可见，架构是重要属性紧密相关和相互增强的多维实体，是组织属性产生系统化集聚的结果 (Meyer, Tsui, Hinings, 1993)，可用多个变量互动来反映 (见图 2 - 3 最上方部分) (Baker, Cullen, 1993; Dess, Lumpkin, Covin, 1997)。

架构经历了从理论到方法的转变。只考虑一个或两个战略要素的组织研究方法构造了数量庞大的二元假设或有条件限制的多元假设。用这种方法连接战略和结构间的关系不仅"笨重"、概念上"不简洁"，还具有"误导性" (Miller, 1986)。因此，Miller (1988) 指出，战略必须有与之匹配的环境和结构才能成功。这启发了更有意义的架构式理论化方法 (Miller, 1990) ——将架构看成是处理多要素构念、多变量及其与结果间关系的方式。这一方法强调了多维构念多变量构念间的双向、平衡关系，其引入对战略管理研究具有开拓性作用。

综上所述，架构方法优于权变方法。与后者仅聚焦于情境化多元环境对组织的单向影响不同，架构代表了一种全局观 (holistic stance) ——一个社会实体的不同部分在整体中都具有相应意义，不能被割裂理解①，且

---

① Miller (1981) 提到，由于权变方法中隐含的对组织过于简单的假设，限制了研究发现的预测力，且常常阻止了洞见的产生。因此，研究者也曾提出格式塔 (gestalt) 的概念以弥补权变的不足。环境、组织和战略制定的变量组成的相对复杂的格式塔，不仅数量相对较少，且相互之间在变量分数、变量间关系等方面都存在差异，便于研究。因此，格式塔可以允许描述组织适应和变革过程的更丰富、复杂和多面特征。后来的研究者多将格式塔看成从权变到架构研究的过渡。

显示了更大的预测力（Dess，Lumpkin，Covin，1997）。具体而言，权变方法认为世界是稳定、有序、统一和平衡的线性思路主导，小因素只能导致小效果；而架构方法则认为世界是无序、不稳定、多元、不平衡以及非线性关系主导，且具有时间敏感性。这一思路突破了线性范式，假设了"在一个架构中变量因果相关而在另一个架构中不相关或者反向相关"（Meyer，Tsui，Hinings，1993）的复杂非线性关系。

（二）架构思维的最新推进：核心 V. S. 外围

架构的每个部分都反映了整体的潜在逻辑，这一假设并不完善。因此，Fiss（2011）极富洞见地区分了核心（core）和外围（periphery）要素，推动了架构理论与方法的发展。他认为，核心要素是那些能很强地解释产出的条件，而外围要素则与产出间的因果关系相对较弱。进一步，在给定架构中，不同外围因素所组成的等效构象围绕在核心要素周围，其置换不会影响架构的总体绩效，即所谓中立置换（neutral permutation）。

核心和外围的概念暗示的因果不对称性超越了传统的二元权变思维。因果不对称性是指导致一个结果是否出现的原因可能不同（Ragin，2008），如导致一般绩效的原因可能是集合 A，导致高绩效可能是集合 B，而导致更高绩效可能是集合 C。两个组织特征可能在某一个理想类型（ideal type）中正相关，在另一个理想类型中负相关，在第三个中不相关，且都能带来好的结果，即所谓殊途同归。殊途同归为不同变量集合都能获得特定结果提供了理论支撑（Short，Payne，Ketchen，2008），因此受到学术界极大关注（Doty，Glick，1994；Fiss，2007；Gresov，Drazin，1997）。

中性置换的概念对"殊途同归"具有重要意义。首先，中性置换能区分"一阶"和"二阶"殊途同归，有助于更为清晰地理解不同的"原因—效果"关系。一阶殊途同归指不同核心特征呈现相同结果；二阶殊途同归指相同核心特征的中性置换。其次，中性置换概念还显示，虽然不同置换能产生相同结果，但未来发展状态不同（Stadler，Stadler，Wagner，Fontana，2001）。这对于理解组织变革路径至关重要（Grandori，Furnari，2008）。

二　架构的外在表现形式：理论分类与经验分类

架构本质是一个相互依赖的复杂系统（Miller，1996），其外在表现为分类（categorize）。分类反映了构成架构的变量之间是独一无二的结构。架构的多个变量间相互作用所形成的稳定或平衡状态就是一种分类。这种平衡有横向和纵向两种来源。横向是在一个时间截面上不同变量集合组成的不同稳定状态；纵向则是在不同时间点的不同稳定状态。为方便探讨，通常将后者转化成前者。这样，分类就将组织从连续的时间中隔离出来，方便细节分析，从而强化研究基础，帮助认识基本结构和关系，这正是理论发展和假设验证的基础（Rich，1992）。可见，分类是一种交流体系，是在最好的信息内容中包含了最方便的架构信息（Rich，1992）。

按照组织知识探索途径的差异，分类可以区分为理论分类（typology）和实践分类（taxonomy）（McKelvey，1982）（见图2-4）。理论分类是在既有研究基础上展开的概念驱动、理论导向的分类，往往从以往文献中寻

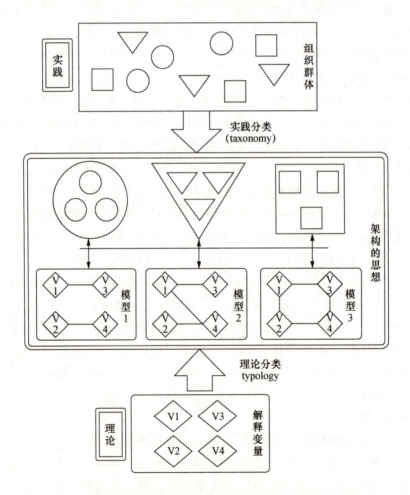

图2-4 架构研究的两种核心逻辑及其来源

找解释变量，通过理论推导，找到针对特定研究问题的权变模型；经验分类是经验驱动、实践导向的分类（McKelvey，1982），常通过分析现有实践问题，总结出事物发展"模式"①。

理论分类常依据几个最相关维度展开。最著名的例子是 Miles 和 Snow（1978）对企业战略的分类。显然，理论分类具有理论吸引力：（1）基于关系的复杂综合模式产生的全面理解和理想剖面（Doty，Glick，1994；McKelvey，1982），能帮助摆脱线性思维或权变理论的束缚（Doty，Glick，1994）。（2）它保持了每种类型中丰富和多样化的知识（Rich，1992）。（3）理论分类使得组织不再是"类似"或"独一无二"这两个极端情形（McKelvey，Aldrich，1983），为特定组织类型的不同驱动力量提供了中观理论化基础，不用诉诸"宏大理论"（grand theory）形成观点和发展理论（Rich，1992）。但同时，理论分类也存在局限：（1）它勾勒了组织的先验（priori）差异，但在经验上使用困难。（2）理论分类尝试从非定量化观察中找到灵感，常具有"诗意"（Hambrick，1984），很大程度上为个人洞见，所以可能无法准确反映现实。因而，理论分类具有很好的描述作用，但解释或者预测力有限。

经验分类是基于结构、过程、战略和情境等多个维度的多元分析的分类（Meyer，Tsui，Hinings，1993），几乎在战略管理领域的所有方面——公司层、业务层、战略过程、管理行为等——都扮演了潜在角色（Hambrick，1984）。与理论分类相比，经验分类更倾向于基于事实（Miller，1996）、从经验（或者更为狭窄的，从数据）中总结，因此，效度问题是决定其准确性的核心问题。只要样本稍有改变或去掉一个变量，又或稍微改变聚类算法，结果就可能发生变化。学者们提出了多种方法提升结果的稳定性和可复制性。首先，样本定义必须明确交代经验分类的企业类型。此外，需要采用支撑样本去建立经验分类的稳定性，检验在随机选择的子样本中，是否会出现相同分类（Miller，Friesen，1984）。其次，每个组织的所有结果特征应该得到尽可能广泛的评估（Ulrich，McKelvey，1990）。最后，研究者必须尝试其他聚类标准和算法，从而发现最稳定和从统计角度看具有鲁棒性的分类（McKelvey，1982；Ulrich，McKelvey，1990）。表

---

① 也有学者在实际操作的过程中，对二者的定义存在一些差异。如 Hambrick（1984）就将源于数字的（numerically derived）的分类归为经验分类。这比 McKelvey（1982）严格一些。但总的说来，现有研究大多遵循 McKelvey 的观点。

2 - 2 总结了两种分类方式的差异。

表 2 - 2   理论分类与经验分类比较

比较项目	理论分类（typology）	经验分类（taxonomy）
驱动因素	概念	经验
导向	理论	实践
本质	组织基于先验理论被归入不同类别	组织从基于相似性或对比、用于将组织特征分类的经验过程中涌现
优点	容易记忆、简洁、极具感召力；对事物的全面理解，分类的同时不丢失知识，提供中观理论基础	更基于事实；容易产生新发现；涉及战略管理的多个层次
缺点	对组织类型定位不清楚，经验中使用困难；经验中运用困难，有限解释力	缺乏理论重要性；效度问题：变量选择任意和狭窄、结果不稳定和不可靠
分类步骤基础	先验（启发式）	后验（计算式）

尽管两种分类存在差异，但并不意味着二者有优劣之分。Hambrick 等（1983）的研究结果就显示其经验分类与之前的理论分类研究结果不同。理论分类容易记忆、简洁、极具感召力（Miller，1996），但在经验上运用很难。经验分类更基于事实，科学运用时能发现可靠且从概念上重要的属性组合，同时又有理论重要性缺乏（Barney，Hoskisson，1990）、变量选择任意和狭窄（Ketchen，Thomas，Snow，1993）、结果不稳定和不可靠（Hatten，Hatten，1987）等诸多问题。例如，战略集团文献就经常出现相互冲突或模糊的结果（Barney，Hoskisson，1990）。

三 架构的操作化及其实证方法

架构关注组织整体性，因此需要关注具有主体或系统化特点的内容，即要素间为何及如何相关和互补（Miller，1987）。因此，架构的经验研究方法重点是多个构念之间的互动（Baker，Cullen，1993；Dess，Lumpkin，Covin，1997；Miller，1988；Wiklund，Shepherd，2005）。严格说来，只能通过纵向研究设计来发现架构的基础主题，并分析解释这些主题间的关系（Miller，Friesen，1984）。但当样本限制在一个给定状态的组织发展过程中，并且在关键变量上样本相对总体来说具有代表性，截面方法也可行。本节的回顾分为两条主线：（1）架构的操作化方法；（2）架构对组织结果影响的经验分析。

（一）架构的操作化方法

从理论分类出发的架构，可以通过感知表面价值、充分研习理论，形成一个或少数几个先验类型。先验方法依赖既有研究，唯一途径是全面文献回顾。基于经验分类的后验方法主要有两种：（1）准专家打分法（Miller，Friesen，1977），由专家对每个样本在 N 个变量上的得分进行赋值，然后再看这些点在 N 维空间的分布情况，分布集中的为一类。但主观方法在研究中应用范围相当有限。（2）统计技术，较常见的方法是多元分析法（Hambrick，1984），具体的操作方法是聚类分析（Fiss，2007）和判别分析法（Ostroff，Schmitt，1993）。

聚类分析是从多种特征发现潜在相似的样本群体，但这一方法不稳定、其解释总是不同（Miller，1996），这表现在：（1）聚类倾向于将每个架构看成是一个黑箱（Whittington，Pettigrew，Peck，Fenton，Conyon，1999），只能探测变量组合间的差异；（2）聚类结果广泛依赖研究者判断（Ketchen，Shook，1996），例如类数的制定和聚类终止点的选择；（3）聚类总是能得出一些类别，却没有测试性的统计来引导分析过程，其结果依赖于样本选择、变量选择、变量范围、相似测度的选择以及聚类算法（Ketchen，Shook，1996；Ragin，2000）。判别分析则与聚类分析思路正好相反，以理论分类为指引，从现有文献总结的类数出发，采用经验方法去判别（验证）一个特定样本是否属于某个类别，以及每个类别中所有变量的均值。架构特征在这个过程中不断涌现。

需要注意的是，采用统计方法去发展架构本身并非研究意义所在。在得出不同类型后，我们还必须考察它们是否允许有意义的解释（Rich，1992）。换言之，研究者通过聚类分析虽然能得出结果，但这些结果是否有意义、是否与实践情况相符等更重要。只有将结果与实践进行对接，才能使分类结果变得真正有意义。

（二）架构与组织结果之间关系的实证方法

虽然架构和绩效之间关系曾受到挑战（1990；1977），但现有研究认为这是传统统计研究的无效性导致的（Ferguson，Ketchen，1999）。更为直接地，Ketchen 等（1997）对已有架构研究的元分析证实了二者关系存在。既然如此，应该以何种方法进行操作？首先可以肯定的是，普适和权变的操作方法并不适合架构研究，因为它们本质上并未考虑变量间相互依赖关系。比如，普适方法常采用的相关分析方法回答的是一个变量对于产出的平均净影响（average net effect），它将变量对结果差异的解释看成是竞争性的，也就是强调单一变量独一无二的贡献，而将方程中其他变量全看成常数。权变方法中常用的多元回归或偏相关等操作方法也存在局限，那些未被考虑的要素对一个可观察关系同样可能产生重要影响。极端情况是，只考虑关注的变量，而忽视那些本应考虑的具有明显关系的其他变量。

较早验证架构和绩效经验关系的是 Miller。他发表了对架构理论的经验研究，证明了战略—结构—环境的特定结构对组织绩效的解释力（Miller，1988）。他分四个步骤进行了论述：（1）战略和环境二者之间的强相关关系；（2）战略对结构的决定性作用；（3）战略、结构无法独立解释绩效，环境和结构的权变效应也无法完全解释绩效；（4）结构和环境之间的非直接相关导致二者存在弱相关。后续研究对其进行了简化，如Baker 等（1993）在检验外部情境因素组成的架构对企业影响时，直接将三个要素放入层次回归模型，然后放入两两组成的架构，再放入三个要素组成的架构。从理论上说，架构没理由只包含三个变量；但从经验上说，三项的交互就已经达到回归分析解释的边界，并且如何解释以及解释的稳定性都存在问题（Dess，Lumpkin，Covin，1997；Drazin，Van de Ven，1985）。

鉴于这些问题和挑战，后续研究发展了三种方法来检验架构与组织结果之间的关系。第一，决策树法（Black，Boal，1994）。这种方法将每个决策可能引出的两个或多个事件结果表现为树干和分支，故称为决策树。第二，剖面偏移（profile deviation）（Venkatraman，Prescott，1990）或偏移计分法（deviation score approaches）（Delery，Doty，1996；Drazin，Van de Ven，1985）。这种方法认为，两个变量间失调（misalignment）导致的与理想型间的偏差会导致其绩效偏离最优绩效（见图 2-5）。其操作化是通过考察理想剖面的加权欧氏距离（weighted Euclidean distance）的显著性来完成的。

Fiss（2007）意识到架构研究中存在理论和方法不匹配（mismatch）：一方面，架构理论假设"在一个架构中变量因果相关而在另一个架构中不相关或反向相关"（Meyer，Tsui，Hinings，1993），这种复杂非线性关系假设要求"系统化看待"架构（Black，Boal，1994），且需"超越传统二元互动关系的协同效果"(Delery, Doty, 1996; Miller, 1990)。更进一步，架构强调了殊途同归，假设两种或更多组织架构在追求高绩效过程中具有相同效用(Galunic, Eisenhardt, 1994; Gresov, Drazin, 1997)。另一方面，这些理论观点无法通过仅考察单一路径的多元回归分析来评估，使用聚类分析和偏移计分法探测不同企业群组的局限是，研究者无法考察在差异化设计中到底是什么要素一起发挥作用(Whittington, Pettigrew, Peck, Fenton, Conyon, 1999)。

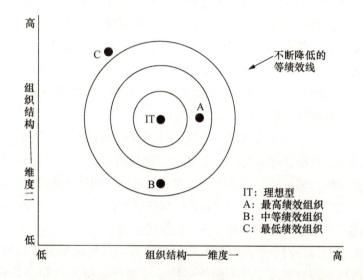

图 2-5 匹配的系统方法图示：理想型组织和三个不同绩效的组织

资料来源：Drazin, R., Van de Ven, A. H. Alternative Forms of Fit in Contingency Theory [J]. *Administrative Science Quarterly*, 1985, 30 (4): 514-539.

针对这些情况，Fiss 引入了适合于架构理论方法的第三种方法——集合论方法(set-theoretic method)(Fiss, 2007)。其假设是在创造组织产出时，不同条件间相互组合(combine)而非竞争，且不同条件可能导致相同产出，不同变量间关系可通过集合从属身份(set membership)得到最好的解释(Fiss, 2007)。该方法采用布尔代数(Boolean algebra)来确定哪些组织特征的组合会导致有问题的组织结果(Boswell, Brown, 1999; Ragin, 2000)。布尔代数允许对逻辑表述进行代数操作，并对不同原因的组合所影响的相关产出(如绩效)做出更合适的估计。以"A·C

+ B·D→Z" 为例，若 Z 表示高绩效，则至少两种特征组合（A 和 C 以及 B 和 D）能导致这一结果。可见，高绩效只有在属性组合情况下才能应用，而不适用于个体属性。这呈现了一个重要因果复杂性：四个属性共同创造结果，任何一个都不是充分或必要条件。

四　架构理论与方法对战略管理研究的意义

架构理论与方法对战略管理研究存在重要的借鉴和启示意义。这里主要从两个方面来论述。第一个方面和战略管理研究的范式相关。首先，架构方法有利于战略管理中对结果的充分理解和解释。架构研究采用系统和全面观点，将组织看成一组相互联系的结构和实践，而非模块或松散耦合实体，因此，架构能帮助我们理解单个要素以外的"模式"或"构面"（Delery，Doty，1996）角度对组织结果的影响。其次，架构方法有利于统一战略管理研究结果。权变因素的存在导致战略管理研究结果支离破碎。这种不一致性可能使研究者无所适从。

第二个方面和战略管理研究的核心问题相关。按照 Rumelt 等（1994）的权威观点，战略管理研究的四个核心问题分别是：一是企业有何差异；二是企业如何行动；三是什么决定了企业的范围；四是什么决定了企业在全球范围的成功和失败。除了对企业范围的议题以外，架构研究对战略管理的其他三个核心问题的理解都能起到促进作用。

首先，架构有助于帮助战略管理研究学者更好地理解企业间的差异。传统的战略管理研究常依据不同外部特征（如产业特征）和企业自身的特征（如规模、生命周期等）对企业加以区分。而架构则能超越这种内外差异，认为企业内部和外部特征具有双向的联结关系，单从外部差异或者内部差异来理解企业之间的差异将造成认知上的偏差。这为战略管理研究提供了一种更为抽象和全面的分类方法。

其次，架构有助于战略研究学者更好地理解企业复杂战略的发展和执行。传统战略管理研究中，竞争分析的核心是关注特定不可模仿资源和技能所产生的优越租金（Barney，1991；Wernerfelt，1984）。这些文献都只强调了战略的某些要素、某个部分，而非要素的互补性及其情境嵌入性。要推进执行的战略感知，必须理解这些不同的部分是如何匹配在一起的（Meyer，Tsui，Hinings，1993），这正是架构研究所擅长的。因此，架构方法能帮助我们理解不同类别战略或资源组成情况，并鉴别出更容易执行、整合的竞争方式。

最后，架构有助于战略研究学者更全面地关注企业成败。架构能调和传统战略管理中战略选择（strategic choice）和组织生态（organizational ecology）这两个竞争性的学派。战略选择认为组织对环境条件做出反应的管理决策是组织结果的重要决定因素（Child，1972），因此，组织不仅是适应环境，还通过其行为影响环境（Miles，Snow，1978）。组织生态观则认为环境是企业产出的首要决定因素（Hannan，Freeman，1977；1984）。从架构的视角来看，这两种方式都可以产生类似架构，只是核心和外围要素的位置不同。

特别地，架构理论与方法更加契合中国情境下的战略管理研究，具有更大的发挥空间。Meyer 等（1993）明确指出，架构非常适合转型和适应性的研究。这种情境很难只用一个或几个简单因素来解释现象，必须引入系统化、全局性视角。中国正处于这一历史背景中。架构在中国战略管理研究中可能发挥的作用体现在以下三个方面：第一，架构思想有助于构建情境化的中国战略管理研究。情境化的中国战略管理研究，要么是在西方理论模型中加入中国情境的维度，要么是提出中国特有的构念（Tsui，2004）。架构思想对情境的重视可以促进第一种情境化的研究。同样，架构思想对情境、战略和结构整体及其内在相互影响机理的重视，有助于研究者提出中国特有的构念，因而可以促进第二种情境化的研究。

第二，架构能更好地处理中国企业战略复杂性。武亚军（2009）曾在研究本土新兴企业时提出战略复杂性的概念。所谓战略复杂性，是指企业在转型环境下生存和发展需要同时应对多个战略性维度及其内在矛盾性冲突（或悖论）。这将导致经营领域选择、产权和内部治理、制度环境应对、自主技术研发、组织能力建设五个维度组成的"五角型框架"。他强调，这五个维度"并非相互独立，它们之间呈现出多种复杂的相互联系"。他提出的"五角型框架"，事实上就是一种架构。从时间维度来看，企业战略的复杂性也体现为企业战略和结构与制度环境的共演。中国企业的案例研究表明，组织与制度的共演能够很好地解释后发企业的追赶问题（江诗松、龚丽敏、魏江，2011a）。而共演和架构在理论假设上是完全一致的，二者都认为组织和环境互为因果关系。

第三，殊途同归对于理解中国企业的绩效具有特殊意义。架构理论认为在每种环境中成功的方法不止一种（Hill，Birkinshaw，2008）。强调殊途同归就是承认中国企业在其特殊的环境中有区别于西方企业的成功方式。

这一观点对于中国企业的成功有重大意义。例如，中国企业的创新方式不必完全模仿发达国家企业，甚至可与其截然不同。具体而言，作为后发者，中国企业可以去寻找技术创新发展道路之外的更适合后发企业的发展方式。相对技术创新而言，更关注市场的破坏式创新（Christensen，1997）、商业模式创新（龚丽敏、江诗松，2012）等都是可能的解决方法。

第三章　商业模式构念本质、特征及研究脉络识别

　　商业模式是一个具有强烈吸引力的概念。电子商务和网络的广泛使用，让人们开始思考除了传统生产制造和服务提供之外的价值获取新方式（Alt，Zimmermann，2001），商业模式也就随之流行。这首先表现在实践界和理论界对商业模式的狂热。在实践领域，埃森哲对40家公司的70位高管访谈关于公司创造和获取价值的核心逻辑时发现，他们都提到了商业模式（Linder，Cantrell，2000）；在我国，各大财经媒体也纷纷举办商业模式创新最佳实践评选①，影响力有逐步扩大的趋势。理论研究领域也经历了同样的狂热。除了商业模式研究数量持续快速增长②之外，越来越多期刊也开始意识到商业模式可能是一个重要理论议题，纷纷出版专刊进行探讨③。

　　与这种狂热相对应的是实践界和理论界对商业模式理解的"混沌"。商业模式可能是电子商务和电子市场相关领域中被讨论最多，而被理解最少的术语。实践领域，埃森哲的报告中还指出，高管们虽然热衷于商业模式这个词，但令人惊讶的是，他们中的62%在被要求简要描述公司商业模式时都存在困难（Linder，Cantrell，2000）。理论界也存在类似问题。对商业模式的普遍理解、定义、分类等都非常缺乏（Alt，Zimmermann，2001；Voelpel，Leibold，Tekie，2004）。例如对"模式"本身认知存在的

---

　　①　例如中国较有影响力的新浪财经举办的"21世纪中国最佳商业模式"和搜狐财经举办的"《21世纪商业评论》最佳商业模式"的评选等。

　　②　这从ISI中收录的SSCI文献数量的变化中可见一斑。另外，Zott，Amit和Massa（2010）的文献中，也反映了这一趋势。

　　③　*Harvard Business Review*、*MIT Sloan Management Review* 等期刊早已有文章专门探讨商业模式的议题。更值得一提的是，*Long Range Planning* 在2010年出版了一期专刊，不仅有商业模式研究的著名学者（如Zott、Chesbrough等）发表他们对商业模式研究的最新看法，同时邀请其他领域重要学者（如Teece、Itami等）就商业模式研究提出见解。

差异（Baden - Fuller, Morgan, 2010）、包含要素也存在差异（Morris,
Schindehutte, Allen, 2005），甚至对是否将商业模式研究纳入战略管理范
畴都尚未确定（Morris, Schindehutte, Richardson, Allen, 2006）。这种混
沌的存在不可避免地导致研究者对商业模式理论生命力的质疑（Porter,
2001），甚至认为商业模式仅具修辞学意义。这种质疑和不确定对商业模
式研究深化及其与主流研究的融合非常不利。可见，弄清商业模式本质和
在澄清商业模式研究现状的基础上对其研究流派进行分析非常必要，能为
商业模式议题的进一步发展提供明晰的研究基础和保证。针对这些声音，
本章全面回顾和辨析了商业模式构念和研究脉络。

第一节　商业模式的概念、内涵和要素

一　商业"模式"

　　商业模式构念"混沌"的一个原因是不同研究者对"模型"（mod-
el）① 一词理解的差异。经济学家和生物学家都使用模型作为工具来帮助
他们获得更多知识，从而增加对世界的了解。在这两个领域中，模型都需
要被调查从而提供一个对该模型是如何工作的完整理解（Baden - Fuller,
Morgan, 2010）。经济学模型常是一些数学目标（mathematical objects），
用于代表总体经济中的不同关系，或企业和个人的经济行为，从而分析它
们的性质和所受到的限制。经济学家通过改变模型要素的实验方式来反映
其理论或现实世界不同的"如果问题"②，并用他们的模型推导出答案。

　　而生物学模型则指机体模型（model organism），代表了生命的不同类
别，且每种模型都是对一个物种进行的一定程度概化。例如，通过对小白
鼠这类机体进行密集研究，生物学家能回答诸如为什么生命以不同的形式
存在，以及它们是如何运作等问题。更为具体地，他们可以将细致调查所
得出的对生命形式的答案推广到同类，甚至更为一般化的类别中去。换句
话说，小白鼠不仅代表了老鼠，还代表了它们的总属——哺乳动物。对科

---

　　① 本章中，模型和模式对应的为同一个英文单词，均为"model"，因此对这两个词未做区
别。

　　② 例如，如果发生金融危机，政府应该有什么反应？或者，金融危机中企业面对翻倍的油
价时应该如何反应等。

学家来说，模型使他们明白为什么特定类型的"事物"能正常工作。他们去检查其发现与理论、世界中行为的差异，从而发现模型与所要表达的真实世界特征在多大程度上匹配。

这两种截然不同的模型在科学中以非常接近的方式起作用，并且对阐释管理科学中商业模式的使用都存在影响（Baden - Fuller，Morgan，2010）。商业模式无法像经济学模型那样。一个重要原因是，很难从外部来源中获得广泛的商业模式层次的数据用于统计分析（Laaksonen，2005）。企业本身就是有机整体，商业模式正是区分不同类别企业的一种方式（龚丽敏、江诗松，2012），可见，商业模式更接近生物学中的模型。

因此，学者和实践者可以使用商业模式对企业如何以不同的类属方式运作进行描述和"贴标签"，再按商业模式将企业进行分类（Baden - Fuller，Morgan，2010）。更为具体地，与生物学家类似，管理学者更需要关注如下问题：

·每种商业模式类型对应的行为是什么，每种商业模式类型的普遍和共同点是什么？

·哪些过程和要素是可以比较的，而哪些是不可以比较的？

·是什么使得某种商业模式变得特别，哪些不能使它们变得特别？

·每种商业模式是如何成功的，为什么它能成功？

此外，管理学对模型的看法还存在一种更为简单而普遍的方式——榜样（role model or exemplar）。一旦某种特定形式成功了，便会成为标杆式（bench - marking）学习的榜样。这种形式的典型表现是以成功榜样命名。例如，商业模式领域最为人津津乐道的是"戴尔模式"和"麦当劳模式"。前者是网上直销方式的代名词，电子商务普及后在各行各业遍地开花；后者是标准特许经营的代名词，且在快餐公司、酒店、咖啡厅及其他销售服务行业中广为普及。

对成功个案的过度强调容易忽视企业所处环境的特征，导致理论偏误（马克·格兰诺维特，2007）和实践中"一刀切"的危险。但这并不意味着榜样本身以及对榜样的研究没有意义。事实上，对某种特定情境中企业商业模式的研究正像是对特定生物学机体（企业）的关注，对于增加特定情境中的企业知识非常重要（Tsui，2004；2006），且同时能帮助从一个特定狭窄的群体内抽象出的稳健理论并在不同群体之间进行复制，从而实现概化（McKelvey，1982）。可见，研究者需要从榜样式模型中获得知识。

二　商业模式的核心内容

（一）商业模式的概念及构念的核心内容

在看到和承认分歧之外（见表 3-1），更重要的是发现商业模式构念及其理论中业已达成的共识，并将这些共识看成未来理论发展的基石。商业模式描述了企业是如何像一个系统一样工作（Magretta，2002）。它回答了这样一些问题：谁是顾客？我们如何赚钱？经济逻辑中潜在的什么内容解释了我们是如何以一个合适的成本将价值传递给客户的？此外，商业模式还描述了一个系统的多个部分间如何匹配。这些问题都抓住了商业系统聚焦的精髓——价值（Morris，Schindehutte，Allen，2005），并通过定义商业行为来实现价值（Chesbrough，Rosenbloom，2002；Magretta，2002）。价值正是顾客、企业自身以及各方关注的核心点。

表 3-1　　　　　　　　　　部分商业模式的概念

作者	年份	定义
Slywotsky	1996	公司选择顾客、定义并差异化其产品和服务、定义其自身任务及外包任务、构造资源、走上市场、为顾客创造效用并获取利润的总和
Slywotsky and Morrison	1997	使企业能够获得利润的模式和战略
Venkatraman and Henderson	1998	按照顾客互动、资产构造和知识杠杆三个矢量来设计战略的一个协调性计划
Picken and Dess	1998	关于企业如何在竞争性环境中取得利润的一系列假设
Mayo and Brown	1999	对创造和持续一项竞争性业务的相互依赖系统的设计
Boulton et al	2000	企业如何用资产杠杆来为利益相关者产生价值
Mahadevan	2000	对商业成功最关键的商业伙伴和买主的价值流、利润流和逻辑流三个要素的唯一混合
Rappa	2000	企业是如何通过明确其在价值链上的定位而赚钱的
Steward and Shao	2000	企业如何赚钱并随时间持续获得利润流的陈述
Dubosson - Torbay et. al.	2001	企业及其合作者的网络创造、营销、传递价值和关系资本给顾客的一个或多个部分以产生和持续利润流的架构

续表

作者	年份	定义
Afuah and Tucci	2001	企业构造和使用资源从而为顾客提供较其竞争者更好的价值并赚钱的方法
Amit and Zott	2001	对为通过利用商业机会创造价值所设计的交易的内容、结构和治理的描述
Shafer et. al.	2005	企业在一个价值网络中创造和获取价值的潜在核心逻辑和战略选择的一种表述
Morris et. al.	2005	一种体系结构、设计、模式、计划、方法、假设和陈述

资料来源：Morris schindehutte，Richardson，Allen（2006）。

这就解释了，为何有关商业模式议题的文献中，价值主张都是核心且不可或缺的内容（如 Yunus，Moingeon，Lehmann - Ortega，2010；龚丽敏、江诗松、魏江，2011）。价值主张是对顾客及其伙伴（如供应商）从业务中获得价值的描述（Stähler，2002）。它回答了一项业务到底为利益相关者提供了什么价值。简而言之，就是回答了企业是卖什么的。

许多研究都承认了价值主张在商业模式研究中的重要地位。如 Johnson 等（2008）认为，商业模式中最核心的内容是企业向顾客传递的价值主张。他们认为价值主张是让顾客更好地了解企业比其竞争者提供更好的产品和服务。一旦价值主张得到了确立，就确定了如何创造价值和为谁创造价值的问题（Osterwalder，2003）。价值创造过程从价值链的视角看待价值的产生，即回答了产品和服务价值产生"How"的问题，具体说来就是企业如何通过自身的资源和能力以及与伙伴之间的契约关系实现价值的构造（Johnson，Christensen，Kagermann，2008；Osterwalder，2003），从而实现企业的价值主张。为谁创造从市场的视角看待价值的实现，回答的是"Who"的问题，具体说来就是企业的价值主张通过何种渠道传递给什么样的客户并如何与客户建立联系。同时，价值主张还反映了价值收益的问题（Osterwalder，2003），也就是如何通过传递价值主张来赚钱（即利润规则 profit formula）（Johnson，Christensen，Kagermann，2008）。

对价值主张应包含的具体内容虽未形成统一，但其应反映企业总体价值的观点已得到广泛认可。例如，在分析电子商业模式（E - business model）价值主张时，Linder 等（2000）从价格、便利程度、商品增值模式及经验模式四方面加以表述；Weill 和 Vitale（2002）则以是否提供完整服务作为标准。可见，无论以何种形式呈现，价值主张都应整合社会和财务两方面的内容，因为企业在增加公共关系和市场竞争的同时，增加其总体价值（Emerson，2003）。

顺着价值核心论的这一观点，价值的创造和获取是商业模式最为重要的内容（Chesbrough，Rosenbloom，2002）。价值创造解释了企业如何从获取原材料直到向最终消费者提供产品或服务并获利（Amit，Zott，2001；Morris，Schindehutte，Richardson，Allen，2006）。这回答了"企业是如何工作"的问题。有些学者将价值创造作为商业模式的一个研究视角和分析单元，认为电子商务企业通过增加顾客愿意为整个价值系统而额外支付报酬的行为是创业管理、战略管理等既有理论无法很好解释的，需要将战略聚焦于这样的过程，从而补充企业定位、交易成本和资源观视角的价值获取导向（Priem，2007）。

价值创造和价值获取之间是需要取得一定平衡的。价值创造的实现过程贯穿于企业整个生产和营销过程，包含了从资源获取到产品和服务提供的全过程（Amit，Zott，2001；Morris，Schindehutte，Richardson，Allen，2006；Osterwalder，2003）。Chesbrough（2007a）指出光有价值创造是不够的，企业若不能从创造的价值中获得一部分，那么价值创造活动也就无法延续。但当企业战略是聚焦于提升顾客利益并通过增加顾客愿意为整个价值系统所额外支付的报酬来实现价值创造时，企业的价值获取不会成为商业模式成败的决定因素（Priem，2007）。这种观点补充了企业定位、交易成本和资源观视角的价值获取文献。

无论是价值创造活动，还是价值获取活动，其基础都是资源、能力（Demil，Lecocq，2010）及结构（George，Bock，2011；Zott，Amit，2008），其中组织结构是价值的承载，包含组织内部结构（Svejenova，Planellas，Vives，2010）以及组织外部结构，如交易结构（Zott，Amit，2008）和价值链结构（McKenzie，Merrilees，2008）。因此，在对商业模式进行概念化时，需要将这些内容纳入考虑。需要注意的是，虽然 Sainio 和 Marjakoski（2009）等多位学者强调了收益模型的重要意义，但这并不意味着价值获取必然通过收益模型（revenue model）来反映。从对商业模式理论化的角度来说，将收益模型纳入商业模式中会混淆研究重点，对构念的解释力不利（Teece，2010）。

商业模式成功的重要来源是价值整合。Timmers（1998）、Tapscott（1997）以及 Enders 和 Jelassi（2000）等多位学者在总结商业模式实践类型时都发现了价值整合对商业模式的重要性，并将其作为一个维度（或要素）纳入了商业模式整体框架中。事实上，价值整合虽然是电子商业模式兴起后，尤其是互联网广泛应用后出现的，但这不是电子商务模式独有的。传统产业中，价值的创造是在价值链（Porter，1985）和价值系统（value system）（Mol，Wijnberg，Carroll，2005）中完成的（龚丽敏、江诗松，2012）。

（二）商业模式的层次

概念的层次方面，Morris 等（2005）指出商业模式概念应该包含的三个层次：基本层（basic level），即作为企业的经济模型，是关于利润产生的逻辑；操作层（operational level），作为一种构造，关注价值创造的内部过程，以及对使企业能创造价值的基础设施的设计；战略层（strategic level），作为对创造和保持一项持续竞争性业务的相互依赖的关键系统的设计，强调了企业市场定位、跨组织边界交互作用和成长机会总体方向，关注的是关于竞争优势和持续性。

研究层次方面，商业模式研究多集中在企业层次（Chesbrough，Rosenbloom，2002；Zott，Amit，2008），但这并不意味着这一概念只能应用于企业层次。本质上，商业模式应为业务层次的概念，当学者关注的是企业中的某一个业务或企业只有单一业务时，会将业务层商业模式当成企业层商业模式的替代。例如 Chesbrough 和 Rosenbloom（2002）对 XEROX 的技术衍生企业的研究就是这种情况。事实上，大部分从企业层次研究商业模式的文献都是聚焦于企业的主营业务，或者研究兴趣所聚焦的那项业务，因此，对业务层商业模式和企业层商业模式并没有进行明确的区分。

产业层和企业层商业模式的关系与企业层和业务层商业模式的关系非常类似。Venkatraman 和 Henderson（1998）曾指出，产业的商业模式是企业商业模式的组合（portfolio）。这种观点有两种表现形式或解释：（1）认为产业中企业的商业模式必然具备某些共同的商业模式特征，因而将这些特征抽象成为产业商业模式，类似于企业商业模式共同特征的平台。（2）认为产业中商业模式仅有有限种类，这一方式通常采用全样本统计的方法，对特定产业中所有企业的商业模式进行考察。如 Bigliardi 等（2005）发现意大利生物技术产业中存在三种商业模式，即服务企业、小型研究企业和整合企业，类似的 Konde（2009）在印度的生物技术产业也发现了技术平台、产品开发者和平台—产品混合三种商业模式。

更为广泛的还有学者提及国家层次的商业模式，常用来指代某个国家企业整体运作的方式。比如，Singh 和 Zammit（2006）就曾经比较过美国商业模式（the US Business Model）和亚洲商业模式（Asian Business Model）的差异，并用商业模式来指代不同国家"做生意"（doing business）方式的差异。可见，将一个国家中不同产业中企业商业模式的共性进行进一步抽象，将获得国家层商业模式。

通过对现有研究中不同层次商业模式研究的回顾，我们可以发现，虽然存在各个层次的商业模式研究，但学者们并非真正强调这一层次商业模式的故事，究其本质，他们的聚焦点仍然在企业层次或业务层次。战略管理关注企业的竞争优势，因此，从企业层次切入商业模式的问题具有研究意义。至于是将企业层商业模式简单等同于关键业务的商业模式，还是将其看成不同业务商业模式的某种组合，则需要从研究问题的具体内容出发进行判断。

三　商业模式与战略辨析

每个能生存的组织都是基于一个合理的商业模式，但商业模式并不等于战略（Magretta，2002）。由于商业模式和战略在概念上存在的交叠（overlap），有人错误地将它们相互替代。这是因为，企业的愿景和战略都反映在企业的价值主张中（Osterwalder，2003），同时商业模式中又包含了战略层次（Morris，Schindehutte，Allen，2005）。虽然不甚明显，但是，它们之间差异不能忽视：

一方面，两个概念强调的核心不同（Morris，Schindehutte，Allen，2005）。商业模式是从为客户创造价值（do what）开始，围绕传递价值构建模型，是企业在特定时间段和市场中提升成为竞争性挑战者的方式（Chesbrough，Rosenbloom，2002）；而战略是用来指导目标导向的竞争性步骤，更强调价值获取的持续性。正如 Chesbrough 和 Rosenbloom（2002）所说，在位企业和潜在进入者对利润的竞争威胁是战略决策制定的范畴，是战略中最核心的内容，但在商业模式中却没有那么重要。这也正是 Teece（2010）建议将利润模型排除在商业模式整体结构之外的理论支撑。

另一方面，商业模式和战略对企业、顾客和第三方组织知识陈述的假设也不同（Chesbrough，Rosenbloom，2002）。商业模式的概念中有意假设了知识是认知有限的，并会受企业早期成功的影响而发生一定偏差；而战略则需要仔细地、分析性地计算和选择，其假设是足够多的可用信息。商业模式强调的商业价值的创造主要关注内部过程（Morris，Schindehutte，Allen，2005），包括交易结构（Zott，Amit，2008）、使企业能创造价值的基础设施设计问题等（Morris，Schindehutte，Allen，2005），而战略同时还强调为股东创造价值。

总之，商业模式不是战略，却包含了一些战略要素；同样的，它也不是一套行为，虽然这套行为支持了模式的每个要素（Morris，Schindehutte，Allen，2005）。只有将战略从商业模式中的潜在进步、替代和创新中分离出来，才能更好地研究战略与商业模式的关系（Mitchell，Coles，2003）。而这正是现在的一个研究热点。Casadesus - Masanell 和 Ricart（2010）还从理论上证明商业模式是连接战略和战术的一个虚拟层次。从经验上说，也有学者实证了商业模式和战略之间的互动关系（Zott，Amit，2008）。

四　商业模式的要素

作为一个新兴研究概念，几乎没有专门文献从理论角度对商业模式要素进行明确梳理，且对其理解也常停留在"不具体"和"含蓄"，且一致性认同仍旧缺乏的阶段（Voelpel，Leibold，Tekie，2004）。因此，如何将其解构，并更好地解释企业竞争优势是需要思考的重要问题。首先，采用经验归纳（inductive）而非理论演绎（deductive）的方式更为合适，因为商业模式作为一个实践导向（practice - based）的构念（George，Bock，2011），"一个狭窄种群的坚实发现比一个概化到更广泛种群中的边缘化发现更为重要"（McKelvey，1982）。其次，需要将关注重心从电子商务企业移向传统企业（Zott，Amit，2008），为进行二者对比打下基础。

正是因为商业模式要素对这一领域研究的重要性，Morris 等（2005）、Zott 等（2011）都对商业模式要素进行过总结，其中主要是对电子商务企业商业模式要素的总结，少数涉及了制造企业商业模式。本书对这些要素进行总结后，呈现如表3 - 2 所示。需要明确的是，商业模式要素在被割裂看待时，几乎没有价值；而作为一个整体（bundle）时，就能为企业的成长和成功提供解释。正是多种要素之间的联系像胶水一样"黏合"了商业模式，使其成为一个整体系统，或者说一个架构（龚丽敏、江诗松、魏江，2011）。

表 3 - 2 商业模式要素总结

作者和发表时间	包含的要素
Horowitz, 1996	价格、产品、配送、组织特征、技术
Viscio & Pasternak, 1996	全球化核心、治理、业务单元、服务、联系
Timmers, 1998	产品、服务、信息流建构、业务行动者及角色、行动者收益、收入
Markides, 1999	产品创新、顾客关系、基础设施管理、财务
Donath, 1999	客户理解、市场策略、公司治理、企业的内部网络、额外的网络能力
Chesbrough & Rosenbaum, 2000	价值主张、目标市场、内部价值链结构、成本结构金额利润模型、价值网络、竞争战略
Gordijn et. al. , 2001	行动者、市场分割、价值提供、价值行为、股东网络、价值界面、价值传递、价值交换
Linder & Cantrell, 2001	定价模型、收入模型、渠道模型、商业过程模型、网络激活的业务
Hamel, 2001	核心战略、战略资源、价值网络、客户界面
Afuah & Tucci, 2001	客户价值、范围、价格、收益、联结活动、实施、能力、可持续性
Weill & Vitale, 2001	战略目标、价值命题、收益来源、成功因素、渠道、核心能力、客户细分、IT 基础设施
Amit & Zott, 2001	交易内容、交易结构、交易治理
Alt & Zimmerman, 2001	使命、结构、过程、收益、合法性、技术
Pappa, 2001	股东收益、企业收益、市场份额和绩效、品牌和声誉、财务绩效
Rayport & Jaworski, 2001	价值簇、市场空间提供物、资源系统、财务模型
Bets, 2002	资源、销售、利润、资本
Gartner, 2003	市场提供物、能力、核心技术投资、结余
Osterwalder, 2004	关系、价值构造、能力、成本结构
Bonaccorsi, Giannangeli & Rossi, 2006	网络（结构方面）、网络外部性
Brousseau & Penard, 2006	定价战略、关系（需求和供给）、网络外部性

注：本表基于 Morris, Schindehutte, Allen (2005) 以及 Zott, Amit, Massa (2011) 的总结。

从表 3 - 2 中可知，不同学者在总结商业模式要素时，似乎并不非常在意与既有研究对比。这是因为对该领域的研究处于初级阶段，对于一些基本问题尚未形成统一认识（Baden - Fuller，Morgan，2010），甚至对将商业模式研究纳入战略管理范畴都尚未确定（Porter，2001）；另外，从实践中的总结常常囿于情境，得出表面具有差异性的不同结论。针对这种情况，Zott 等（2011）从相对具体（first - order）和相对抽象（second - order）两个层次出发总结商业模式要素。其中相对具体的要素与 Morris 等（2005）总结的内容相近，而相对抽象的要素则对具体要素进行了一定的抽象，使得不同学者之间看似具体且有差异的要素有了某些一致性。

总体而言，在对商业模式要素的认识上，存在一个重要分歧：即是否应该将收益模型纳入到商业模式的整体框架中。持正面观点的学者（如 Osterwalder，2003；Stähler，2002；Weill，Vitale，2002 等）认为，收益模型是商业模式不可或缺的一部分；而持反对意见的学者（如 Chesbrough，Rosenbloom，2002；Teece，2010 等）则认为商业模式应用于战略和创新领域才能使构念发挥更大效用，而将财务和收益的观点纳入这一体系，会混淆其研究重点。出现这种分歧的原因在于，学者们对商业模式构念期望的差异。前一个阵营的学者们着眼于构念本身，他们发现相当一部分商业模式创新实践来源于收益模型的创新（Sainio，Marjakoski，2009），将收益相关内容纳入构念既符合实际，又增加了构念解释力；而后一个阵营的学者们则着眼于构念所能解释的问题，他们认为引入收益会限制构念对绩效和竞争优势问题的解释，对理论的建立不利。但从理论发展的观点看，两种观点是统一的。

第二节　作为大伞构念的商业模式

本节从哲学和逻辑的层次解释商业模式构念和研究发展出现混沌问题的原因。商业模式是对以资源和能力的投入为基础、通过建构企业所处的价值链和外部网络，实现价值创造和价值获取的描述。基于此，本节回答了两个问题：（1）商业模式是一个具有理论潜力的构念吗？如果是，那么（2）商业模式作为一个构念应该如何发展。本节先从理论的角度说明商业模式构念存在意义，以及它符合一个正式研究构念的基本特征。然后，针对商业模式研究多集中在电子商务领域的情况，通过论证其普适性来说明它可以在所有领域中加以应用。普适性意味着商业模式在本质上应该存在某种一致的逻辑，而事实上，这种一致尚未出现。这种矛盾至少说明，商业模式构念可能具有某种特殊性。本书发现，商业模式是一种"大伞构念"，采用传统的理论化方法似乎不能很好地将其概念化，因而我们针对性地提出了架构方法，并基于新方法提出了未来研究中可能的研究方向。

通过挖掘商业模式构念的本质特征,本书对比了这些本质特征与现有研究的不一致,在解释原因的同时,提供了备择研究方向。本书希望通过关注商业模式研究领域中最为本质但却常常被忽略的问题,借鉴其他研究领域的逻辑和方法,拓展商业模式研究视野。同时,本书也希望发现商业模式研究的可行之路,对其研究内容的确定和研究方法的选择提供洞见,从而更好地推动商业模式研究与主流文献对话。

一 商业模式构念的理论意义

构念是不能被直接或间接观察,但却可应用于观察甚至基于观察进行定义的术语(Kaplan,1964),是假设和命题提出的基础(Bacharach,1989)。构念的有效性在很大程度上决定了理论的有效性,因此我们在分析商业模式相关理论关系和属性之前先对这一构念进行评价。遵循 Bacharach(1989)的建议,本书从可证伪性(falsifiability)和有用性(utility)两个方面来对商业模式构念进行具体考察。

(一)商业模式构念的可证伪性(falsifiability)

理论的基本要求是具有可证伪的特征,因此作为理论必要组成部分的构念也必须满足可证伪的特征,即效度(validity)、非连续(noncontinuousness)和信度(reliability)(Bacharach,1989)。信度和效度是现有测量正确反映构念内容的程度,本书仅从已有证据角度加以证明。现有文献已经开始对商业模式的构念效度进行检验。如 Nepal 等(2007)、Nosella 等(2005)在案例研究过程中对商业模式效度进行了分析,Lee 和 Kim(2007)则对信度进行过分析。即便如此,商业模式信效度研究仍稍显不足。

商业模式构念的非连续性表现在其间断均衡(punctuated equilibrium)的特征上。商业模式构念产生是因为它能解决全局性问题(Zott,Amit,Massa,2011),其创新需"改造顾客价值命题和重构商业网络和价值链"(Voelpel,Leibold,Tekie,2004)。这意味着一个商业模式是一个商业网络和价值链的平衡系统。这种平衡表现在商业模式内部要素平衡上,即符合情境条件的最优状态。一旦内部条件或外部环境发生变化时,系统平衡就遭到了破坏。而平衡的再次形成,须所有要素再次达到平衡。这解释了商业模式多采用离散分类形式(Timmers,1998)而非连续形式,实证结果也常呈现离散(Nosella,Petroni,Verbano,2005)的原因。另一种逻辑是将商业模式看成一种价值创新，而价值创新作为一种战略也体现了间断均衡的模式（Kim，Mauborgne，1999）。商业模式的间断均衡特征在研究中也能找到直接证据，如 Tapscott（1997）、Voelpel 等（2004）曾明确指出，商业模式改造是基于毁灭性创新而非渐进式变革或持续提升的。这些都说明，研究者已经意识到了商业模式构念的非连续特征。

此外，理论证伪的另一个重要内容是时间和空间参数的限定，因为时间和空间边界是理论的重要组件（Bacharach，1989）。商业模式构念具备了这两个特征。时间特性从其间断均衡的特征中能得到部分证明。空间特性表现在企业价值创造的范围上，例如，电子商业模式（e-business）是在虚拟市场空间中（Zott，Amit，2008），制造企业商业模式是在产业链中（Gong，Jiang，Wei，2010）。但是由于商业模式构念本身的系统性、整体性，对其时空范围的确定会让人觉得模糊，这也是商业模式构念让人觉得难以把握的原因之一。

（二）商业模式构念的有用性（utility）

商业模式构念最重要的价值在于，将企业的内外部同时纳入对企业成长和成功的解释框架中，这是很多理论所缺乏的。例如现有对资源观的批评（Priem，Butler，2001）认为，资源观忽略产品市场的前提值得商榷。虽然 Barney（2001）对这一观点做了回应，但现实情况是，后续研究仍从企业内部具有一定特征资源的假设出发。而商业模式则同时关注价值创造（内→外）和价值获取（外→内），进而将产品和要素市场同时纳入考虑，降低资源观研究风险。战略管理理论中缺乏外部视角的不在少数。开放式创新的观点与此类似，认为企业通过增加价值创造（降低研发投入）和增加价值获取（增加产品收益）最终达到企业价值增值目的（Chesbrough，2007b）。可见，商业模式的引入能帮助增加企业外部视角。

商业模式的另一个价值在于能有效解释电子商务行业价值创造。电子商务作为一个新兴领域，其价值创造方式和价值获取方式都与传统产业有极大的不同，创业理论和战略管理学者虽然进行了关注（Morris，Schindehutte，Allen，2005；Zott，Amit，2007），但都不能完全解释这种潜力。一方面，电子商务创造的价值多为无形且多元化，涉及的范围更广；另一方面，信息基础设施的完善也使价值获取的方式更为多样，一些企业通过采用全新收益模型也能实现商业模式的创新。无论是更为广泛的价值创造，还是更为多样的价值获取，都是商业模式关注的焦点，因此，商业模式是一个能更有效地解释电子商务行业的价值创造潜力的构念。

此外，商业模式构念有利于整合不同的理论视角，特别是战略管理的不同视角（Hedman，Kalling，2003）。商业模式是来源于多个理论体系要素间的平衡关系，因此从构念内部来看，势必协调了多个理论。例如，最新对企业生态系统（Adner，Kapoor，2010）的研究关注技术及其商业化过程，其中商业化过程就通过商业模式加以反映，这与 Chesbrough 和 Rosenbloom（2002）所提出的商业模式作为潜在技术价值实现必要条件的观点如出一辙，整合了技术创新、战略、市场营销等相关理论。

二　商业模式构念普适性

现有商业模式的研究绝大多数集中在电子商务（e - business）领域（Morris，Schindehutte，Allen，2005），但这并不意味着商业模式研究仅限于这一领域（Zott，Amit，2008）。因此，通过普适主义的方法来重新概念化商业模式是必要的。许多学者对商业模式的定义和认识也反映了他们对商业模式普适性的支持。例如，Teece（2010）指出，企业建立时，它就或显性、或隐性地采用了特定商业模式，这个商业模式描述了价值创造的设计或构建。

一方面，从理论上说，尽管现有文献对商业模式概念未取得共识，但仍凸显了一个核心主题——价值（Chesbrough，2007a）。学者们认为，商业模式抓住了商业系统聚焦的精髓（Morris，Schindehutte，Allen，2005），并通过定义商业行为来实现价值（Magretta，2002）。任何企业都不能忽视价值的概念，无论是在新兴产业还是传统产业。价值的这种普适性证明了商业模式的普适性。将一个普适性的概念人为地局限于某些特定情境，将不利于理论的发展。

洛桑学派①对存在论（ontology）的研究是对商业模式普适性的具体描述。代表人物 Osterwalder（2003）指出，证明构念普遍存在是通过描述及表现，从而为后续概念和工具的建立提供基础而实现的。这一过程也正是提供该构念在研究范围内的概念化过程。基于此，他提出了商业模式存在论的总体框架（见图 3 - 1）。该框架指出，企业商业模式的范围及其规范概念化过程应包含以下四个要素：（1）How：企业价值创造基础是企业

---

① 洛桑学派是以瑞士洛桑大学（HEC Lausanne）的研究者及其取得的研究成果为基础的研究同盟，其主要关注点是商业模式存在论，其中最为显眼的成果为 Osterwalder 所提出的商业模式存在论模型。

的资源和能力；（2）What：企业通过无差别的人类劳动，提供了凝结自身价值主张（value proposition）的产品和服务；（3）Who：企业通过营销渠道将产品和服务提供给最终顾客；这一过程的逆过程是市场部分通过收集顾客需求信息反馈给价值创造部门；（4）How much：企业通过成本和收益模型的确定，最终实现从价值创造的过程中获取价值。这对商业模式价值创造和价值获取的具体过程进行了拓展和具体化。

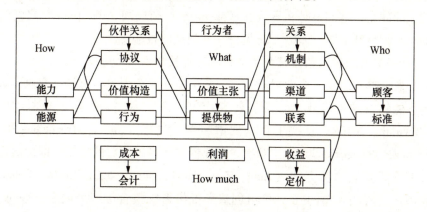

图3-1　商业模式存在论总体框架

资料来源：Osterwalder（2003）。

另一方面，从经验上说，由于经济全球化、新技术发展及组织网络化，传统产业竞争环境（competitive landscape）已发生了极大变化，包括企业技术来源、产业链、网络关系等外部变化以及企业市场战略、组织结构、营销方式等，而这些正是 Osterwalder（2003）所提到的商业模式的组件，是商业模式讨论的内容。因此在传统产业讨论商业模式概念是一个有趣、重要且具有挑战性的议题。事实上，已有部分研究开始关注非电子商务企业的商业模式创新。例如 Gong 等（2010）对低压电器企业的商业模式进行研究后发现，企业在价值主张、价值创造方式和价值系统整合等方面都发生了重要变化，完成了商业模式创新。Chesbrough 和 Rosenbloom（2002）也对 XEROX 的商业模式创新进行过案例研究。

三　作为大伞构念的商业模式

商业模式内容广泛，本书认为它符合"大伞构念"的特征。下面我们就对这一观点进行证明。"大伞构念"（unbrella construct）指一种用于包含和解释一系列不同现象的广泛概念（Hirsch，Levin，1999）。这一概念源于对"宽泛 vs 狭窄"视角研究之间辩证关系的争论。大伞构念的鼓吹者认为，宽泛（大伞）视角用于保证该研究领域与复杂世界的联系非常必要。如果没有这样的视角，研究会变得无联系（disconnected）且不相关（irrelevant）。与之相对的观点则为研究方法导向，他们从遵循信效度研究标准的更窄的视角来看待问题，被称为效度警察（validity police）派。这样的视角能防止研究变得过于粗犷而杂散。这两种观点并不存在本质上的冲突，他们只是在开放性（openness）和规则（discipline）之间的不同平衡（March，1996），避免另一种观点的极端化。

（一）商业模式构念符合大伞构念的前提假设

商业模式反映了企业以新方式创造价值的复杂现象。首先，商业模式构念能够反映部分现实。最新研究指出，商业模式研究是发现驱动的（McGrath，2010），反映了企业试错和学习过程（Sosna，Trevinyo - Rodriguez，Velamuri，2010）。其次，商业模式解释了广泛的现象，即价值创造和价值获取的新方式（Amit，Zott，2001；Chesbrough，2007a；Teece，2010），包含了价值主张、价值创造和价值系统整合等多个内容（Gong，Jiang，Wei，2010）。这种广泛性和多样性还表现为：（1）维度不一而足（Timmers，1998；Wirtz，Schilke，Ullrich，2010）；（2）研究层次多样，涉及个体（Svejenova，Planellas，Vives，2010）、企业（Chesbrough，Rosenbloom，2002）和产业（Baden - Fuller，Morgan，2010；Gambardella，McGahan，2010）等多个层次。

但是，商业模式构念结构过于松散（Feng，Julie，Sukhdev，Colin，Karel，2001）。这种松散性表现在几个方面：第一，定义过于松散。在学术文献的使用中，作者常常不特指其意思，也不具体定义，而是泛泛而谈（Klein，2008），甚至不一定指同样的事物。这导致商业模式构念与一些接近且相对主流的概念间的差别变得模糊，例如战略、商业战略、创业、新决策制定，甚至组织结构、信息技术、商业过程等（Klein，2008）。此外，总结商业模式要素时过于依赖研究的特定情境，导致要素要么不具备普遍性，在其他的情境中不能发挥作用；要么是在其他行业或者情境中根本就不存在（Klein，2008）。

第二，内容过于丰富（Ghaziani，Ventresca，2005）。商业模式整合了太多的内容（Chesbrough，Rosenbloom，2002），导致对模型要素及其相互关系的研究非常模糊（Hedman，Kalling，2003）。加上该领域研究视角繁多（Zott，Amit，2008），而概念基础却尚未清晰、明确，研究者们很难测试概念化的正确性与完整性。即使是 Amit 和 Zott（2001）在理论构建过程中指出其工作是基于"在价值链框架、熊彼特创新破坏理论、企业资源观、战略网络理论以及交易成本经济学，来剖析价值是如何创造的"，在理论选择过程中仍然"稍许随意"（Klein，2008）。好在学者们已经意识到，要厘清商业模式构念核心，关注要素间连接才是最重要的（Magretta，2002；Mahadevan，2000；Mayo，Brown，1999），关注构念要素之间的整合是商业模式研究发展的必然。

（二）商业模式构念受到效度挑战

商业模式构念受到来自"效度警察"的不断挑战。Porter（2001）就认为商业模式的定义最多只能算是模糊（murky），是"有缺点的想法和自我妄想"，"实证研究都不清楚、肤浅且缺乏理论基础"。这主要表现为商业模式实证研究的不一致。无论采用定性研究方式（如 Björkdahl，2009；Sosna，Trevinyo - Rodriguez，Velamuri，2010 等）或定量研究方式，要素及其组合之间存在很大的交叠，甚至呈现不相关的状态。Morris 等（2005）对部分经验研究的回顾也证明了这种不一致性。比如，与收益相关的经验研究就有收益来源（Timmers，1998；Weill，Vitale，2002）、收益模型（Stähler，2002）、收益逻辑（Sainio，Marjakoski，2009）等多种要素，反映产品的要素有价值主张（Chesbrough，Rosenbloom，2002）、产品创新（Markides，Charitou，2004）等。总之，对商业模式的经验研究要达到清楚和深入还有很长的路要走。

对商业模式构念本身经验研究的不一致使抽取关键、共同要素变得困难。实证内容交叠加大了精确定义的难度，从而导致理论混乱。加上研究者用于指导他们调查的理论视角过于多样化（Hirsch，Levin，1999），且都提供证明自己概念合理性的有利证据，采用对他们来说方便、可及的数据来测度，而缺乏显示各自研究与其他研究之间比较优势（Hirsch，Levin，1999）的证据，因此很多经验研究结果都有特定、不可累积的危险，加大了构念统一衡量的难度。

（三）作为大伞构念的商业模式构念发展周期

可见，商业模式构念反映了企业以新方式创造价值的复杂现象，而构念本身结构过于松散，符合大伞构念的特征。Hirsch 和 Levin（1999）指出，大伞概念常常出现在尚未形成理论一致（theoretical consensus）的学术领域中，且不可避免地遭到效度关注者的挑战，因而其发展可能呈现周期性（如图3-2所示）。部分大伞概念最终能取得研究的一致，并经受效度挑战，从而成为正式而有效的构念，如组织学习、文化、战略、绩效等（Hirsch，Levin，1999）；而另一些始终存在争议，进而走向衰亡，或者是其整合作用逐渐弱于各具体要素的作用而失去存在意义。

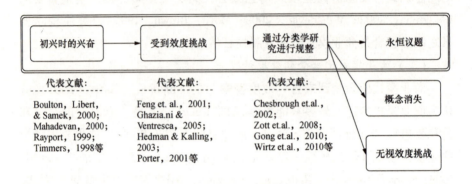

图3-2 大伞构念的周期性发展

商业模式研究者已经开始意识到分类学（typology）对于商业模式构念的重要意义。Doty和Glick（1994）强调了分类学对理论构建的作用，认为分类学能满足理论的标准。当分类学能适当发展并完全具体化时，就能从严谨的经验测试中得到复杂的理论（Doty，Glick，1994）。对商业模式完整且穷尽的分类学是构念发展过程中不可或缺的环节，能使研究和分析更简单、更结构化（Wirtz，Schilke，Ullrich，2010）。虽然最初研究为后续进展指明了道路（如Chesbrough，Rosenbloom，2002；Zott，Amit，2008等），但是除少数研究（如Gong，Jiang，Wei，2010；Wirtz，Schilke，Ullrich，2010）开始重视之外，商业模式分类学仍处于起步阶段，要得到广泛认可并达成一致，尚需时间。

四　架构方法在商业模式构念研究中的重要作用

商业模式构念经历了初兴时的兴奋和效度挑战，在厘清分类学的方向上前进，正逐渐发展成一个成熟、稳定的构念。鉴于商业模式所呈现的大伞特征，以及商业模式在企业不同发展阶段、不同产业等特定情境下呈现的不同情况，本书认为，借鉴架构方法（configuration approach）对商业模式研究大有裨益。

架构方法（Meyer，Tsui，Hinings，1993）代表了一种全局观（holistic stance），尝试解释在不同组成部分之间的互动中如何出现整合秩序。这一方法认为，构念的部分（或组件）之间紧密连接，构念通常是阶段式变革，呈现间断均衡特征，从一个相对稳定的状态经过一个快速的转变后进入另一个相对稳定的状态。这也解释了为何架构方法的研究常被设计成纵向（longitudinal）研究。更重要的是，架构方法意识到了在每种不同环境中，成功方式不止一种，即所谓的"殊途同归"（equifinality）。所谓"殊途同归"是指通过不同的初始条件和路径，系统最终达到相同的最终状态（Katz，Kahn，1978）。例如，企业要在动荡环境中取得成功，既可以追求技术创新，也可以采用利基战略。

我们依据架构方式权威观点（Meyer，Tsui，Hinings，1993），将商业模式构念与架构方法进行比对后发现，它符合采用架构方法的要求。第一，商业模式构念符合整体性特征。各要素本身对企业产出（outcome）并不能产生出人意料的结果，而各要素相互作用共同形成的构念整体却能用来解释许多新现象，例如电子商务行业的价值创造等。Prajogo 等（2008）就曾明确提出将商业模式作为格式塔①应用于思考运作系统的新形式中。也就是说，商业模式的意义作为一个完整的构念体现得更为明显。第二，要素间关系是相互（reciprocal）和非线性（nonlinear）的。因为价值创造过程、价值获取过程及两者间关系不是简单的线性关系。第三，商业模式符合"殊途同归"效应，例如，传统制造型和虚拟企业的商业模式显然不同，但它们都能带来良好的绩效。第四，企业商业模式符合间断均衡的特征。商业模式在一定的时间区间内，呈现路径依赖的特点，企业家基于对原有业务的了解和对新业务的不信任，不愿意改善商业模式，而直到一个临界点后才不得不进行商业模式创新（Morris，Schindehutte，Allen，2005）。

既然商业模式符合架构方法的基本要求，那么理论化过程中，需要遵循 Doty 等（1993）提出的发展有效架构理论模型的步骤。其中最重要的是，架构化过程须依据类型学（typology 或 taxonomy）方式，对商业模式进行划分，得出理想型（ideal type）。它们是架构的基础。Baden‑Fuller

---

① "格式塔"也是匹配逻辑的一种，详见 Venkatraman（1989）。格式塔是指通过不同要素之间的相互增强的良性循环使得各部分之和大于总体，从这一点看来，格式塔和架构相似，都强调整体。

和 Morgan（2010）的研究正好呼应了这一观点。他们认为，"商业模式是关于如何让我们以分类的方式来阐释商业"，"应该以理想型的方式来研究商业模式，因为它们（商业模式）符合韦伯（Weber）所提出的理想型的特点并承担了这样的角色"（Baden‐Fuller，Morgan，2010）。依据此，Nosella 等（2005）曾通过实证提出了意大利生物技术产业商业模式理想型。

此外，理想型还反映了一种同质化，使理解组织共性成为可能。理想型针对商业模式概念化过程过于具体的问题，指出应对一个更为狭窄的同质化群体进行研究，而且"一个狭窄种群的坚实发现比一个概化到更广泛种群中的边缘化发现更为重要"（McKelvey，1982）。Baden‐Fuller 和 Morgan（2010）从科学哲学原则出发提出商业模式是标杆模型（benchmark model）和比例模型（scale model）的中间状态。其中，标杆模型遵循的正是特定理想型，而比例模型遵循同质化逻辑。商业模式标杆企业（如西南航空、Google、Disney 等）"就像是生物学中的实验鼠，不仅仅代表它们本身，同时还代表了其他采用相同的、普遍的商业模式的企业"。从这个角度来说，商业模式概念化过程的争论也得到了部分解决。

架构方法的另一个重点是匹配。这包含两个相关联的方面，一是架构中的匹配模式，二是殊途同归的假设必须被解释和整合为匹配的模型（Doty，Glick，Huber，1993）。对商业模式构念来说，前者是构念内部各要素的匹配，后者是商业模式架构与其他构念之间的匹配关系。内部匹配表现为一种稳定的"平衡"；从一个平衡切换到另一平衡的过程即为"间断"，是外部出现的不匹配导致的。与此相呼应的是，有研究显示，商业模式创新动力很少来源于内部（Morris，Schindehutte，Allen，2005）。这种间断平衡过程符合 Doty 等（1993）提出的"理想型匹配"（ideal types fit）和"权变的理想型匹配"（contingent ideal types fit）两种形式。理想型匹配的逻辑就是架构内部的一致，而权变的理想型匹配是架构外部发生了变化后的新情境对架构的选择。具体到商业模式研究，理想型匹配是关于商业模式稳定状态的匹配关系，而权变的理想型匹配是外部环境变化所带来的商业模式创新，是外部环境选择了新架构（新商业模式）。无论哪种匹配，其外在反映都是理论框架中的调节关系。这就解释了为什么现有商业模式研究多数关注商业模式与战略（Zott，Amit，2008）、结构

（Gambardella，McGahan，2010）、情境（Sainio，Marjakoski，2009）间的权变关系。

因此，遵循架构方法研究传统，商业模式研究应关注全局整合秩序，并呈现间断均衡。从研究关注点上看，对商业模式构念本身的研究应关注构念内部要素之间非线性、相互的匹配关系，从而归纳（taxonomy思路）或者演绎（typology思路）出理想型；从研究对象上看，研究者应该关注更为狭窄的群体，通过对狭窄对象的稳健结论在不同群体之间的复制来实现理论概化；从动态性角度来看，商业模式创新应该更注重权变的研究，关注商业模式架构与情境之间的权变关系。

五　未来研究方向及结论

首先，鉴于商业模式大伞构念发展阶段，本书认为提升商业模式构念效度和分类学研究非常重要。这需要先确定商业模式要素，再确定要素之间的平衡关系，从而发现理想型。研究的重点要稍稍偏向后者，而不再仅仅是提出特定情境的商业模式要素。因为只有要素之间匹配才能称得上是一个稳定的商业模式，才能达到架构方法所要求的理想型匹配的状态。通过这样的步骤，可以弥补构念信度和效度的问题，使其成为更健壮的构念。

其次，商业模式概化也是一个重要议题。具体而言，就是从全局观点出发，探讨特定情境的商业模式内部均衡的结构，以及在不同情境之间进行横向比较等。这一观点的延伸就是商业模式架构与企业内部要素之间的匹配。如Zott和Amit（2008）关注不同商业模式与战略的匹配关系等。这些研究常常相对较为静态，研究方法以定量为主。

再次，商业模式与外界环境之间的协同关系是另一个重要研究主题。这种协同将导致企业绩效的提升或企业成长，因此，将商业模式研究纳入战略管理研究框架是可行选择，同时也能保证其与主流研究的对话。企业所处的外部环境（如技术环境、竞争环境等）与企业商业模式之间形成匹配（或者权变）关系，有利于企业结果（outcome）。例如，有研究已经系统地考察了商业模式与技术之间的匹配关系（Klein，2008）。这在中国又显得更为重要。部分学者（如赵晶、关鑫、仝允桓，2007）已经开始针对我国企业特殊情境，结合"破坏式创新"（disruptive innovation）（Christensen，1997）理论，对后发国家（主要是BOP①）企业的商业模

---

① BOP，Base of the pyramid，指金字塔底端、欠发达的国家和地区。

式进行研究。这类研究能促进理论的交叉且多采用案例研究方法。

最后，商业模式动态性也是未来研究的重要议题。商业模式在一定的时期内呈现匹配的均衡状态，这种平衡一旦被打破且跃迁到另一个匹配的均衡状态，就实现了商业模式创新。现有商业模式创新研究集中在创业领域（Doganova，Eyquem－Renault，2009；Zott，Amit，2007），其逻辑是企业家并不愿意主动进行商业模式的变革和创新，如果外界环境迫使他们进行商业模式的变革，他们也仅倾向于在一个业务单元或者新创企业中尝试新的商业模式，而不是在整个企业边界内尝试。这类研究可以从诸如企业家特质（如创业精神、任期等）对商业模式影响的探索入手，研究方法的选择也更灵活多样。

总之，商业模式虽然是一个很有吸引力的概念，却饱受"模糊"之苦，甚至被认为仅具有修辞学意义。针对这样的情况，本书通过证明商业模式构念的理论意义、普适性，以及指出其"大伞构念"的本质，解释了商业模式研究发展受阻这一尴尬现状的原因。针对这样的情况，笔者提出采用架构方法来对商业模式构念及其相关研究进行理论化的建议。笔者认为商业模式的研究并不是修辞学的应用，而是一个有用、有效的构念，特别是能在战略管理领域发挥重要的作用。通过采用更为科学和合适的新方法，商业模式构念必将发挥更强大解释力，其研究也必将进入新纪元。

本书的理论贡献在于解剖了商业模式构念，即回答了关于构念构成的"how"的问题（Whetten，1989）。商业模式构念现在所处阶段正是"已经出现了很多要素并需要回答它们如何相关"（Whetten，1989）的时候。虽然本书没有真正测试构念的信度和效度，但相信可以减少商业模式构念概化过程以及理论化过程中的无序性，使商业模式研究更为聚焦。

第三节　基于社会网络方法的商业模式研究脉络识别

一　研究方法

（一）研究方法的选择

本书希望从文献的相互引证关系中发现商业模式研究脉络的蛛丝马迹。为了系统了解这一主题的文献，与以往的商业模式回顾总结式的文献综述不同，本节采用了相对客观的文献分析方法，原因在于：（1）商业模式构念本身的混沌特性，导致研究流派并不明确。（2）方法的透明、可复制性。这能避免因为学者背景和关注点不同而导致的综述不全面的情况。若文献出现聚集的几个群体，就能帮助后续研究寻找理论传统。当然，因为本书侧重总体分析，可能会出现牺牲深度保证宽度的问题。但通过文献分析结果与现有文献综述（如 Morris，Schindehutte，Allen，2005；Zott，Amit，Massa，2011）对照，能帮助研究者更清晰地了解构念的发展脉络。本书采用 UCINET 软件（版本 11）来展示基于引用情况的商业模式研究脉络的分析结果。UCINET 是以矩阵为分析基础的社会网络数据分析复杂软件包，包含了中心度计算、子群确定、角色分析等多种功能。

（二）数据收集和分析

数据收集和分析的过程分为以下三个阶段：（1）选择数据来源。本书将文献来源限制在同行评议（peer - reviewed）期刊。这些期刊被认为可能提供更有效的知识，且更有可能对各自领域有更高的影响（Podsakoff，MacKenzie，Bachrach，Podsakoff，2005）。本书选择了社会科学领域中最好的同行评议期刊数据库——ISI Web of Knowledge 中的 Social Sciences Citation Index（SSCI），并使用了所有可用数据（从 1997 年 1 月到 2010 年 12 月）。（2）执行数据搜索。包含以下几步：首先，确定初始选择标准——关键词和搜索项。我们在 ISI Web of Science 中搜索了 2010 年（含）以前以商业模式（business model）为主题的文章[1]，共得到 571 条搜索结果。然后，我们将学科类别限制在管理的四个相关领域，将文献类型限制在英文论文（article）和综述（review）[2]，去掉搜索结果中的新闻报道 [6 篇《福布斯》（Forbes）和 2 篇《财富》（Fortune）] 和介绍性文章（两篇无作者以及 LRP 一篇）后，确定了 255 篇文献。（3）进行数据分析。以数据库中引用情况为基础，本书考察了所选文献之间的引用情况[3]，形成了一个 255 ×255 矩阵。图 3 - 3 显示了文献分析的流程。

---

① 在 ISI Web of Science 检索项中输入主题项为 business model。本书搜索时采用了双引号来限制搜索的内容必须同时包含"business model"，有效避免了无关结果出现。搜索日期为 2011 年 3 月 1 日。

② 我们未将书评（book review）纳入考虑，因为书评并不具有显著的理论意义。

③ 以纵轴作为基础，当纵轴出现的文献引用了其他文献（横轴）时，我们就在纵轴文献及其引用文献的交点处标"1"，否则标"0"。

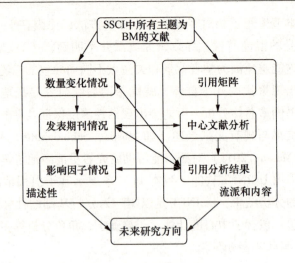

图 3 - 3   文献分析流程

二   社会网络分析主要结果

（一）描述性结果

本书对搜索到的 255 篇文献进行了全面分析。图 3 - 4 显示了文献发表数量的变化。从图中可以看出，该主题文献呈稳定增长趋势。表 3 - 3 显示了发表该主题文献数量最多的期刊名称及发表数量，图 3 - 5 显示了发表商业模式主题的期刊影响因子的分布情况。从图 3 - 5 和表 3 - 3 中我们可以发现，发表商业模式研究的期刊多为偏好实践的期刊（如 HBR 和 LRP 等），且影响因子偏低（只有 18.2% 的期刊影响因子大于 2）。但这并不意味着商业模式构念没有足够的理论潜力，这从表 3 - 3 的右半部分可以得到证明。管理学领域的顶级期刊 AMR、SMJ 等都曾发表过以商业模式为主题的文章。这些描述性结果为进一步了解商业模式在 SSCI 中的地位和不同期刊对这一主题的偏好有很大帮助。

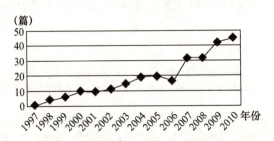

图 3 - 4   商业模式文献趋势（1997—2010）

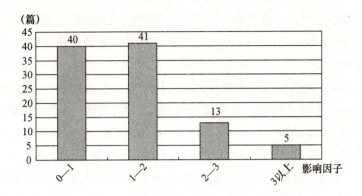

图3-5　商业模式文献发表期刊影响因子分布

表3-3　　发表商业模式为主题最多和影响因子最高的前十种期刊

名次	发表数量最多的十种期刊及数量		影响因子最高的十种期刊及发表数量	
	期刊名称	数量	期刊名称	数量
1	Harvard Buseniss Review	27	Academy of Management Review	1
2	Long Range Planning*	19	Strategic Management J.	3
3	California Management Review	9	J. of Marketing	2
4	Technovation	7	Organization Science	2
5	Industrial and Corporate Change	6	Omega – International J. of Management Science	2
6	Industrial Marketing Management	6	European J. of Operational Research	1
7	Electronic Commerce Research and Applications	5	Technovation	7
8	Int. J. of Electronic commerce	5	Ecological Economics	1
9	Research Policy	5	Decision Sciences	1
10	Service Industries J.	5	Supply Chain Management – An Int. J.	3

注：＊表示 *Long Range Planning* 在2010年出版过一期以商业模式为主题的专刊。

　　构念本身具有一定的理论渊源，也有发展多种理论的潜力。虽然现在商业模式的议题仍多发表在实践型期刊上，且影响因子不高（见图3-5），但顶级期刊（如表3-3中显示的 AMR、SMJ、OS 等）持续的发表情况仍可以证明其理论生命力。此外，学者们认为价值是商业模式一致性的来源（Chesbrough，Rosenbloom，2002），并认为商业模式要素和维度需同时考虑价值的创造和获取、内部资源和外部市场。如 Chesbrough 和 Rosenbloom（2002）认为商业模式必须同时包含价值创造和价值获取的维度；Svejenova 等（2010）认为须同时包含行为、组织和战略资源的维度，Demil 和 Lecocq（2010）则更具体提出了 RCOV 框架，即资源、能力、组织和价值的维度。当然，学术界也存在一些争论。比如，Yunus 等（2010）认为利润模型等与收益相关的要素必须纳入商业模式关注范围；Teece（2010）等反对者则认为，必须摒弃这一简单想法，才能使它在战略和创新领域发挥更大解释力。

（二）UCINET 分析结果

图 3 - 6 展示了商业模式文献引用情况的整体结果。为突出文献引用情况，本书按中心度大小显示了结点间引用关系。UCINET 结果显示：（1）图中存在大量的离散文献（集中在左上角）①，可见研究还相对分散。究其原因，一是实践者和研究者都希望有一个构念能够兼容并包他们所碰到的纷繁复杂的实践和理论现象，而商业模式正好符合；二是构念本身的伞形特征（龚丽敏、江诗松、魏江，2011）所导致的概念化过程偏差。（2）现有研究并未形成清晰、明确的流派，但主要研究者（见表 3 - 4）及文献（见表 3 - 5）都已逐渐涌现。本书将在下一小节详细探讨研究流派的问题，以给未来研究提供更多的洞见。

表 3 - 4　　　　　　　　　　发表数量最多的作者

名次	作者姓名	发表数量	名次	作者姓名	发表数量
1	Chesbrough, H.	6	5	Zott, C.	4
2	Amit, R.	4	6	Froud, J.	3
3	Whinston, A. B.	4	7	Johal, S.	3
4	Williams, K.	4	8	Leaver, A.	3

注：两篇的作者有 31 人，因此未全部列出。

---

① 事实上，通过对中心度的计算也能发现，有 149 个结点的中心度为 0。换句话说，有 149 篇文献既没有被其他商业模式文献引用过，也没有引用其他以商业模式为主题的文献。

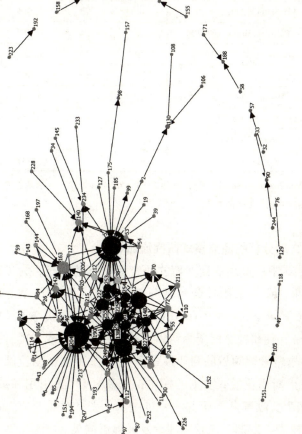

图 3 - 6　基于 SSCI 的商业模式引用结果：按中心度分析

表 3 - 5 中心度最高的十篇文章详细情况

编号	作者及发表时间	期刊名称	Degree	NrmDegree	Share
40	Chesbrough & Rosenbloom（2002）	ICC	34	13. 386	0. 078
5	Amit & Zott（2001）	SMJ	26	10. 236	0. 060
138	Magretta（2002）	HBR	22	8. 661	0. 051
12	Baden - Fuller & Morgan（2010）	LRP *	21	8. 268	0. 048
222	Svejenova et al.（2010）	LRP *	16	6. 299	0. 037
163	Morris et al.（2005）	JBR	15	5. 906	0. 035
29	Casadesus - Masanell & Ricart（2010）	LRP *	13	5. 118	0. 030
255	Zott & Amit（2010）	LRP *	13	5. 118	0. 030
225	Teece（2010）	LRP *	11	4. 331	0. 025
254	Zott & Amit（2008）	SMJ	11	4. 331	0. 025

注：Degree、NrmDegree 和 Share 三个值为 UCINET 软件直接输出。＊表示这几篇文章都是 LRP 于 2010 年出版的专刊上发表的文章。

三　基于文献分析的商业模式研究流派

由于图 3 - 6 中所呈现的商业模式研究流派不甚明显，为了获得更为直观的分析结果，文章采用社会网络分析法中的 CONCOR 算法[①]（即迭代相关收敛，CONvergence of iterated CORrelations），并获得了模糊聚类结果（见图 3 - 7），使研究脉络更为清晰。从图中可以发现，现有文献分四个类别：（1）战略管理领域的商业模式研究；（2）创新创业领域的商业模式研究；（3）对商业模式要素的探讨；以及（4）无引用和被引文献，与图 3 - 7 的四个文献群自下而上一一对应。下文将对商业模式现有文献发展脉络进行梳理，以期对该领域理论发展提供洞见。

（一）对商业模式概念和要素的探讨

商业模式文献的第一个重要领域是对概念和要素的探讨，即对构念本身的探讨。这支文献多通过对标杆、典型企业的商业模式要素随时间更迭主动或被动变化的考察，鉴别和澄清了某个特定要素（如 Clemons，2007；

---

① 这一算法"运算的基础是有关案例和隶属项之间关系的社会计量学意义上的邻接矩阵……通过把行相关系数值转变为一个严密的模式，CONCOR 就可获得一种模糊的聚类……（这种算法）需要研究者主观地决定何时结束聚类的分区和再分区……尽管聚类的数量越大，对最终结论的解释就越难"（约翰·斯科特，2007）。本书尝试对所有引用情况采用了不同类别的 CONCOR 聚类，最终得出了图 3 - 7。

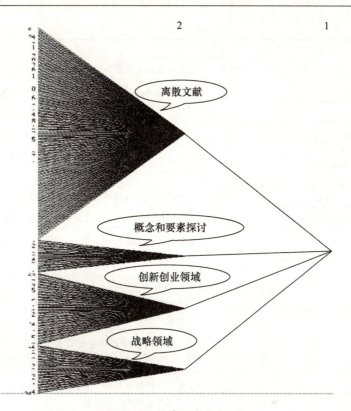

图 3 -7 分类研究结果

Erturk, Froud, Johal, Leaver, Williams, 2010) 或要素组合（如 Rucci, Kirn, Quinn, 1998）的内容和特征。我们将商业模式概念和内容呈现如表 3 -6 和表 3 -7 所示[①]。

表 3 -6 商业模式概念列举

作者	时间	定义
Slywotsky	1996	公司选择顾客、定义并差异化其产品和服务、定义其自身任务及外包任务、构造资源、走上市场、为顾客创造效用并获取利润的总和
Slywotsky and Morrison	1997	使企业能够获得利润的模式和战略
Venkatraman and Henderson	1998	按照顾客互动、资产构造和知识杠杆三个矢量来设计战略的一个协调性计划

---

① 由于商业模式概念和要素是研究的基础内容，因此，我们在这两张表格中所呈现的内容不仅仅是 UCINET 中第二类的文献，也包括了其他文献中对二者的探讨，从而帮助读者更好地了解现有文献对商业模式概念和定义的总体情况。我们在后面的综述中也都遵循这一原则。

续表

作者	时间	定义
Picken and Dess	1998	关于企业如何在竞争性环境中取得利润的一系列假设
Mayo and Brown	1999	对创造和持续一项竞争性业务的重要相互依赖系统的设计
Boulton et. al.	2000	企业如何用资产杠杆来为利益相关者产生价值
Mahadevan	2000	对商业成功最关键的商业伙伴和买主的价值流、利润流和逻辑流三个要素的唯一混合
Rappa	2000	企业是如何通过明确其在价值链上的定位而赚钱的
Steward and Shao	2000	企业如何赚钱并随时间持续获得利润流的陈述
Dubosson – Torbay et. al.	2001	企业及其合作者的网络创造、营销、传递价值和关系资本给顾客的一个或多个部分以产生和持续利润流的架构
Afuah and Tucci	2001	企业构造和使用资源从而为顾客提供较其竞争者更好的价值并赚钱的方法
Amit and Zott	2001	对为通过利用商业机会创造价值所设计的交易的内容、结构和治理的描述
Shafer et. al.	2005	企业在一个价值网络中创造和获取价值的潜在核心逻辑和战略选择的一种表述
Morris et. al.	2005	一种体系结构、设计、模式、计划、方法、假设和陈述

资料来源：Morris，Schindehutte，Richardson，Allen（2006）。

表3－7 商业模式要素

作者	年份	要素	EorG	实证
Horowitz	1996	价格、产品、配送、组织特征、技术	G	N
Viscio and Pasternak	1996	全球化核心、治理、业务单元、服务、联系	G	N
Timmers	1998	产品、服务、信息流建构、业务行动者及角色、行动者收益、收入	E	Y
Markides	1999	产品创新、顾客关系、基础设施管理、财务	G	N
Donath	1999	客户理解、市场策略、公司治理、企业的内部网络、额外的网络能力	E	N
Chesbrough and Rosenbaum	2000	价值主张、目标市场、内部价值链结构、成本结构、利润模型、价值网络、竞争战略	G	Y

续表

作者	年份	要素	EorG	实证
Gordijn et. al.	2001	行动者、市场分割、价值提供、价值行为、股东网络、价值界面、价值传递、价值交换	E	N
Linder and Cantrell	2001	定价模型、收入模型、渠道模型、商业过程模型、网络激活的业务	G	Y
Hamel	2001	核心战略、战略资源、价值网络、客户界面	G	N
Afuah and Tucci	2001	客户价值、范围、价格、收益、联结活动、实施、能力、可持续性	E	N
Weill and Vitale	2001	战略目标、价值命题、收益来源、成功因素、渠道、核心能力、客户细分、IT基础设施	E	Y
Amit and Zott	2001	交易内容、交易结构、交易治理	E	Y
Alt and Zimmerman	2001	使命、结构、过程、收益、合法性、技术	E	N
Rayport and Jaworski	2001	价值簇、市场空间提供物、资源系统、财务模型	E	Y
Bets	2002	资源、销售、利润、资本	G	N
Gartner	2003	市场提供物、能力、核心技术投资、结余	E	N

资料来源：Morris, Schindehutte, Allen（2005）；说明：表中"EorG"栏表示研究的对象是电子商务企业（E - business）或者普通企业（General）；"实证"栏中 Y 表示文章进行了实证，N 表示未进行实证。

承认概念分歧之外，更重要的是发现共性，因为共性是构念发展的基石。现有商业模式概念都强调了商业模式的几个重要特征：（1）商业系统聚焦的价值，包含创造和获取两方面（Amit，Zott，2001；Chesbrough，Rosenbloom，2002；Magretta，2002）。前者试图解释企业如何工作、如何从获取原材料直到向最终消费者提供产品或服务从而获取利润（Magretta，2002）；后者是前者持续进行的保证。价值创造和获取之间需要形成一定平衡。（2）商业模式具有系统性，它描述了企业是如何像系统一样工作（Magretta，2002）。

在对商业模式要素的认识上存在是否将收益模型纳入整体框架的分歧。持正面观点的学者（如 Osterwalder，2003；Stähler，2002；Weill，Vitale，2002 等）认为，收益模型是商业模式不可或缺的一部分；而反对者（如 Chesbrough，Rosenbloom，2002；Teece，2010 等）则认为商业模式应用于战略和创新领域才能使构念发挥更大效用，而将财务和收益的观点纳入这一体系会混淆其研究重点。出现这种分歧的原因在于，学者们对商业模式构念期望的差异。前一阵营着眼于构念本身，他们发现相当一部分商业模式创新实践来源于对收益模型的创新（Sainio，Marjakoski，2009），认为将收益相关内容纳入构念既符合实际，又增加了构念解释力；而后一阵营则着眼于构念所能解释的问题，他们认为引入收益会限制构念对绩效和竞争优势问题的解释，对理论建立不利。

（二）创新创业领域的商业模式研究

商业模式研究文献的另一个重要领域是创新创业领域的商业模式研究，内容集中在不同层次商业模式创新过程上，包括个体层（Svejenova，Planellas，Vives，2010）、战略和战术中间层（Casadesus - Masanell，Ricart，2010）、产业层（Sabatier，Mangematin，Rousselle，2010）、社会层（Yunus，Moingeon，Lehmann - Ortega，2010）等。这些研究有两个共同点：（1）在讨论商业模式创新时，多数并不精确定义什么是商业模式创新，常以经验研究结果作为后验基础（Bigliardi，Nosella，Verbano，2005；龚丽敏、江诗松，2012），这可以用前文所述的商业模式的"大伞"特征来解释。（2）常将商业模式的创新与技术（Chesbrough，Rosen-bloom，2002；龚丽敏、江诗松，2012）或企业生态系统演化（Adner，Kapoor，2010b）同时纳入考虑。

创业是商业模式研究的传统视角（Dixon，Clifford，2007；Morris，Schindehutte，Allen，2005），在各研究层次都得到了一定应用。这一视角常用于解释商业模式创新障碍，其逻辑是，商业模式与组织结构一样具有刚性，企业家并不愿意主动进行商业模式的创新，即使愿意，也只希望在更小范围或企业外部另创组织试行（Morris，Schindehutte，Allen，2005）。这一思维阻碍了企业成长和发展。针对这些情况，企业可以采用试错（Sosna，Trevinyo - Rodriguez，Velamuri，2010）、商业模式设计（Zott，Amit，2007）等方式应对。从研究对象上来看，这类研究集中在创业企业（如 Murray，Tripsas，2004）或具有创业特征的电子商务领域（如 Wirtz，Schilke，Ullrich，2010）。

（三）战略管理领域的商业模式研究

商业模式研究文献的第三个重要领域是战略管理领域的商业模式研究，解决的基本问题是商业模式与企业竞争优势的关系。主要有两条研究主线：（1）商业模式本身如何实现价值创造，从而实现企业竞争优势；

（2）通过商业模式创新实现企业新竞争优势的获取。

第一条主线最初来源于电子商务和新兴经济中价值创造的解释（Amit，Zott，2001）及其与战略管理之间的关系和作用发挥（Magretta，2002）。最初的研究是电子商务的价值创造。后来学者意识到商业模式构念被限制在电子商务领域的弊端（Zott，Amit，2008）而开始扩展研究领域。这主要分为两种：一种是将商业模式看成直接影响企业竞争优势或者绩效的因素，如商业模式对国际化（Dunford，Palmer，Benveniste，2010）、产业结构和组织能力（Gambardella，McGahan，2010）、对中小企业（SME）成长轨迹的解释（Mangematin，Lemarie，Boissin，Catherine，Corolleur，Coronini，Trommetter，2003）等；另一种是将商业模式看成一种情境，它需要与其他因素共同作用才能影响企业竞争优势，如与技术创新协同（Chesbrough，Rosenbloom，2002）、与战略类型的匹配（Zott，Amit，2008）等。

另一条研究主线是对商业模式创新的关注。其核心逻辑是，通过改变企业既有的商业模式，更好地探索市场、开拓业务，提升竞争优势。如企业家利用商业模式的变化来实现网络变化（Doganova，Eyquem - Renault，2009）、重塑产业结构并重新分配价值（Johnson，Christensen，Kagermann，2008）、开创新的市场（Thompson，MacMillan，2010）等。

综上所述，这三个研究支流的差异远未达到泾渭分明。这在图 3 - 6 中也有所反映。每个支流都夹杂着其他主题的文献，尤其是在探讨商业模式与战略或创新创业领域关系前，多数都先探讨构念本质、特征、要素等进行。这间接说明，商业模式的研究远未达到成熟统一（龚丽敏、江诗松、魏江，2011）。

表 3 - 8　　　　　　　　　　各研究支流的主要文献

类别	流派名称	关注点	主要研究内容	主要研究方法和逻辑	主要文献
1	要素探讨研究	商业模式要素	提出商业模式的要素及其组合	案例研究	Clemons，2007；Erturk et. al.，2010；Ghosh，1998；Rucci et. al.，1998 等

续表

类别	流派名称	关注点	主要研究内容	主要研究方法和逻辑	主要文献
2	战略管理领域的商业模式研究	BM 与企业竞争优势的关系	不同层次的商业模式创新过程	案例研究理论推演	Amit et. al., 2001; Baden – Fuller et. al., 2010; Chesbrough et. al., 2002; Doganova et. al., 2009; Dunford et. al., 2010; Gambardella & McGahan, 2010; Johnson et. al., 2008; Magretta, 2002; Mahadevan, 2000; Mangematin et. al., 2003; McGrath, 2010; Sinha, 2000; Thompson & MacMillan, 2010; Zott et. al., 2008 等
3	创新创业领域的商业模式研究	商业创新、不同层次的商业模式	(1) 商业模式本身如何实现价值创造，从而实现企业竞争优势；(2) 通过商业模式创新实现企业新竞争优势的获取	统计方法	Casadesus – Masanell et. al., 2010; Demil et. al., 2010; Dixon & Clifford, 2007; Morris et. al., 2005; Murray & Tripsas, 2004; Sabatier et. al., 2010; Shin & Park, 2009; Sosna et. al., 2010; Svejenova et. al., 2010; Teece, 2010; Wirtz et. al., 2010; Yunus et. al., 2010; Zott & Amit, 2007; Zott et. al., 2011 等
4	离散文献	—	—	—	多为无被引和引用的文献

　　幸运的是，Zott 等（2011）几乎在相同时间对商业模式既有文献进行了类似分析。虽然采用的数据库和选择文献过程存在差异，但其结果仍然显示，现有对商业模式研究的文献集中在：（1）商业模式概念和定义的出现；（2）电子商业模式；（3）商业模式与战略的关系：通过行为创造和获取价值；以及（4）商业模式、创新与技术管理的关系。与本书的文献分析结果对比可以发现，他们总结的商业模式现有研究中的三条［（1）、（3）、（4）］与本书文献分析结果一致。事实上，电子商业模式文献绝大多数为无引用关系的零星文献，即处在图 3 - 7 最上部的那个部分

中，而那是本研究在进行文献分析时没有再详细关注的领域。更为重要的是，本书并未刻意将电子商务模式从商业模式中独立出来，才导致了本书文献分析结果与 Zott 等（2011）研究结果的差异。两个几乎同时进行的研究得出了非常接近的结果，在一定程度上证明了本节文献分析结果的信度和效度。

综合考察 UCINET 分析结果和既有文献后，本书认为商业模式构念及其所在的几个领域中的研究均处在 Edmondson 和 Mcmanus（2007）所定义的"新理论"（nascent theory）阶段。新理论有两个特征：（1）包含的一个或多个新构念仍然是尝试性的。对商业模式构念的研究联系不多（表现为 UCINET 结果中关于要素研究多独立存在），且定义、要素和特征都不统一，可见商业模式符合第一个特征。（2）尝试解释的仍然是现象之间的新联系，且回答的是关于 how 和 why 的新问题。创新创业与战略管理这两个领域中的商业模式研究都还处于起步阶段，且尝试解释电子商务企业如何实现价值创造的问题（how 的问题），可见，这两个领域中商业模式的研究也符合第二个特征。

四 讨论与结论

本节通过考察和呈现以商业模式为议题文献引用关系，对商业模式研究进行了全面梳理。本书发现，以商业模式为主题的研究仍然处于"新理论"的阶段，且尚未形成明确的发展流派。这符合 Zott 等（2011）的论断，即该研究仍处于起步阶段，且较为分散，未形成广为接受的理论框架。即便如此，文献的分析结果仍呈现了三个相互关联的研究脉络：对商业模式概念和要素的探讨、创新创业领域的研究以及战略领域的研究。三类研究结果很可能相互增强，并最终完善商业模式研究的理论基础。

未来研究可以沿着商业模式对竞争优势的影响、商业模式创新过程中的创新创业问题以及商业模式本质特征等具体方向深入。第一，战略领域的商业模式研究方面，由于商业模式构念的伞形特征（龚丽敏、江诗松、魏江，2011），在关注企业商业模式各要素与竞争优势的关系之外，更重要的是从组合（profile，即商业模式不同要素形成的"模式"）角度，考察要素整体效应对企业竞争优势及其持续性的作用。商业模式与外界环境之间的协同关系是另一个重要研究主题。这种协同将导致企业绩效的提升或企业成长。企业所处的外部环境（如技术环境、竞争环境等）与企业商业模式之间形成匹配（或者权变）关系，有利于企业结果。有研究已经系统地考察了商业模式与技术之间的匹配关系（Klein，2008）。这在中国又显得更为重要。部分学者（如赵晶、关鑫、仝允桓，2007）已经开始针对我国企业特殊情境，结合"破坏式创新"（Christensen，1997）理论，对后发国家（主要是 BOP）企业的商业模式进行研究。这类研究能促进理论的交叉。

第二，创新创业领域的商业模式研究方面，创新触发及转化机制是值得研究的领域。触发机制是商业模式创新前因的研究，主要针对商业模式"成长的烦恼"问题，寻求创新动力，使商业模式与企业、市场内部组织知识的变化以及组织结构和管理过程相适应（Miles，Miles，Snow，2006）。商业模式转化机制是动态性的问题。从间断均衡的角度来看，商业模式在一定的时期内呈现匹配的均衡状态，这种平衡一旦被打破且跃迁到另一个匹配的均衡状态，就实现了商业模式创新。这两类研究都可以从企业家特质（如创业精神、任期等）对商业模式影响作为切入点。从这个意义上说，商业模式构念是连接创业管理和战略管理的有效构念。

第三，商业模式要素的研究方面。要素确定固然重要，但其平衡更加关键，因为这反映了商业模式构念的全局性。只有确立了这种平衡关系，才有可能发现理想型（ideal type）（龚丽敏、江诗松、魏江，2011），推动商业模式研究进步。因此，未来研究需重视稳定商业模式的要素之间的匹配关系，使其成为更健壮的构念。

第四，这几类研究之间的交叉不可忽略：一种方式是，通过澄清商业模式本质内容，推动战略和创新创业领域的研究（龚丽敏、江诗松、魏江，2011）；另一种方式是，聚焦于企业竞争优势建立的商业模式创新与其他创新形式的协同作用。此外，打破原有竞争优势的商业模式创新也是未来研究的一个发展方向（赵晶、关鑫、仝允桓，2007）。通过这样的梳理，本书希望帮助后来的研究者厘清思路，强调与主流研究对话，从而为商业模式的未来研究提供更加明确的方向。

虽然我们尽量用客观的研究方法和手段，但仍可能与事实有一定偏差，造成本研究的局限。例如，最新且可能在未来有影响力的文献尚未得到足够的引用。此外，由于客观条件的限制，笔者并未考虑商业模式研究文献中对经典理论的引用情况，即使这样可能会对商业模式在整个理论研究全景中的定位更明确；笔者也未按照文献进行引用的不同位置进行区分，虽然文章不同地方的引用通常有不同的作用。

第四章 新兴经济背景下商业模式对企业成长作用对比案例研究

本章为全书的第二个子研究。如前文所述，子研究一（第三章）的目的是厘清商业模式构念及其特征，从而为探索企业商业模式与企业成长情境化理论的两个子研究提供构念层次的理论基础。具体而言，本章以手机行业的两个企业为对象进行对比案例研究，探索企业商业模式与企业成长之间的作用机理。而下一个子研究则以此为基础，通过一个企业近三十年发展的纵向案例展示商业模式和企业成长之间的潜在共演关系。

第一节 研究方法

一 研究方法的选择

从研究目的考量，本书采用对比案例研究方法。这是因为，首先，这反映了现实情境（real - life context）中的现象，且现象与情境间界限并不清晰（Yin，2003b）；本书定位于 Tsui（2004）提出的情境嵌入式研究和情境特定式研究的后者。文章的价值是提供一个新兴经济的新洞见。即便只能提供情境特定的知识，也仍有机会影响后续研究，并成为全球管理知识基础中的一部分（Whetten，2002）。而 Tsui（2004，2006）也建议此类研究采用归纳或扎根式理论构建和说明，因为高质量本土研究需采用本地语言、主题和在本地有意义的构念，对本地现象进行科学研究，并以测试或建立在本地社会文化情境中解释和预测特定现象和相关现象的理论为目的。

其次，案例研究方法更有利于解释和充分展示企业如何发展和如何实现成长的定性差异，也就是企业成长路径和成长模式的潜在定性差异，帮助我们理解成长研究可能被忽视的一些方面（Achtenhagen，Naldi，Melin，2010），这类经验数据能很好地推动人们对传统思维的重新思考（re-thinking）和挑战（problematization）（Alvesson，Krreman，2007）。按照Eisenhardt（1989）的案例研究方法，本书采用回顾式的纵向方法（retro-spectively longitudinal approach），这能提升我们对组织过程的认识（Eisen-hardt，1989；Yin，2003b），也帮助我们更好地关注新兴经济企业中不同阶段商业模式对企业成长的影响。

此外，研究构念特殊性决定了案例研究方法更为合适。商业模式构念本身不成熟（Linder，Cantrell，2000；Porter，2001；龚丽敏、江诗松、魏江，2011）、"实践导向"（George，Bock，2011）等特征都决定了商业模式相关研究"从一个狭窄群体中总结会更有效"（McKelvey，1982）。它本身就是以分类的方式来阐释商业，其逻辑是理论分类和实践分类的混合（Baden‐Fuller，Morgan，2010），从理论出发进行自上而下的推演和从实践出发进行自下而上的总结都必要。因此，本书遵照定性研究方法适合理论构建目的（Eisenhardt，1989）的传统逻辑，采用案例研究方法。商业模式动态性特征（Svejenova，Planellas，Vives，2010；Yunus，Moingeon，Lehmann‐Ortega，2010）暗示了纵向案例的可行性。

本书选择天宇朗通和宇龙酷派两家企业作为对比案例研究的对象。原因有三个：（1）两家企业符合本书总结中国情境下制造企业商业模式的研究目的，且都是手机行业企业，都从2002年开始正式进入手机行业。这样可以最大限度地避免外部变异，增加外部效度。（2）这两家企业具有代表性（Siggelkow，2007），分别代表了山寨企业和品牌手机企业；且是两个极端类型（polar type）（Eisenhardt，1989），天宇朗通是全新商业模式的代表，而宇龙酷派则是真正意义上的品牌商业模式的代表，这样的差异同样有助于我们获得更多的洞见。（3）从资料的易得性考虑。手机行业以及山寨产业的成长都是国内新闻媒体关注的焦点，二手资料来源和内容都很丰富，这有利于作者将不同来源的资料进行对比，相互印证，形成证据三角（Yin，2003b）。

二　数据收集和分析

数据收集包括两个阶段：（1）笔者与两名合作者一起进行了为期一个月的二手资料收集，从国内外学术期刊和国内主流媒体对手机行业相关资料进行收集，然后分别收集了天宇朗通和宇龙酷派的资料。二手资料主要来源于公司官网、CNKI中的报纸、部分学术文章及相关政府管理部门

表 4 - 1　　　　　　　　　　　　　商业模式要素特征

要素	特征值	描述
价值主张	高端、低端	企业和产品的定位。本书从产品价格水平、产品出口国家等来进行判断
企业能力	模块能力 部件能力	模块创新指只改变了技术的核心设计理念的创新；而架构创新的本质是对一个既有系统的重构，从而以一种新的方式连接既有部件
价值链特征	是否包含设计和生产等核心价值链环节	企业包含价值链环节情况，主要是设计（研发）和生产环节
营销渠道	混合、自有	混合 = 自有 + 代理（社会渠道）

网站，如中华人民共和国工信部网站、深圳手机行业协会网站等。遵循 Eisenhardt 和 Graebner（2007）的建议，我们先利用收集到的所有信息对两个企业分别进行分析，就一些重要议题的理解进行交叉检验（Eisenhardt，1989）。若存在不一致的理解，则收集更多资料加以核实，或留待下一阶段核实，然后再进行跨案例对比。

（2）经过二手资料的整理，笔者于 2012 年 9 月底赴深圳对宇龙酷派进行了实地调研。加上合作者对天宇朗通、MTK 等前期的调研的录音资料，收集了两家企业的一手资料。在对宇龙酷派的调研过程结束后取得了一名受访人的联系方式。案例研究过程中，笔者以 QQ 和电话等形式对不确定问题加以咨询，增加了信息和证据。通过将多渠道所获得信息形成三角验证（Yin，2003a），提高研究信度和效度，访谈情况见表 4 - 2。

表 4 - 2　　　　　　　　　　　天宇朗通和宇龙酷派访谈情况

时间	调研单位	受访人员
2009 年 5 月 6 日	天宇朗通	总裁、研发部总监、研发部总监
2010 年 12 月 1 日		副总裁
2010 年 7 月 14 日	宇龙酷派	技术总监
2010 年 11 月 9 日	联发科	中国区业务发展总监
2010 年 12 月 1 日	深圳市移动通信联合会	执行会长、秘书长
2012 年 9 月 27 日	宇龙酷派	总裁办职员

注：按多位受访人要求，本书将他们的名字统一隐去。

数据分析的顺序是，首先构建每个案例企业的公司历史，然后进行单案例分析，识别出每个案例企业成长过程中的商业模式要素后，开始多案例分析，最后提出一个整体的理论框架。为了做到忠于数据（Close Adherence to the Data）（Eisenhardt，Graebner，2007），笔者和另一位研究者就一些关键议题的理解进行了交叉检验（Eisenhardt，1989）。除此以外，我们还不断利用图表来促进分析（Glaser，Strauss，1967）。通过数据收集、数据分析和概念化之间的不断交叠（Glaser，Strauss，1967），概念及其相互关系逐渐涌现，直到理论达到一个满意的饱和程度为止。

三 产业环境及其发展阶段

本书在文献综述部分已经综述了新兴经济可能存在的环境变化及其对企业战略的影响，因此，本处不赘述。本节将关注点放在对手机产业环境的分析。全球移动通信行业经历了从1代（1G）到4代（4G）的发展过程（见图4-1）。代际差异的主要特征是网络速度（左纵轴）和移动通信应用的关注点（右纵轴）。更为具体的，移动通信功能应用在技术网络和需求满足两个维度上有了显著差异（见图4-2）。事实上，1G和2G手机的主要功能是基于基本通信需求，即传统手机的概念；而之后的手机朝着智能化的方向发展，越来越像一个电脑。移动终端功能的转变体现在3G之后手机厂商的关注点从硬件向软件的自然过渡，这也是手机行业出

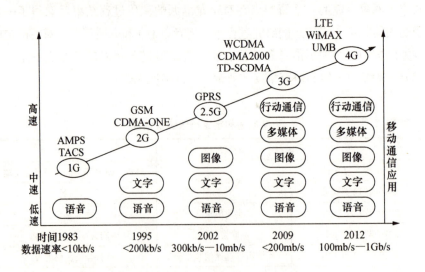

图4-1 全球移动通信行业发展情况

资料来源：根据长江商学院案例中心资料整理。

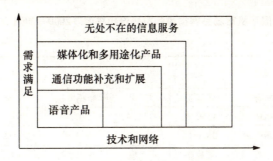

图 4 - 2　移动通信终端功能拓展

资料来源：长江商学院案例中心。

现山寨现象的重要基础之一。因此，从 2G 到 3G 的转换是手机行业发展的一个关键时间点。

　　我国政府从 1987 年开始允许移动电话存在。之后很长一段时间，市场规模和行业技术都停滞不前。1999 年，政府为防止恶性竞争、扶植重点企业而开始实行生产许可制。当时无法预测之后十几年中国手机行业的市场需求和市场竞争。在规制解除之前，手机行业就已经风起云涌：一些企业由于没有生产牌照而只能采用贴牌的方式，这当然增加了成本；另一些企业干脆把整个生产放到台面下，成为山寨大军中的一员，好处是成本极低且速度极快。规制的放松为所有的手机厂商提供了一个真正平等的舞台，再也没有黑白和台上台下之分。事实上，规制解除之后，有更多国产品牌厂商走上过这一舞台。本书的两个案例企业天宇朗通和宇龙酷派都是。

　　从国际市场的角度看，中国在手机技术方面相对落后，新技术主要通过跨国公司引入，于是，国内市场变成了国际公司的主要战场。而本地企业进入这个竞技场较晚，除了技术资源缺乏的天然障碍之外，还在一些情况下受到本地政府的进入限制。但是，随着产业发展，本地参与者逐渐并且稳定地进入产业。表4 - 3、图4 - 3、图 4 - 4、图 4 - 5、图4 - 6、图4 - 7 呈现了我国手机市场的一些情况。总之，技术的跃迁和行业管制的放松这两个关键分界点将中国手机行业的发展大致分为三个发展阶段。本书通过呈现我国手机行业发展历史来呈现在这两个关键点前后的中国手机行业发展状况。

表4-3 我国手机市场品牌销量和市场份额排名（2000—2008年）

（单位：亿部）

排名 时间	项目	1	2	3	4	5
2008年 （三季度）	品牌	诺基亚	三星	摩托罗拉	天宇	联想
	销量	1360.3	650.4	307.7	283.3	136.4
	市场份额	38.9%	18.6%	8.8%	8.1%	3.9%
2008年 （二季度）	品牌	诺基亚	三星	摩托罗拉	天宇	联想
	销量	1387.7	636.3	348.7	280.4	118.6
	市场份额	38.6%	17.7%	9.7%	7.8%	3.3%
2008年 （一季度）	品牌	诺基亚	三星	摩托罗拉	天宇	联想
	销量	1566.1	602.0	362.1	206.3	168.4
	市场份额	37.2%	14.3%	8.6%	4.9%	4.0%
2007年	品牌	诺基亚	三星	摩托罗拉	天宇	联想
	销量	4921.3	2401.0	1670.3	945.1	699.9
	市场份额	33.0%	16.1%	11.2%	6.3%	4.7%
2006年	品牌	诺基亚	三星	摩托罗拉	天宇	联想
	销量	3045.5	2184.4	815.8	670.7	426.0
	市场份额	33.6%	24.1%	9.0%	7.4%	4.7%
2005年	品牌	诺基亚	摩托罗拉	三星	波导	索爱
	销量	1981.2	1029.7	938.7	489.0	380.1
	市场份额	25.1%	13.3%	11.9%	6.2%	4.8%
2004年	品牌	诺基亚	摩托罗拉	三星	波导	TCL
	销量	1505.3	924.6	909.3	657.1	550.2
	市场份额	19.7%	12.1%	11.9%	8.6%	7.2%
2003年	品牌	摩托罗拉	诺基亚	三星	波导	TCL
	销量	1202.8	1061.3	742.9	707.5	686.3
	市场份额	17.0%	15.0%	10.5%	10.0%	9.7%
2002年	品牌	摩托罗拉	诺基亚	波导	TCL	西门子
	销量	1872.4	1134.7	678.6	670.6	592.8
	市场份额	25.9%	20.4%	9.7%	9.6%	8.2%
2001年	品牌	摩托罗拉	诺基亚	西门子	爱立信	波导
	销量	1346.4	1025.2	444.1	298.2	294.5
	市场份额	29.3%	22.3%	9.7%	6.5%	6.4%
2000年	品牌	摩托罗拉	诺基亚	爱立信	西门子	波导
	销量	1651.7	1321.6	485.2	427.9	168.2
	市场份额	31.4%	25.1%	9.2%	8.1%	3.2%

资料来源：根据长江商学院案例中心资料整理。

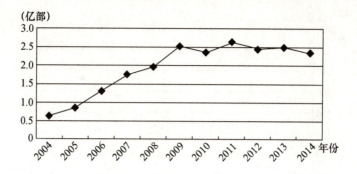

图 4 – 3　中国手机市场规模

资料来源：2004—2010 年数据来源于长江商学院案例研究中心，其他数据从网络获取。

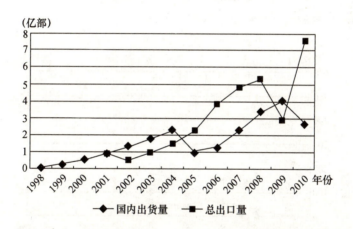

图 4 – 4　中国手机行业国内出货量和出口情况

注：资料来源于网络。不同来源数据之间可能存在差异，本书采用被广泛接受的数据。

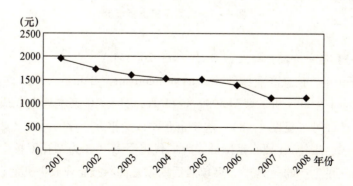

图 4 – 5　中国手机市场均价变动情况（2001—2008）

资料来源：根据长江商学院案例研究中心资料整理。

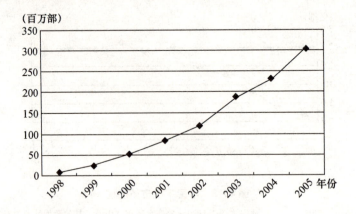

图 4 - 6 中国市场手机销售量

资料来源：根据信息产业部（1998—2005）数据整理。

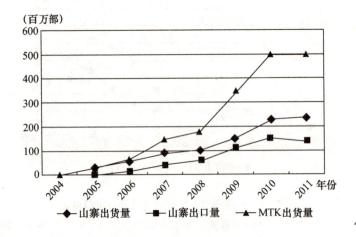

图 4 - 7 山寨手机出货情况

（一）第一阶段：行业初兴（1987—2006 年）

1999 年，信息产业部（Ministry of Information Industy，MII）决定只允许少数企业生产手机。截至 1999 年 11 月，只有 10 家本地企业成功地获得了生产许可（见图 4 - 8），这些企业要么是相近产业的巨头（如生产电视的海尔、康佳），要么是国外大牌的代工厂商（如为摩托罗拉生产的东信和为三星生产的科健)[1]，名单最后四家是高科技企业或手机企业。进入

---

[1] 后来进入名单的首信也是诺基亚的代工厂商。

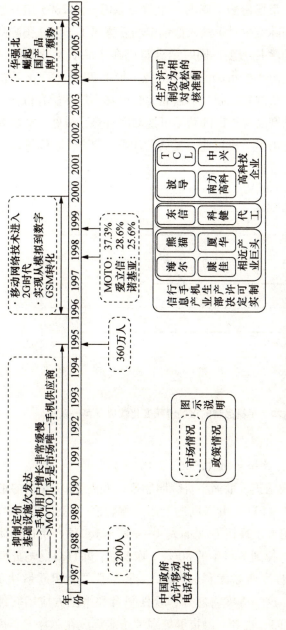

图 4 - 8　中国手机行业发展历史（第一阶段）

资料来源：根据长江商学院案例中心资料整理。

市场后，本土制造商快速成长，从 1999 年本土企业只占了市场份额的
5% 到 2003 年的 53%（如图 4 - 9 所示）。这正是 2000 年之后，三大巨
头，特别是爱立信，市场份额下降的一个重要原因。从 2003 年开始，本
地企业市场份额在国际竞争对手进入低端市场后遭遇了下滑。国际品牌不
断加强对零售终端的掌控力度，同时结合自己在产品研发方面的强大优
势，最终重新夺回国内手机市场的霸主地位。加上 2004 年我国手机牌照
审批制度改为相对宽松的核准制，华强北无数山寨小厂开始有机会。所有
这些都导致了之后国产品牌厂商阵营不可逆转的颓势，科健、熊猫等老牌
国产手机厂商甚至退出了手机行业，夏新、波导、TCL、康佳等日子也不
好过，不是微利就是亏损。

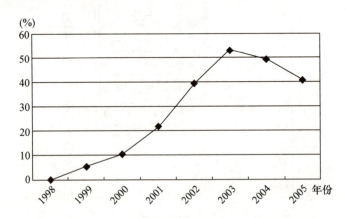

图 4 - 9 本土手机品牌的市场份额变化情况（第一阶段）

资料来源：工信部。

（二）第二阶段：放松管制（2006—2009 年）

2006 年 2 月，我国正式取消手机牌照制度，并在 2007 年彻底取消手
机审批制度（见图 4 - 10）。山寨机走上历史舞台。"黑手机"漂白后，
传统民族手机巨头相继出现巨亏（如表 4 - 4 所示）。国产手机总体份额
从早期的 50% 以上，掉到了当年的 30%（陈新焱，2011a）。与此同样重
要的事件是，台湾芯片商联发科（MTK）推出了"交钥匙解决方案"
（Turn key solution）。这一方案将芯片、软件平台和第三方应用软件捆绑
在一起，将摄像、MP3、视频、触摸屏等多种功能集成在芯片上。这使得
以前"芯片提供商—平台软件提供商—系统集成商—方案设计商—手机
生产商"的产业链迅速瓦解。

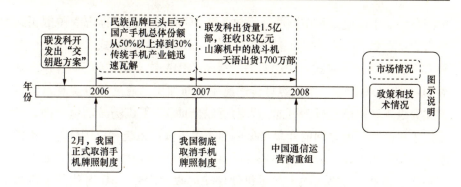

图 4-10　中国手机行业发展历史（第二阶段）

表 4-4　　　　　　　　　　放松管制阶段国有品牌亏损情况

时间	企业	亏损情况
2007 年	联想	亏损 1.3 亿元
2008 年初	（手机业务）	将联想移动全部股权出售给弘毅投资等四家私募基金
2007 年	波导	亏损 5.9 亿元
2007 年	夏新	亏损 8 亿元

资料来源：陈新焱（2011）。

"采用 MTK 的方案，经过十几道组装，最后到监测人员手里时已经是一台整机。山寨机的产业链分得很细，各种部件都由专业公司完成，厂商的主要工作就是组装。看看贴在线上的图纸，再让工程师指点一二，你都可以自己装一台。"（黄金萍，2009）

2007 年联发科出货量高达 1.5 亿部，狂收 183 亿元人民币。具有"山寨机中的战斗机"之称的天语以 1700 万部的销售量高居榜首（晏新尘，2008），甚至超过了摩托罗拉、三星等国际巨头。这些事件的影响持续到了第三阶段。事实上，在 2009 年之后，山寨手机出货量惯性地维持高位。根据研究机构 ISUPPLI 的估计，2010 年国内山寨手机销量较上年仍然增长了 43.6%。此外，2008 年中国通信运营商的重组为下一个阶段行业洗牌埋下了伏笔，手机产业从消费者主导的自由市场格局回归运营商主导的市场格局。

（三）第三阶段：技术跃迁（2009 年至今）

2009 年是中国手机行业 3G 元年（见图 4-11）。1 月 7 日，工信部向中国移动、中国电信和中国联通发放 3 张 3G 牌照，此举标志着中国正式进入 3G 时代。其中，中国移动获得 TD – SCDMA 技术制式、中国电信获得 CDMA2000 技术制式、中国联通获得 WCDMA 技术制式的 3G 牌照。随着 3G 时代大幕拉起，手机数据传输速率不断加快，通过手机实现以无线方式登录互联网已经成为可能，人们可以借助 3G 手机随时随地上网。于是，手机品牌厂商之间的竞争又拓展到了手机操作系统和应用软件。操作系统使用是否方便，应用软件是否更丰富、更能满足人们的需求，成为决定手机销售量的关键。除了卖手机硬件获得收入之外，3G 时代的手机品牌厂商还可以通过应用软件向手机用户提供如游戏、音乐、地图和搜索等服务获得收入。

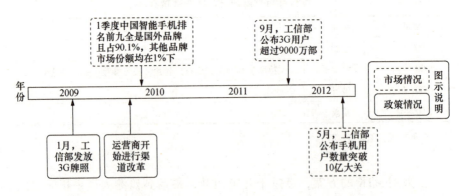

图 4 – 11　中国手机行业发展历史（第三阶段）

　　这是产品的革新，更意味着格局的改变。一方面，尚未推出针对 3G 的交钥匙解决方案；另一方面，上一阶段的重组使各运营商领地明确，他们为了各自的市场份额，结合各自网络特点进行相应的终端定制，即运营商联手技术累积性企业共同开发满足个性化需求的应用技术，再依托各自渠道和资源推广。3G 的竞争催生了产业链的改变，运营商、手机厂商、平台商、内容商、渠道商的合作需求空前加大，这解释了 2010 年第一季度智能手机销售情况。

　　四　企业背景

　　天宇朗通（以下简称"天宇"）的前身百利丰通讯成立于 1995 年，从事手机代理业务起家，曾经销售诺基亚、松下、西门子、阿尔卡特、三星等品牌手机长达十年之久，并一度成为三星在中国的总代理。2002 年 4

月，天宇朗通正式成立。2012 年企业全球雇员近 2000 人，在北京设有研发中心，是中国少数拥有自主研发实力并进行全市场运作的手机厂商之一。公司自有品牌"K - Touch/天语"手机自 2007 年起一直稳居国产品牌销量冠军，成为历史上第一个迈进中国市场份额 TOP3 的中国品牌。天语手机销售足迹遍布全球，自主研发的手机产品已经销往俄罗斯、马来西亚、印度、中国台湾和香港等 22 个国家和地区。

宇龙计算机通信科技（深圳）有限公司（以下简称"宇龙"）成立于 1993 年，系香港主板上市公司——中国无线科技有限公司的全资附属子公司，是中国专业的智能手机终端、移动数据平台系统、增值业务运营一体化解决方案提供商，专注于以智能手机为核心的无线数据一体化解决方案，并致力于发展成为全球无线数据一体化终端的领导者。宇龙通信自有品牌"酷派"（Coolpad）手机是公司的主要产品。宇龙酷派的业务经历了"寻呼机→双向寻呼机→邮件接收器"的产品转型过程。90 年代后期，随着寻呼业的衰退，企业正式进入手机终端领域。下面呈现了两个企业基本情况（见表 4 - 5）、关键事件（见图 4 - 12），销售基本情况（见表 4 - 6）以及主要产品型号和卖点（见表 4 - 7）。

表 4 - 5　　　　　　　　天宇朗通和宇龙酷派企业情况比较

品牌＼项目	员工数	研发人员数量	分支机构	销售额（亿元）
天宇朗通	2000	700	46 个分公司或办事机构	50
宇龙酷派	3000	1600	全国近 50 个城市	84

注：天宇朗通销售额为 2009 年数据；宇龙酷派为 2011 年数据。

表 4 - 6　　　　　　　　天宇朗通和宇龙酷派销售情况

品牌＼年份		2003	2004	2005	2006	2007	2008	2009	2010	2011①
销售额	天宇	12	—		10	50	80	50 亿②	—	—
	宇龙	0.18	1.754	3.256	6.4	12.77	10.07	26.05	45.589	72.139

注："—"表示数据缺失。表中宇龙的财务数据来源于其上市公司母公司年报（单位：亿港元）；天宇朗通数据均来源于网络（单位：亿元）。

---

① 天宇朗通 2011 年的数据来源于和阿里合作时的市场传言。
② 业内消息人士指出，企业销售量约为 1000 万部，销售额约为 50 亿元，而天宇朗通总裁荣秀丽在公开场合中提及的销售额则为 100 亿元，但其后并未得到证实。但从天语手机的产品价格均价来看，似乎前者更为可信。

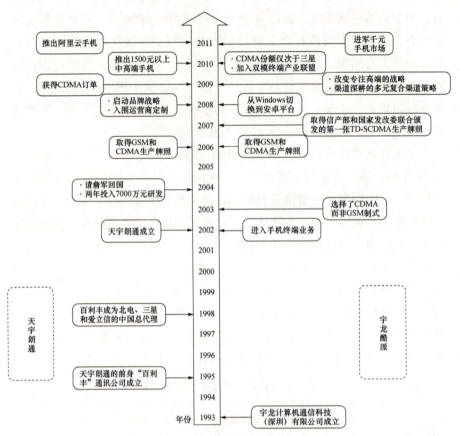

图4-12 天宇朗通和宇龙酷派关键事件

表4-7 天宇朗通和宇龙酷派主要产品型号及卖点

	天宇朗通		宇龙酷派	
时间	型号	卖点	型号	卖点
2003	—	—	688	中国首款 CDMA1X 彩屏智能手写手机
2004	—	—	828	全球首款 GSM 双卡智能手写手机
2005	TY758	动态影像：支持电影播放机＋电影录像机	858	全球首款 CDMA/GSM 双模智能手写手机
2006	Q728	MP3 彩屏可拍照移动电话	768	全球首款 CDMA/GSM 双模双待智能证券手机
2007	D183	支持双路立体声喇叭、快捷键拨号、来电等候、来电转移、固定拨号、省电模式	7360	全球首款 C/G 双模双待智能 GPS 导航手机

续表

时间	天宇朗通			宇龙酷派	
	型号	卖点		型号	卖点
2008	C280	手写输入		6168	全球首款 TD 数字电视手机
2009	X90	电阻触摸屏		N900	首款中国电信全业务定制 3G 手机
2010	D99	内置 Widegt 桌面插件、开心农场、Iphone 菜单、支持双头通话、不同类型主题、开心网、人人网、新浪微博、同花顺		N930	2010 年度最高端 TD 手机
2011	W700	主屏多点触控		N950	Android 2. 2
2012	V8	四核、Android4. 0		5899	双卡双模，4. 3 寸屏幕

2009 年开始，天宇朗通财务情况恶化，没有任何公开渠道能够得到其销售或利润的明确数据。因此，本书提供其他方面证据来证明它在这一阶段成长的停滞甚至失败：（1）企业在这一阶段从极盛步入衰退，成长受到阻碍，多位高层离职（见表 4 - 8）。（2）销售情况一落千丈。虽然没有销售的数据，但行业内部人士指出，从 2009 年开始成为天宇公司重点的智能手机，到 2011 年出货量仅为每月几万部，而同一时期宇龙酷派全年预测出货量在 1000 万—1100 万部，其中智能机出货量在 600 万部以上；公司赖以起家的非智能机也较巅峰时期跌落三分之二，每月出货量几十万部。那时开始，天宇内部经营状况如何，并无太多人知晓。关于销售情况，已经不再像之前那么透明，公司的财务数据只有荣秀丽等核心人士及财务部门知晓。（3）2008 年华平资本入主后，天宇原计划在 2010 年上市，但最终并未实现。

表 4 - 8　　　　天宇朗通高层管理者离职情况（第三阶段）

时间	离职高层
2010 年初	研发总监徐黎
2010 年初	海外市场部总经理卢伟冰
2011 年初	副总裁王碱稀*

注：* 表示该副总裁自 Skyworks 空降加盟天宇 1 年左右。

五　工作模型

参考 Li（1998a）的案例研究过程，本书首先提出一个能够描述、解释商业模式与成长之间在不同的制度和技术环境发展阶段关系的工作模型（working model，或标杆模型 bench model）作为下文开展的标准，这有利于案例研究展开过程中对关键内容的把握。这个模型揭示了商业模式与企业成长之间的空间模式，包含演化过程中的前置因素、行动和结果，同时也暗含了演化过程的时间模式。例如事件发生的同时性（simultaneity）、方向性（directionality）以及节奏（rhythm）。这样，本书可以鉴别出企业在行业初兴、放松管制、技术跃迁等不同的外部政策和技术环境发展阶段中：（1）天宇和宇龙商业模式要素的具体状态及其剖面（profile）（Ven-katraman，Prescott，1990），从架构方法的角度说来，这表现为商业模式类型（taxonomy）；（2）企业商业模式剖面与企业成长之间存在的潜在逻辑关系；（3）企业在制度或技术环境发生变化时，商业模式创新的战略选择及其对成长的影响。

图 4 - 13　新兴经济背景下商业模式对企业成长的作用：工作模型

第二节　新兴经济背景下的企业商业模式要素

一　研究的必要性

在开展对比案例研究之前，需要先确定新兴经济背景下企业商业模式的要素。首先，商业模式要素的确定是一项非常重要的工作。本书第三章研究结论指出，商业模式构念具有大伞特征，而这把"大伞"所包含的内容正是要素，要素正是组成商业模式架构的基础。这就解释了本书文献分析的结果中，所发现的商业模式要素研究作为三个研究支流中的一个而存在的原因。

但商业模式要素具有特殊性。从现有对商业模式要素的研究中可以发现，要素具有较高的情境特异性。从本书在第三章总结的表 3 - 2 可以发现这一点。事实上，Bigliardi（2005）和 Nosella 等（2005）的潜在前提假设正是这一点。他们的研究都是用全样本的方法总结了生物技术产业中所有的商业模式类别。也就是说，商业模式要素在不同产业存在特异性。在实践中这一情况比比皆是，例如，制造行业（manufacturing sector）和服务行业（service sector）的商业模式就存在极大差异。这也正是造成前文提及的商业模式要素的几个主要争端的原因之一。

其次，关注新兴经济企业商业模式要素非常必要。从研究情境的角度来说，按照 Tsui（2006）的观点，西方主流研究均以北美或欧洲等发达经济体为背景，而新兴经济企业所根植的政治、文化、法律体制等环境与西方国家存在重大差异。忽视二者间差异而直接复制西方研究结果不利于新兴经济的管理理论和实践，同时也有偏离真实情况的危险。

而从新兴经济企业实践角度来说，如绪论中所言，与发达国家技术鸿沟的存在使更多新兴经济的企业，特别是中小企业采用破坏式创新（Christensen，1997）来实现企业成长和成功，而其本质正是商业模式的创新。例如，龚丽敏和江诗松（2012）用传统制造型产业集群龙头企业商业模式演化解释了企业竞争优势及其推动的产业提升；赵晶等（2007）对处于金字塔底端（BOP）市场的企业商业模式创新研究也很好地说明了这一点。可见，商业模式创新为中国制造企业提供了新思路——一种异于技术创新的全新发展道路。

综上所述，依据现有的商业模式要素研究结论，并同时将新兴经济情境纳入考虑、对其进行修正是一项必要且迫切的工作。因此，本书将对研究所聚焦的新兴经济背景下企业商业模式要素进行总结。更为具体的，按照 Zott 和 Amit（2008）的建议，本书将关注点放在制造企业，进而以此为出发点，探讨不同环境下商业模式架构对企业成长的影响情况。

具体而言，本书先对商业模式要素的既有逻辑进行总结，再针对新兴经济的特定情境进行修改。这样做的原因是考虑到商业模式构念"实践导向"（George，Bock，2011）以及针对此类构念"从一个狭窄群体中总结更为有效"（McKelvey，1982）的特征。此外，商业模式逻辑中理论分类和实践分类的混合（Baden – Fuller，Morgan，2010）也表明，从理论出发进行自上而下的推演和从实践出发进行自下而上的总结都是必要的。

二　商业模式要素核心逻辑及其情境化

商业模式是企业如何赚钱（Magretta，2002），如何创造和获取价值的逻辑（Chesbrough，Rosenbloom，2002）。Morris 等（2005）、Zott 等（2011）在各自综述性文章中对商业模式要素进行过较为全面的总结，但多数是针对电子商务企业，涉及制造企业的付之阙如。不同学者在总结商业模式要素时，似乎并不非常在意与既有研究对要素界定的对比。部分原因是该领域基本问题尚未统一（Baden – Fuller，Morgan，2010），甚至对是否将商业模式研究纳入战略管理范畴都尚未确定（Porter，2001）；另外，实践总结常囿于情境，得出具有差异性的结论。针对这种情况，Zott等（2011）将要素分为相对具体（first – order）和相对抽象（second – order）两个层次，其中前者与 Morris 等（2005）总结的要素内容相近。

为防止遗漏，本书循着商业模式构念本质问题出发。商业模式关注的焦点是价值，那么其研究需要回答两个问题：企业能提供什么价值？这些价值是如何创造的？后者又可以分为两个层次：创造这些价值的具体运作方式如何，以及创造这些价值的边界如何。商业模式概念即是对上述三个问题的回答。

总体而言，学者们对商业模式要素达成了许多共识。首先，对其本质是价值已达成共识（Magretta，2002）。商业模式中需包含描述价值的内容——价值主张，最近国内外研究（如 Yunus，Moingeon，Lehmann – Ortega，2010；龚丽敏、江诗松，2012 等）也证实了这一点。事实上，几乎所有商业模式要素的研究结果都包含了这个要素。它在新兴经济中也有其合理性。因为新兴经济制造业区别发达经济体制造业的一个本质特征正是价值主张普遍较低的特征。

其次，顺着价值核心论的观点，价值创造和获取是其核心内容（Chesbrough，Rosenbloom，2002），且都涉及资源和能力（Demil，Lecocq，2010）以及结构（George，Bock，2011；Zott，Amit，2008）的内容。其中，资源和能力是价值创造和获取的基础；而组织结构是价值的承载，包含组织内部结构（Svejenova，Planellas，Vives，2010）和外部结构，如交易结构（Zott，Amit，2008）、价值链结构（McKenzie，Merrilees，2008）两个层次。事实上，资源和能力是可以相互包含的要素，如果关注点在转型经济，那么与政府关系的亲疏导致可获取的资源具有显著差异，而本书关注的新兴经济企业在这一点上的差异可能并不明显。此外，如果将价值链的概念拓展到包含企业内部，那么组织结构要素就能得到统一。企业能力和包含内部结构的价值链是新兴经济企业商业模式的要素。

现有研究着重关注价值创造，而对价值获取相关的要素有所忽视（Chesbrough，Rosenbloom，2002）。如资源和能力都关注企业内部价值创造。作为资源获取的收益模型是否纳入商业模式要素仍存在重要分歧。赞同者（Osterwalder，2003；Stähler，2002；Weill，Vitale，2002）在商业模式创新实践中发现其不可或缺（Sainio，Marjakoski，2009）；反对者（Chesbrough，Rosenbloom，2002；Teece，2010）则认为商业模式应用于战略和创新领域才能发挥更大效用，财务和收益观点的纳入会混淆其研究重点。

事实上，这个争论在新兴经济国家中以另一形式呈现。与发达国家企业不同，基础设施缺乏和地域限制（Boisot，Meyer，2008；Luo，Sun，Wang，2011），使新兴经济体企业获得收益这一问题分为两个步骤，即如何将产品到达离消费者还有"一公里"的地方，以及从"最后一公里"获益。前者是指营销渠道，后者才是西方学者所指的收益模型。营销渠道不仅是价值获取具体化为执行方式的承载和体现（Linder，Cantrell，2000；Weill，Vitale，2002），还是价值传递的依托（Gordijn，Akkermans，2001）。因此，营销渠道是新兴经济企业商业模式要素之一。

综上所述，新兴经济企业商业模式的四个要素是：价值主张、企业能力、价值链环节和营销渠道。这四个要素来源于对商业模式构念的两个本源问题。正是由于这样，本章从这四个要素组成的商业模式架构角度考察商业模式对企业成长的影响，并涉及部分纵向结果。而第五章则从商业模式本源的三个维度出发探究二者的演化关系，以求完成对商业模式与企业成长关系的全面剖析。

第三节　不同成长阶段商业模式架构分析：天宇朗通 V.S. 宇龙酷派

一　行业初兴阶段

（一）价值主张

这一阶段，天宇朗通（以下简称天宇）主要针对中低端用户，宇龙酷派（以下简称宇龙）主要面向高端和商务用户（见图4-14）。图4-14呈现了两家企业在市场定位、产品定位、价格、性能等方面的位置。具体而言，它们针对不同客户市场。天宇集中在传统中低端市场，即

"四至六线市场"（见图4-15最下方）；而宇龙则一直定位在商务用户的利基市场，以双模双待自主知识产权创新技术为基础，通过行业深度定制来满足客户的无线应用需求，智能手机为主要产品。显然，智能手机在当时是具有较高技术壁垒、市场竞争相对缓和、整体毛利率较高且较为稳定的手机细分市场。

图4-14　企业价值主张对比（第一阶段）

表4-9　　　　　天宇朗通与宇龙酷派价值主张对比（第一阶段）

项目　企业	天宇朗通	宇龙酷派
市场定位	四至六线市场/中低端市场	商务用户
主要产品	GSM手机	智能手机，收入占总收入的93%
产品价格	价格均低于1500元	2003年上市的第一款手机价格为5880元
产品性能	产品不稳定，返修率22%，退货率过高	全球先进的双模双待手机 2004年联通集采中唯一一款智能双模手机 2005年联通集采中再次推出全球首款双待机
企业家对企业定位	—	2003年9月，宇龙通信总裁郭德英在接受搜狐采访时表示："我们的定位是做一个高端的智能手机" 常务副总经理李旺也表示宇龙要做"手机市场的路虎"
其他佐证		2004年8月，宇龙通信与三星、摩托罗拉、LG共同入围联通集采终端商名单 2005年底，宇龙通信依靠全球首款双待机获得联通双模手机第二批集采30亿订单中的三分之一强，取得了手机高端之战中国产品牌首次胜利

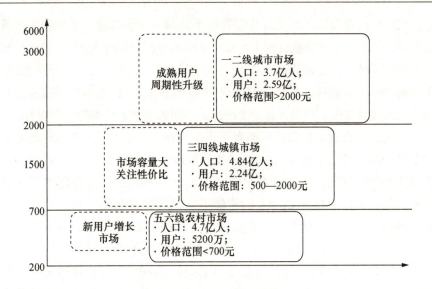

图 4 - 15　中国手机市场细分

（二）企业能力

　　天宇和宇龙在这一阶段都将重心放在架构能力的培养上。天宇前身百利丰从事手机代理销售，对市场有着敏锐的洞察力，却欠缺技术积累。从企业发展关键事件（见图 4 - 12）中我们可以发现，2002 年进入手机领域时，天宇是无手机生产牌照、无手机研发历史、无手机生产能力的"三无"企业。从这个意义说来，天宇最初并不具备进行技术方面创新，特别是架构创新的基础。但是，天宇朗通正式成立后，荣秀丽意识到了企业能力的缺失。这时，2G 制式的手机终端已处于相对成熟状态，销售量每年都以 50% 左右的速度递增（见表 4 - 6），而手机功能也相对稳定下来。也就是说，相对成熟的手机部件和模块已经能在市场上轻易买到了，且部件和模块的技术已经相对成熟。可见，当时的天宇可以选择构建模块能力，也可以选择构建架构（architecture）能力。

　　荣秀丽在架构能力培养方面进行了努力。2003 年，荣秀丽将著名芯片技术工程师、我国第一批机型手机技术研发专家、当时正在美国硅谷为微软做程序的詹军博士请回国，担任天宇朗通副总经理兼研发总监。詹军的强项是手机技术整体架构，而不是单一模块。他回国后立刻招兵买马，建立起研发团队，天天在实验室钻研，终于做出了第一台自主研发的手机试验品，取名天语，象征着声音通过手机清晰地传递，像天外传来的天籁之音。按电子行业习惯，电子芯片需提前下订单、储备货源，才能和生产周期配套，于是天宇一次就订购了5万台手机的原料，贴牌生产①。但由于研发的产品不稳定，返修率高达22%，天宇因此亏损8000万元。即便如此，荣秀丽仍然决定亲自参与到研发过程、采购等环节，让詹军可以完全放松身心只做技术支持。可见，这一阶段，天宇朗通构建了基本的架构能力。

宇龙通信在这一阶段也明确聚焦于架构能力。宇龙进入手机终端业务时正是中国手机技术从2G向3G过渡的阶段。和天宇选择进入2G这一成熟制式的做法不同，宇龙将企业能力聚焦于CDMA这一过渡制式下手机架构的创新工作。基于CDMA的智能手机是当时具有相当技术壁垒、市场竞争相对缓和、整体毛利率高且较为稳定的手机细分市场。进入市场的企业首先面临制式选择问题：是选择当时最成熟的GSM网络（以下简称G网，属于2G范畴），还是尚有技术空间的CDMA（以下简称C网，属于2.5G的范畴）？选择后者除了技术方面的挑战之外，另一个风险是当时负责CDMA推广工作的中国联通市场开拓进展缓慢，企业发展可能受到限制。究其原因，正是市场被低估导致的终端匮乏，手机厂商几乎是三星独大。更重要的是，当时在行业无线应用中，多采用基于价格昂贵且携带不便的掌上电脑架构的专用设备，后续升级困难。而行业客户更希望将行业应用整合到日渐普及的手机中，实现更经济、快捷的无线应用。这要求进入这一领域的企业对行业需求有准确的把握。

事实上，宇龙看准了专用无线终端的缺陷，选择以当时全球领先的双模双待自主知识产权创新技术为基础，通过行业深度定制机更好地满足其无线应用需求。也是因为在这一技术领域具有积累，才完成了G网双卡双待到G/C双模及双卡双待。从技术上说，G/C双模手机碰到最大技术问题是无法同时待机，实现制式切换需从技术上突破三点：射频干扰问题、降低功耗问题、信息共享问题。双模手机的电话本和短信原本是相互独立的，用户在查找和使用信息时很不方便。而双待机的目的就是解决这些问题，实现两个号码的信息共享和同时待机。从应用推广的角度上看，这也是联通当时最大的需求。而宇龙正具有这样的技术积累和研发传统。例如，宇龙1999年申请的专利"寻呼机、传输协议和管理方法"② 就是

---

① 因为天宇朗通没有手机生产牌照，因此只能贴牌出货，如南方高科天宇。
② 申请号：99122077.3，具体信息参加国家知识产权局该专利页面。 （http://www.sipo.gov.cn/zljs/）

针对传输方式和效率问题。

企业发展历史，特别是技术发展历程也为企业架构能力构建提供了支撑。宇龙从 20 世纪 90 年代开始两条腿走路：主线是系统软件和设备，辅线就是终端，循着"寻呼机—双向寻呼机—邮件接收器"的研究型道路发展。寻呼机衰退后，宇龙开始提供一体化呼叫中心业务，从此进入终端领域，并一直深入到对操作系统的研究。当时的终端机器叫股票信息机，很多老股民都有拿着它看行情的经历。此外，宇龙生产通信设备、系统集成装置等的技术累积为转行进入手机行业打下了基础。企业内部还采取了激励措施保证这一能力的累积。创始人郭德英是学通信技术出身的，他始终坚持企业要以技术为支点，并要求将技术落地。他明确要求研发要有资金和组织体系的保证，公司所有资源都对研发部门倾斜，为了激发员工创新积极性，会对创新员工进行相应奖励。

（三）价值链环节

天宇这一阶段进行的研发努力使企业成为手机行业少数具备研发能力的企业，是企业在这一阶段提出的抓住研发和市场两端的基础。荣秀丽请质量专家到北京协助质量提升，目的是建立具有生产能力的车间，但是因为多种原因并未成功。因此，天宇从这一阶段开始一直都是采用代工厂加工的模式（见图 4-16）。而宇龙酷派则从一开始不仅具备研发能力，还有自己的加工车间（见图 4-17）。

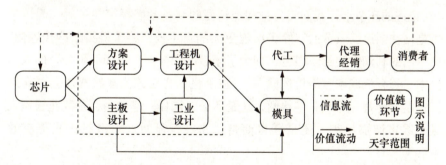

图 4-16　天宇朗通价值链环节示意图（第一阶段）

（四）营销渠道

在这一阶段，天语手机完全是面向开放市场，采用完全代理渠道，走出了一条全新的手机营销之路。国产手机商们普遍采取的销售模式是依靠各地的分公司，大量发展销售队伍，扩大销量。同时重金聘请影视明星代

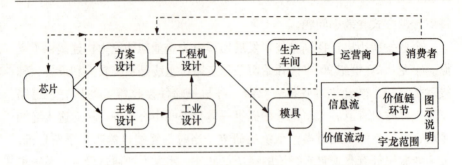

图 4-17 宇龙通信价值链环节示意图（第一阶段）

言，提升品牌知名度。在销售流程上，通常由厂家向经销商发货，厂家设立促销员，同时承担促销员工资、库存压力、降价风险……荣秀丽没有按照这样固有且普遍采用的"人海战术"渠道经营思路，摒弃了之前手机厂商普遍采用的国包或省包的 N 级渠道策略（如图 4-18 中间和右边所示），而是以地级市为单位，采取"直供 + 地包"的渠道策略。不用一个促销员，将定价权交给代理商，采取独特的"买断销售"模式，把天语手机买断给代理商，放弃广告宣传，不请明星代言，将节约下来的成本最大限度地让给零售商，自己只拿最基本的制造利润。这样一来，既保证了渠道的深度和广度，同时避免了 N 级渠道复杂的利益分配问题，减少渠道层级，将利润最大限度地让给销售终端。对这种模式，荣秀丽指出："在渠道的环节上，我们将自身和经销商的利益紧密捆绑在一起。天语手机是站在渠道巨人背后，给予渠道更大的自主权，将手机买断给代理商，把流出的利润空间给予渠道，加大了渠道的积极性，也降低了公司的人力资本、资金流成本、降价风险"，"在手机销售店铺，谁的管理会更有效果？是当地督导管理、零售商，还是店长？同样一笔费用，是我花钱雇人派到零售商那里用，还是零售商自己来花？显然，零售商比我更有效率"。

业内专家都认为这种模式抓住了中国手机零售商的商业心态。对于任何一家手机零售商而言，他们最关切的是利润，品牌则在其次。如果一部手机的利润能够超出业界平均利润很多，即使一次性买断产品可能会存在一定经营风险，零售商们也乐意接受。而高达 400—500 元的利润极大地刺激了零售商们的积极性，从而解决了零售商的"被动销售"问题。过去卖谁的手机利润都差不多，而天语的利润却高出同行一大截，卖得越多挣得越多，所以往往能够动用全部资源来进行推广。这种扁平化的渠道模式（如图4-18所示最左边）是天宇在很长的一段时间内成功的重要法宝。

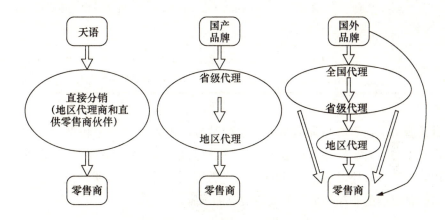

图4-18　手机传统营销渠道示意图

资料来源：长江商学院案例研究中心的资料。

宇龙在这一阶段也是单纯采用代理渠道。但和天宇完全不同的是，宇龙全面依赖运营商网络。这一合作源于2004年。当时运营商不断组建自己的终端销售公司，通过购机补贴、合约捆绑等形式实现营业厅的销售，并主动与各种卖场签约，完善自己的渠道网络布局。移动、联通和电信三家运营商，每家都有几万个营业厅，没有任何一个零售商或者厂商可以与之抗衡，3G手机的销售80%以上都与运营商渠道相关。再加上宇龙董事长与联通公司高层的私人连带，使得宇龙毫不犹豫地选择了全面依赖运营商网络作为营销渠道。

二　放松管制阶段

（一）价值主张

天宇尝试突破原来的价值主张，从以产品为中心向以品牌为中心的中高端定位转型，但似乎并不成功；而宇龙则仍然保持了一贯的高端姿态（见图4-19）。表4-11呈现了两家企业在市场定位、产品定位、价格、性能等方面的证据。天宇开展了一系列提升品牌和质量的行动（见表4-12）。2008年5月世界第二大私募华平投资（Warburg Pincus）以5.3亿元入股天宇朗通。华平董事总经理程章伦表示，华平选择天宇最重要原因

表4-10　　　　宇龙酷派参与供应商集采中标情况（第一阶段）

时间	运营商	采购量	产品价位	备注
2004年8月	联通	不详	858—5500元	入围世界风第一波采购，与三星、MOTO、LG共同入围，是最高端的一款
2005年底	联通	十几万部约10亿元	288—3000多元 728B—7000多元	与三星、LG共同入围，MOTO出局，唯——家国产手机厂商

就是看中了它手机品牌的潜力。这次私募的进入是对天宇转型的一种肯定。不过，天宇产品出口虽然量上有较大增长，2007年终端营业额的10%来自于海外市场，而2008年这一数值则上升到了20%，但其主要出口国家仍然是非洲和部分欠发达的亚洲国家。

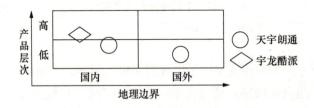

图4-19　企业价值主张对比（第二阶段）

表4-11　　　　天宇朗通与宇龙酷派价值主张对比（第二阶段）

企业 项目	天宇朗通	宇龙酷派
市场定位	国内市场：低端、中端 国际市场：低端	持续关注中高端 开始关注中端
主要产品	GSM手机为主 极少量2.5G手机	智能手机：CDMA/GSM双模和TD/GSM双模
产品价格	价格仍主要集中在1500元以内，500—2000元，每隔50元的区间都有相应差异化机型，机型方面几乎做到了全覆盖； 开始有1500元以上的手机，如"IN像"手机定价超过2500元	多数在6000元以上； 2006年9月酷派529降价500元，售价2780元； 正式进入3000元时代

续表

企业 项目	天宇朗通	宇龙酷派
产品性能	几乎具有当时所有主流功能； 业内评价"ID（industry design）设计俏、速度快、质量好、价格低"； 当时最先进的 800 万像素摄像头手机； 电视手机	和三星、中兴一起首批研发出 T/G 双模手机； 诺基亚直到 2009 年 10 月才发布首款 TD 手机，而索爱更是 2010 年 8 月才推出
企业家对企业定位	荣秀丽在之后的多次公开露面中也不断强调天宇将从传统的中低端手机进入中高端手机领域	—
其他佐证	2006 年，企业新提出定位："我们是一个标准的三流企业，国产二线品牌，还没有过雪山的泥腿子，2007 年努力干一年，争取成为国内知名的二流企业"； 2008 年 5 月，华平投资以 5.3 亿元入股天宇； 2008 年启动品牌战略，倡导"科技也流行"； 2008 年 8 月，天语手机等 CMMB 终端被赠送给奥组委； 2008 年 11 月，手机市场迎来降价潮，即便库存吃紧，荣秀丽仍然决定，天语手机不降价	企业开发的 C/G 双网双待终端技术荣获国家科技进步二等奖，是手机行业唯一一家获此殊荣的企业

表 4－12　　　　　　　　　天宇品牌和质量提升的行动

时间	行动	目的或意义
2006 年	邀请品质控制专家沈克诚到北京，试图建厂	
2008 年	供应商选择高标准①	保证产品品质
	开始和苹果代工厂鸿海集团合作	
	售后网店扩展到 500 家	
	高于国家标准的更严苛产品标准	
2007 年	与汉王合作获得 OCR 嵌入识别技术	借力汉王品牌效应

　　相对而言，宇龙的价值主张是在保持对高端商务客户关注的基础上，兼顾中端市场。多数产品保持了高端的定价策略（见表 4－13）。在保证

---

　　① 荣秀丽说："三星的 Flash 每个价格是 2.8、2.9 元，而我们用的是 Spansion 的，它的价格是 3.1 元，要贵一些，但它在这方面全球第一……就我们选择策略供应商标准很高，同时也承诺要在他们的客户排行榜上进到前五，做不到的话，我们自己就滚蛋。只有这样，才能保证稳定的货源，保证很好的价格政策和合理的技术支持。"

高端市场的同时，宇龙也开始开拓中端市场，主要针对 3000 元左右新兴的年轻时尚白领一族的需求。2006 年 9 月酷派 529 降价 500 元，售价 2780 元，正式进入 3000 元时代。2008 年下半年，因为运营商重组后为扩大其用户数量的基数，尤其是行政用户、技术庞大的中低端市场用户变为重点，顺应这个趋势，宇龙通信表示下半年产品会在专注高端市场的同时，也兼顾中端市场，重点布局 3000 元价格区间产品。

表 4 - 13　宇龙酷派产品型号、售价、上市价格及业内产品评价（第二阶段）

型号	上市时间	售价	功能及业内评价
8688	2008 年 4 月	5580 元/8688 元/11888 元	
6260	2008 年 5 月	6000 元以上	支持 TD 制式、双模双待 智能操作系统、商务功能为一体 外观设计简单而不失品位 3G 业务测试结果令人满意
N68	2008 年 12 月	6380 元	风格精致高端、双网双待经过 MI 测试，touch 技术加入，精简了按键内置 GPS 导航模块以及独有的酷派通导航软件

（二）企业能力

联发科（MTK）推动的手机行业生态系统的彻底改变使得天宇放弃了架构能力的累积而转向模块能力。MTK 芯片将需要几十人甚至上百人一两年才能完成的手机主板和软件的开发集成在一张小小的芯片上，现在天宇只需要基于 MTK 质优价廉的总体解决方案进行必要的深入和延伸开发，极端的情况是，事实上很多山寨企业就是这样，手机生产商只需要将 MTK 芯片买来，配上手机外壳和电池，就可以组装一款手机。这在一定程度上让国产手机摆脱了没有核心技术的苦恼，使中外手机品牌在某种意义上第一次几乎站到了同一条水平线上。

显然，MTK 芯片将多个手机部件进行了集成，本身已是一个架构。因此，上一阶段，天宇积累的手机架构相关能力都因为 MTK 芯片的全面采用而失去作用，并开始将能力核心转向模块。以蓝牙装置的创新为例。天宇的副总裁肖超君曾举过这样一个例子："MTK 的平台都是有集成蓝牙功能，但是天语并没有直接使用 MTK 的蓝牙功能，而是让 MTK 留出接口，自己选用业界排名前三的厂商提供的蓝牙技术。"

此外，800 万像素 IN 像手机、具有较为优秀导航功能的天语 G88 以及电视手机等都是类似的例子。相应地，天宇采用了内部竞争机制，将传统的结构部、工业设计部、软件部、硬件部等组织结构改为多个并行的研发部，提高了单一产品细节质量。天语销量很快进入千万量级。

企业这一阶段申请的发明专利内容也可为佐证。企业的发明专利申请主要集中在这个阶段①，多数是关于一个具体模块和装置的处理方法，例如"集成摄录设备通信终端的数据处理方法和装置"（申请号：200810106096）、"移动终端机器触摸屏数据处理方法"（申请号：200810106366.1）等。

宇龙在这个阶段则选择持续上一个阶段的能力积累，持续构建架构能力。虽然企业在这一阶段也开始部分采用联发科芯片，但宇龙完全没有放弃对手机架构的研发。2007 年，为了迎合重组后各家运营商的需求，宇龙投入 1 亿元人民币研发 TD - SCDMA 以跟进运营商推广进度。具体而言，企业选择了更适合 3G 制式的操作系统平台，实现了从 Windows 平台切换进入 Android 平台的技术转型。除了 Android 平台本身的稳定性问题之外，宇龙还构建了在手机软件平台和自由特色之间平衡的架构能力。宇龙以前的特色在于以联系人为中心的信息管理模式，用户从联系人切入即可连接到所需的应用，当选择新的操作系统平台时，不仅需要对 Android 界面进行修改，更重要的是要将此前用户体验全部平移至新的平台，从而获得 Android 与自有特色之间的重新平衡。完成这些是副总裁张光强带领 500 个研发人员昼夜不歇的结果。"很多人七个月没有回过家，这场硬仗的结果是宇龙花了七个月时间完成了国际厂商一年半到两年的活儿。"自此，宇龙从单一 CDMA 市场向 TD - SCDMA、EVDO、WCDMA 市场全面扩张。

宇龙在本土化过程中也积累了架构能力，因为本土化过程正是手机架构的本土化过程。宇龙通信 ID 总监陈铭镛指出，企业优势在于对商务群体需求的深度挖掘，这些人群更关注上网速度、多媒体应用、快速查找及处理信息。因此，iPhone 并非无懈可击，例如其上网体验并不完美，字体

---

① 资料来源：中华人民共和国国家知识产权局专利检索（http：//www.sipo.gov.cn/zljs/），搜索条件为申请人：天宇朗通，搜索时间：2012 年 9 月 16 日。

较小，浏览网页则需来回滑动手指翻页，这对于商务人士来说费时费力，这需要"重要的回归本土设计"。黑莓的问题也类似，相对于适合西方人使用的黑莓手机，键盘英文输入操作并不适合中文汉字的输入，而酷派手机的智能手写功能正是弥补了这一缺陷。表4-14呈现了酷派手机本土化的一些具体举措。

表4-14　　　　　　　　　酷派手机的本土化

项目	酷派手机的本土化
查找联系人	姓名的第一笔（而非西方的姓名第一个字母）
信息安全	隐藏联系人
	手机丢失者远程操控的硬件防盗
效率提升	"无线小秘"：资料备份、日程安排、名片管理等
	电子邮件远程管理

除此之外，宇龙开始尝试为以后的模块创新做铺垫。2006年2月，宇龙与全球无线通信技术大鳄高通集成技术合作，达成全面专利合作协议，在全球范围内使用高通公司的CDMA标准用户单元。高通是国际顶尖CDMA芯片厂商，拥有WCDMA和CDMA—2000两个标准的专利技术。2007年7月3日，高通与宇龙酷派合作，在其一款单芯片新品基础上推出了酷派268，也是该芯片平台在全球推出的第一款产品，这是高通在海外第一次把芯片解决方案交给中国手机厂家。之后，高通开始为宇龙提供芯片技术支持。这意味着，宇龙开始基于高通的芯片架构进行延伸和创新。而2008年宇龙推出我国首款TD数字电视手机也是企业模块能力构建的另一个佐证。

（三）价值链环节

随着MTK芯片的大量采用，天宇包含的价值链环节发生了巨大变化，变得更接近山寨手机价值链的状态。联发科的出现使得手机价值链上许多工作变得简化，企业需要的主板解决方案、主板设计、工程机设计等所有设计和研发的相关程序都可以在企业外部购买。正因为如此，深圳出现了大量的解决方案公司、主板设计公司等。基于此，天宇只保留了整个研发过程中企业最擅长的工业设计，且建立了针对解决产品质量问题返修的车间，将其他所有工作以购买的方式从企业外部获得（见图4-20），从而保证了具有外观独特性的产品以最快的时间上市。

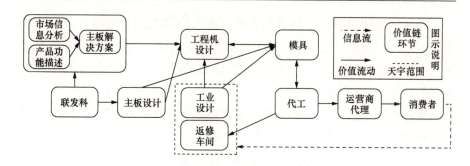

图 4 - 20　天宇朗通价值链环节示意图（第二阶段）

宇龙则始终保持了以研发为主导的企业价值链环节（见图 4 - 21）。在这个阶段，宇龙也开始尝试使用联发科的芯片。宇龙在新产品上市的整个运作过程中采用项目式的管理，使用联发科芯片的项目和未使用联发科芯片的项目之间相对独立。因此，使用联发科芯片的部分采用山寨式的价值链环节，而未采用联发科芯片的部分仍延续了相对传统的、与上一阶段类似的价值链。在这一阶段，采用整体解决方案的部分在宇龙所有产品中还非常有限。

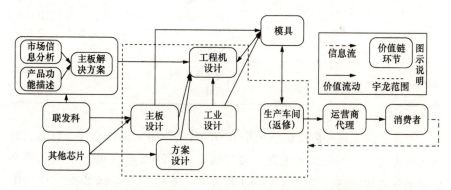

图 4 - 21　宇龙通信价值链环节示意图（第二阶段）

（四）营销渠道

这一阶段，天宇采取了混合式营销渠道，不仅有代理和自营的差异化渠道，还开拓了电子商务的营销平台。代理主要是利用运营商营销网络。2008 年中国手机市场运营商重组之后，手机市场全面进入运营商主导模式。2006—2009 年是天宇历史上最辉煌的时期（见表 4 - 15），一跃成为中国市场仅次于诺基亚的"国产手机之王"，但这样辉煌的成功绝大部分功劳来源于企业对开放市场渠道的把握。天宇在 2008 年 3 月和 6 月分别入围中国移动和中国电信的集采名单，还入围联通广东等地方分公司集采，但公开的报道中从未报告集采数量，可以推测，天宇入围集采数量有限。而天宇在进行销售渠道转型时承认，2009 年之前，企业的销售额98% 仍然依靠开放市场。

海外市场也是天宇销售渠道中不可或缺的重要组成部分。2008 年进行的机构调整，即将原来核心的单一营销部门变为 G 网（开放市场）、C 网（电信运营商）和海外三个事业部，正反映了天宇对海外市场的重视，也表明了天宇主攻运营商定制和出口的决心。表 4 - 15 也表明，在放松管制的发展时期，终端市场营业额的相当一部分来自于海外市场。

表 4 - 15　　　　　　天宇朗通放松管制阶段销售情况（第二阶段）

时间	销售量	销售额	利润	备注
2006 年	1000 万部			
2007 年	1700 万部	50 亿元	6 亿元	终端营业额的 10% 来自于海外市场
2008 年	2400 万部	80 亿元		终端营业额的 20% 来自于海外市场，在中国手机市场占有率仅次于诺基亚，占国内市场的 10% 份额 第一季度市场份额为 4.9%，超越联想跃居国产手机厂商第一位，仅次于诺基亚、三星和摩托罗拉
2009 年 3 月	270 万部			超越摩托罗拉，首个跻身手机三强的中国本土品牌

宇龙酷派在这一阶段仍然采用单一的代理渠道。具体而言，以运营商网络渠道为主，同时开始铺设社会分销渠道。2008 年之前，宇龙几乎全靠中国联通的定制，这从表 4 - 10 和表 4 - 16 中"集采运营商"栏目中可见一斑；只有 20% 通过社会渠道分销。这使得企业在 2008 年的电信重组中遭受巨大冲击，其中占其销售收入超过 70% 的双模智能手机销售收入同比下滑了 44.2%。面对这样的情况，董事长郭德英亲自出马组织了"渠道深耕计划"，希望在最短时间内弥补短板，他说："所谓深耕，就是真正到县市，乃至乡村。"即使工作再忙，他每月也会有将近一半的时间在和渠道商交流。到市场一线去拜访各类渠道商，共筛选出可以合作的伙伴 3000 家，再从中精挑细选了 200 家做直供。为了把市场切得更细，酷派开始挑选金牌客户，并在各个省都制定 2—4 家核心金牌客户，负责制

定区域的分销职能。常务副总裁李旺说："金牌客户（GP 客户）首先要与酷派有相同的价值观，其次要有比较强的销售能力，和电信合作紧密，销量要排在全省前十名，对于金牌客户，酷派会绕过省级代理商直接供货，而且在返利和买赠上提供更多优惠，优质机型也向他们倾斜。"

表 4-16　　　宇龙酷派参与供应商集采中标情况（第二阶段）

时间	集采运营商	采购量	产品价位	备注
2006 年 6 月	联通	6 万部	均价 4800 元	总金额 2.88 亿元人民币；国产手机大丰收，宇龙、UT、中兴、大显各一款，洋品牌集体落马
2006 年 10 月	联通	集采数量第二	288—3000 元 728—7000 元	主要竞争对手为三星；728B 与三星 W579 直接竞争
2007 年 6 月	联通	15 万部	均价 5800 元	总额 8.8 亿元人民币
2008 年 6 月	移动	总招标量 1/4	不详	中标的 70 款手机来自 27 家公司
2008 年 9 月	电信	70 万部	—	几乎独占中高端所有份额

宇龙从 2008 年开始海外试水，通过国际展览、设立海外办事处、建立合资公司等方式与国际通讯巨头同台竞技。2009 年，宇龙在印度、越南、非洲等市场的增长速度超过 100%，令其所向披靡的仍是在中国市场风靡的双待机。印度 3G 牌照发放也给宇龙带来一个绝佳机会，使印度成为宇龙最重要的海外市场。但宇龙在其他海外市场开拓力度还不够，海外市场出货量一半集中在印度。当然，宇龙并未完全放弃中高端国际市场。除了相对低端的亚非市场，2010 年初，宇龙与台湾最大的 CDMA 运营商亚太电信签署战略合作协议，锁定频繁来往两岸的商务人群，以双卡双待为主要卖点，正式进军台湾市场；宇龙还尝试在北美和欧洲市场进行销售。总体而言，宇龙在海外市场的销售与国内相比仍是非常小的。

三　技术跃迁阶段

（一）价值主张

天宇在上个阶段品牌战略的实施并未得到消费市场的认可而返回中低端领域；而宇龙则积极进入中低端领域（见图 4-22）。表 4-17 呈现了天宇朗通和宇龙酷派价值主张的具体证据。即便天宇一再宣称，2009 年企业研发人员的比例从上一年的 40%提高到 60%，但市场似乎并不认账（见表 4-18）。荣秀丽希望 3G 手机价格定位 2500 元左右，而智能手机价格普遍在三四千元以上。但是为了控制成本须选择相对低规格配件，因此无法保证软件运行环境，导致返修率居高不下。运营商内部检测中，天宇手机经常无法达到优秀或者良好的等级，最多勉强维持在及格水平线甚至以下。如一位较晚入职天宇者指出，很长一段时间，天宇四五款手机的收音机功能都存在问题，一直未得到解决，而这对于山寨厂商来说都是相当简单的功能，在天宇却迟迟得不到解决。这就成为天宇转型失败的主要原因之一。

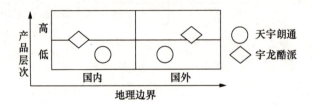

图4-22　企业价值主张对比（第三阶段）

表4-17　　　　　天宇朗通与宇龙酷派价值主张对比（第三阶段）

企业 项目	天宇朗通	宇龙酷派
市场定位	国内市场：低端 国际市场：低端	国内：产品全面进入中低端 国外：中低端
主要产品	绝大多数为GSM手机 少数2.5G和3G手机	智能手机：CDMA/GSM双模和TD/GSM双模
产品价格	绝大部分手机价格在1500元以内① 3G手机价格是普通同类产品的2/3	800—7000元的完整产品线； 不少1000元3G手机； 2009年2月推出的N16上市价格为2080元
产品性能	返修率居高不下 运营商内部检测结果不理想 一些基本功能问题长期得不到解决	较为稳定
企业家对企业定位	—	常务副总经理李旺表示，"现在酷派的产品线囊括了从几百元到几千元的价格范围"

---

①　在淘宝天猫的"天语官方旗舰店"中搜索后发现，共有约50款手机，只有3款手机的售价超过1500元，且均为2000元以内，而1000—1500元价格范围内的产品有三款，500—1000元价格范围内的产品也只有5款，其余产品的价格均为500元以下。搜索时间：2012年9月25日。

表 4 - 18　　　　　　　　　　天宇产品价值主张升级受挫的证据

时间	事件	结论
2009	接触高通却并未达成实质性有利的合作协议	无讨价还价能力
2010	市场爆出天语手机是吸费手机 D93 因为不合格被清除出市场	产品质量问题
2008	机型仍来自整体解决方案，只是在外观上动脑筋，如 IN 像手机 C280 一推出，山寨市场立马出现神似产品	
2009	力推的 X90 是模仿诺基亚在美国上市的 7705	无核心能力
2011	E62 与 HTC 的 G2 外形和功能键设计如出一辙	

宇龙关注高端的价值主张在 2009 年开始出现了转变。为了将更多用户囊括进来，宇龙推出适合各个消费群体的产品，出货量大增。2009 年之前，宇龙一直以运营商市场和运营商定制为主、大众消费市场为辅，在这一阶段实现了从高端品牌到大众品牌的转型。这一定位变化的一个直接结果是，当年酷派在 3G 手机市场排名第三，仅次于三星和诺基亚，较其他国产手机遥遥领先。

2009 年，公司在国内的高端产品 N900 已进入印度市场，这在当地市场也是最高端产品之一，不亚于诺基亚等洋品牌。宇龙认为，印度市场的山寨化十分严重，单独拼价格最后只有死路一条。目前，酷派的产品是印度市场均价的 3 倍以上。印度移动运营商 TATA 与宇龙酷派的合作已经谈妥，这是在印度市场，继攻下印度最大的 CDMA 运营商 Reliance 之后，开拓的第二家运营商。TATA 系印度第一大电信运营商，拥有 CDMA、GSM 网络。TATA 非常看好宇龙在智能手机和 3G 手机领域强大的研发能力，借宇龙优势产品吸引更多高端用户，提升 ARPU 值。同时，酷派也希望通过与 TATA 合作，加快对印度市场的布局，提升其海外市场的竞争力。TATA 电信运营部总经理 Vineet 表示，未来酷派的产品将会在 TATA 的 4000 家门店上市，产品覆盖高、中、低三个档次。

（二）企业能力

在这一阶段，天宇失去了在 3G 制式下累积架构能力的机会。荣秀丽的两个错误战略选择使得天宇失去了通过产品革新带来格局改变的机会。第一次是对主流操作系统平台的错误判断。为了抓住 3G 带来的机会，天宇宣称对 3G 手机所有操作系统平台都进行了开发，希望通过这种广撒网的方式来获得更大市场份额。这使天宇成为世界上支持最多操作平台的手机公司。但荣秀丽在 3G 手机的 Android 和 Windows 操作系统之间押错了宝。谷歌退出中国市场后，荣认为 Android 在中国没有机会，但事实并未如她所想。现在 Android 已经如日中天，而天宇则错过了和许多企业一样基于 Android 的开放平台进行手机架构的好机会。第二次是对中国 3G 制式的错误判断。荣秀丽不看好中国移动的 TD 制式，行业内部的人都知道她的做法是从外界买方案参加运营商投标。也就是说，天宇是从外部购买整体架构。可见，天宇在这一阶段没有将注意力放在针对 3G 制式的架构能力的构建。

事实上，这一阶段天宇确实仍是少数具有自主研发实力的手机厂商之一，但是他们认为自己的能力在于"能从事芯片级手机软件、硬件、UI 界面、手机外观等全系列开发"，这些本身就是模块能力的体现。这些模块能力体现在对上一代产品（2.5G）CDMA 的一些延伸性模块开发。例如，2009 年，天宇向威盛采购了 600 万元的 CDMA 芯片，后者提供的芯片组价格低、性价比高、解决方案和后续服务方面都具有优势。而基于芯片进行的快速研发也能作为企业模块能力延续的辅助证据。天宇引以自豪的是快速高效的开发流程，单款产品最快研发时间仅为 45 天。这恰好说明，天宇进行的开发是对芯片而非架构。而企业提出的跨多操作系统平台整合的全新架构思路并未完成。

事实上，天宇这一阶段能力跃迁失败更直接的原因是架构与模块衔接的缺失。当目标是构建跨操作系统架构时，企业需要具有组成这一架构的模块，即各个操作系统的知识，但多操作系统同时开发意味着同一个品牌之下各手机之间是割裂的；而操作系统作为手机层次的架构，又需要具有手机模块，即手机各组件的知识。由于天宇在上一阶段全面采用联发科的解决方案，放弃了手机层次架构能力构建的努力，那么这个链条承上启下的中间层次缺失，也就导致企业尝试建立更广范围的架构失败。此外，天宇上一阶段使用整体解决方案的山寨式思路仍然影响着这一阶段企业能力的形成或者转型。

宇龙的企业能力有从架构往模块过渡的趋势，这取决于运营商对终端厂商提出的高度定制的要求。总裁助理兼市场总监曾指出："在未来的 3G 市场，人们的个性化需求越来越明显，人机对话的功能要求差异化更大，运营商将成为手机终端最大的买家。他们的深度定制，将会选择有技术积累的企业来实现网络功能转化为独有技术吸引和留住用户，这会成为运营商客户黏性的根本……"

例如，2010 年 5 月，宇龙为上海市公安局提供定制产品，可通过 TD 视频技术，实时监测、分析世博园区人流状况，公安指挥者还可通过手机调出突发现场的视频监控摄像画面，实时了解事件发展的动态和进展；同年，宇龙还为北京市工商局定制大型政府类行业应用。另一个例子是，宇龙与微软签署战略合作协议，在新推出的十多款酷派 3G 手机内置微软 Exchange 邮件推送业务，率先支持和推出微软 Push mail 业务。这是微软宣布推出 Push Mail 邮件业务以来，在中国市场寻找的第一家合作伙伴。该业务在宇龙 CDMA2000 和 TD - SCDMA 产品中率先内置，并逐渐延展到 WCDMA 产品。新业务的整合是企业在模块层次进行努力的一个表现。

结合 VIP 用户的体验反馈，宇龙会更新手机产品模块信息，为产品质量提升服务。触摸屏的研发过程也证明了类似的结论。在设计部完成外观设计后，所制手板、模型部分会送到各地直营店调研，设计部再针对反馈意见召集产品部、市场部及公司高管进行讨论。高层例会会讨论以下问题——多大的力度触摸最舒服，按键大小是否合适、是否好按，屏幕亮度是否舒适等等。以 2010 年 7 月上市的 8910 为例，它采用的 3D 金刚玻璃是全球首次应用于手机。与常规将玻璃研磨成镜面不同，其创新在于将玻璃做成了一个弧面——既要保证玻璃与下方的 LCD 紧密贴合，又要保持一定弧度，为了实现这一技术，酷派花费了整整一年的时间。这种技术处理的结果是手机即使从 2 米高度坠落也无大碍。可见，对用户体验的重视使得宇龙正逐渐累积模块能力。

（三）价值链环节

天宇保持了和上一个阶段类似的价值链环节（见图 4 - 23）。不同的是，合作对象发生了变化。例如，芯片的提供从联发科转为 3G 芯片大佬高通和威盛。由于威盛芯片相对低端，因此，和威盛的合作更多。方案设计、主板设计以及工程机设计方面仍然从企业外部打包购买。而宇龙在 3G 制式下包含的环节和在 2G 制式 MTK 芯片未出现时所包含的价值链环节一致（见图 4 - 24）。这是因为，宇龙从行业初兴阶段开始，就针对芯片进行软件和接口的研发，而其中软件研发形成的模块在不同的制式下并不存在本质差异，也就是说，企业在 3G 制式下，需要进行相应的接口研发，就能将传统的软件应用模块重新应用。

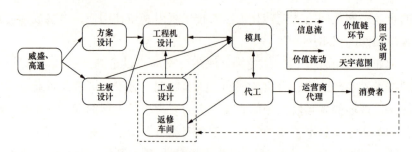

图 4 - 23　天宇朗通价值链环节示意图（第三阶段）

（四）营销渠道

这一阶段天宇仍然是以开放市场为主，运营商、电子商务和出口为辅的混合营销渠道。上一个阶段末期的 2008 年 10 月，企业营销战略希望放弃开放市场，主攻运营商定制和出口两个渠道，但收效甚微。天宇入围了中国电信在 2009 年 3 月和 5 月的两次集采，但数量也都不大①。这一阶段天语手机在新渠道的开发领域又迈出重要一步——电子商务渠道。2009年 3 月 18 日，由天语手机牵手五洲在线电子商务网共同打造的首家网络商城正式上线运营。接着，天宇在淘宝商城（天猫）等多个电商网站开设直营店，并在天宇朗通官网设置了官方购物商城。至此，天宇的混合销售渠道进一步清晰化——线上、线下共同发展、B2B 和 B2C 齐头并进的营销渠道模式，如图 4 - 25 所示。

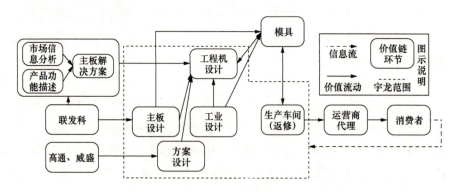

图 4 - 24　宇龙酷派通信价值链环节示意图（第三阶段）

---

①　本书未将国内市场和国外市场的划分作为一个维度纳入企业营销渠道，是因为新兴经济的一个重要特征就是广阔的国内市场。出口或许可使企业在某些阶段实现成长，但长期生存的关键是本土市场。

图4-25 天宇营销渠道

宇龙这一阶段进入混合渠道模式。一方面，宇龙保持了上一阶段的代理渠道。运营商代理渠道方面，2009年5月，中国移动开始向终端厂商深度定制手机，宇龙获得了大量订单，显示了宇龙继续与运营商合作的态势。但从2009年开始，中国电信开始进行渠道改革，在全国大范围推广采购社会化，即通过运营商自有系统销售的CDMA手机越来越少，更多靠终端商自己销售。这增加了企业通过其他代理渠道销售的状况。其他代理渠道方面，仍然保持代理模式与直供模式融合。2009年开始，宇龙酷派对国内渠道结构实施"变阵"，推出以"渠道深耕"为核心的多元化、复合性渠道策略，先后与全国近千家经销商（即金牌客户）结盟，销售占了总销售量六成以上，还与全国领先的国包商如天音、中邮等有良好战略合作关系，根据不同产品定位选择不同渠道模式，力求最大化扩张渠道覆盖面，与全国60多家区域连锁企业进行深度合作。此外，酷派还成立了大客户部，专门负责和苏宁、国美等大的数码家电连锁商以及京东商城等电商之间的合作。事实上，2010年开始，宇龙不断加大对大众消费市场的推广力度。至此，宇龙运营商渠道和社会渠道销售比例约为4∶6。

另一方面，宇龙在自由渠道建设上开始发力，以3G和4G专卖店形式进行拓展。2009年开始，宇龙投入上亿元资金建设自有渠道。2010年5月，在华强北成功开设了酷派第一个全球品牌旗舰店。当时预期于2010年最低建2000家自有渠道，到12年时已有1000家。自建渠道的形态不一，包括专区、专柜、专卖店、体验店等。虽然自建渠道能进一步提升宇龙社会化渠道的销售比例，实现对终端直供和价格控制，减少中间环节成本损耗，避免代理模式下的渠道存货和利润层次多的弊端，但常务副总裁李旺承认，专卖店主要处在大城市核心商圈，有沉重的运营成本压力，因此，它更多承载示范和体验的功能，更多的还是要依赖中国市场完整的手机渠道体系。

四 商业模式要素小结：要素纵向对比

本书在前面的分析中呈现了两家企业商业模式要素在行业初兴、放松管制和技术跃迁三个阶段中的具体情况。事实上，商业模式所包含的每个要素从纵向发展来看，本身都存在演化关系，其来源显然正是环境中制度维度和技术维度的影响。本节正是呈现这一关系。本节将各节中对商业模式要素的分析结果进行综合并加以呈现。图4-26展示了天宇和宇龙在不同阶段价值主张的演化情况：天宇从一开始的低端价值主张（第一阶段）到管制放开之后尝试进入中高端（第二阶段）到技术跃迁之后回到低端（第三阶段），在国外也是一直处于低端；而宇龙则是从已进入市场就定位高端（第一阶段），并逐渐过渡进入中高端（第二阶段）并最终进入中低端（第三阶段）。这符合新兴经济中的企业假设。在手机这样一个相对成熟的产品市场，新兴经济消费者需要的是足够好的产品，即产品性能足够而价格够低。

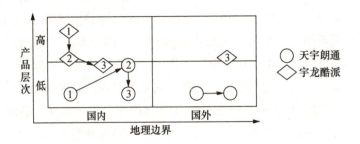

图4-26　价值主张演化情况：天宇朗通 V. S. 宇龙酷派

图4-27展示了天宇和宇龙企业能力的演化情况：天宇从刚进入手机行业雄心勃勃地开始做手机而构建的架构能力（第一阶段），到管制放开之后为了快速获得市场而放弃研发转而投入更能吸引眼球的模块能力（第二阶段），再到技术跃迁之后不可能在更高端的技术下构建架构能力而不得不循着上一个阶段继续模块能力的构建（第三阶段），走了一条山寨式的道路；而宇龙则是典型的技术型企业，从进入这个行业就选择技术壁垒较高的制式而积累架构能力（第一阶段），到市场放开后保持技术为企业聚焦点而在本技术领域取得领先优势（第二阶段）并最终得以基于优势而进入模块能力的积累（第三阶段），是技术型企业走市场化道路较为成功的传统范例。

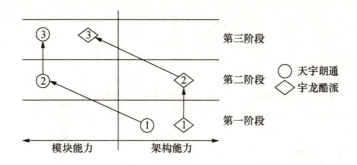

图4－27　企业能力演化情况：天宇朗通 V. S. 宇龙酷派

图4－28展示了天宇和宇龙在不同阶段价值链环节的演化情况。本书在进行总结时，遵循Sturgeon（2002）对价值链分析时的表述方法，将价值链的核心环节简化成为设计（Design）[①]、制造（Manufacture）和销售（Sales），其中，将销售环节具体化为代理商和运营商两种类型。从图中

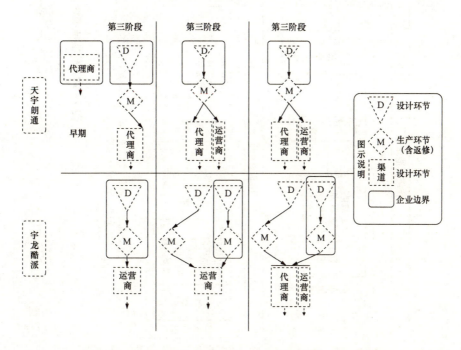

图4－28　价值链环节演化情况：天宇朗通 V. S. 宇龙酷派

---

① 由于手机厂商需同时进行设计和研发，因此，后文中提到的设计环节同时包含了这两个内容。

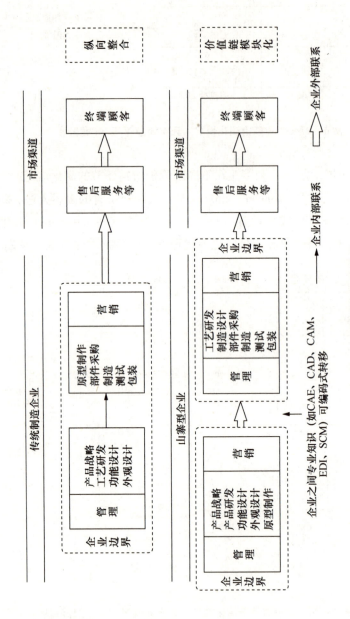

图 4-29 价值链模块化

可以发现，天宇刚进入产业时，进行设计活动，虽然这一过程中尝试自己建厂却未实现，因此制造环节全部采用代工方式（第一阶段）。联发科芯片的出现使得天宇放弃了许多原本应该在企业内部完成的设计工作，因此设计部门规模变小。又因为产品质量不稳定而建立了维修车间以应对（第二阶段）。由于天宇不看好 3G 制式以及流行的 Android 操作平台导致企业都是从外部购买设计方案，这对原本就不断缩小的设计环节雪上加霜（第三阶段）。

而宇龙企业内部价值链环节则相对稳定，设计和制造环节都在企业内部的传统模式（第一阶段）一直保持不变。即便是在部分产品使用联发科芯片，与之相关的设计和生产工作采用外包形式以降低成本；而非联发科芯片仍然采用设计和生产都在企业内部完成的方式（第二、第三阶段）。将天宇和宇龙的价值链环节的具体情况稍加展开，就能发现，天宇和宇龙是整合型价值链和模块化价值链的代表（见图4-29）。在纵向整合的价值链中，主要环节均在企业内完成，而模块化的价值链则是将所有的价值环节模块化后分散在不同企业。

图4-30 展示了天宇和宇龙在不同阶段价值主张的演化情况：天宇代理商买断和地包的全新代理渠道（第一阶段）一直持续（第二阶段），进入 3G 时代后，运营商主导的销售模式使其也积极争取运营商集采并希望以此为主要渠道（第三阶段）；宇龙由于价格过高在开放市场几乎无法生存及企业家与运营商的社会网络关系，从一开始就全部采用纯运营商代理渠道，随着市场的放开而逐步进入开放市场，进入混合渠道模式（第二阶段）并持续（第三阶段）。

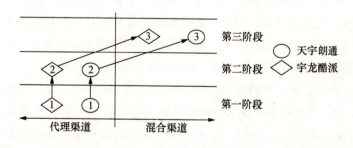

图4-30 营销渠道演化情况：天宇朗通 V. S. 宇龙酷派

第四节 基于架构的新兴经济企业商业模式类别分析

上一节中对企业不同成长阶段的商业模式要素及其证据进行了呈现。本节将根据商业模式要素的特征对可能出现的商业模式类别进行逻辑分析，然后将天宇和宇龙的商业模式按照这一分类进行对照，并根据两家企业商业模式类型、环境变化以及成长情况的差异提出命题（第五节）。图4-31呈现了由四个要素组成的16种可能的商业模式。

具有高价值主张的企业有更多的共性。具有架构能力的企业着眼于产品的系统性，这包含了单一产品的架构和由单一产品组成的具有系统性特征的产品。位于1A和2A位置的是具有架构能力、价值主张较高且企业内部进行设计和生产等多个价值链环节的系统集成商，这类企业的代表是ABB等国际巨头。位于3A和4A位置的企业与系统集成商的差别是企业包含的价值链环节较少，也就是说仅包含设计（研发）和生产环节中的一个。但事实上，如果企业仅具有生产能力，是无法实现高价值主张的，因为生产本身无法在没有设计（研发）支撑的条件下产生高附加价值并进而定位高价值主张。因此，有设计环节的企业才有可能同时具备架构能力和高价值主张，剥离制造业务后的IBM就属于这一类型。位于1C和2C位置的企业聚焦于模块能力，且具有较高的价值主张，这类企业是专业的部件商或者以专业部件为核心的产品供应商，如DSI等。与3A和4A同理，3C和3D也不可能是仅进行生产却同时又具有高价值主张的企业。系统集成商、系统设计商、专业部件商和部件设计商的共同特点都是能产生凝结了原创创新的产品，因此，本书将这四种类型企业的商业模式命名为原创创新式商业模式（originated innovation business model）。

相应的，具有低价值主张的所有企业，即1B、2B、3B、4B以及1D、2D、3D、4D，无论是聚焦于架构能力还是模块能力，都符合破坏式创新的特征。Christensen（1997）在书中深入具体地解释了类似的情形，本书不再赘述。因此，它们都属于破坏创新式商业模式。这显然是符合新兴经济企业成长的方式，因为它们很难进行原创创新，即便有，也并不像发达经济中那么普遍。事实上，这种商业模式本身的复杂性程度高于原创创新

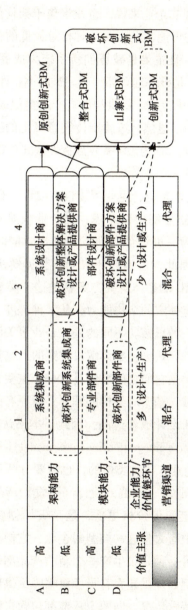

图 4 - 31 商业模式架构的类型分析

式商业模式，本书通过分析，将其细分为整合式、山寨式、创新式三种。以下就展开对这三种商业模式的具体分析。

对于位于 1B 和 2B 位置的企业来说，企业聚焦于架构能力，也就有构建具有新功能的产品架构的可能，且主要针对相对较低的价值主张，这符合破坏式创新产品的特征，且主要是破坏创新系统集成商。与此类似的，1D 和 2D 聚焦于模块能力，是破坏创新部件商。这两类企业的共同特点是，产品都是打破原有产品的技术范式，提供与原有产品类似或者稍差的功能，但价格却比主流产品低得多。显然，这属于传统意义上的破坏式创新。因此，本书认为 1B、2B 和 1D、2D 为破坏式创新商业模式（disruptive innovation business model）。

对于位于 3B、4B 的企业来说，企业可能仅有设计（研发）或生产两个环节中的一个，因此，需分别加以考虑：当企业仅具有设计（研发）环节时，企业提供的产品为一种设计（研发）产出，同时是一种产品架构的方式，且价格低廉，因此，这是破坏式创新整体解决方案设计提供商，如联发科提供的针对 2G 的整体解决方案就是这一类型；当企业仅具有生产环节时，由于仍具有一定的架构能力，从某种程度上来说，是对破坏式创新整体解决方案的一种承接。不同的是，企业更关注且投入更多的资源于生产，因此，这是破坏式创新整体解决方案的产品提供商。虽然存在产品提供形态的差异，但是它们之间显然具有一个重要共同点，即它们都是在一个相对成熟的领域，基于对架构的理解，对原有的设计或者产品进行整合性创新从而产生新设计或新产品。因此，本书认为 3B、4B 为破坏式整合商业模式（disruptive integration business model）。

对于位于 3D、4D 的企业来说，类似的，也需要分两种情况：一种是仅进行产品部件的设计（研发），最终的设计（研发）产品嵌入原有的产品设计中，产生一个新功能，但价格更低，这是破坏创新部件方案设计商，深圳山寨手机产业链中有大量这一类型的企业，它们针对手机上非常小的一个部件进行修改；另一种是仅生产一个新的产品部件，这在山寨手机产业链中也大量存在，例如提供超大音量手机喇叭的供应商。需要注意的是，该形式中存在一种特殊情况，即两个环节都包含，但量都极少。无论是以上三种情况的哪一种，都符合山寨产品的特点，即低价的模块创新产品。因此，本书认为 3D、4D 是山寨式商业模式（copy - cat business model）。

　　以上分析反映了企业商业模式可能出现类型的总体情况。经过分析，本书将16种商业模式总结成为四种类型，即原创创新式商业模式、破坏式创新商业模式、破坏式整合商业模式以及山寨式商业模式。显然，根据现有成熟研究成果和简单逻辑，可以推断这16种商业模式中有些类型不可能存在，或只能成为某两种稳定商业模式之间的过渡状态。例如原创创新式商业模式中，为了实现能力的累积，企业需要获得顾客信息反馈，或者更为直接的，企业接受顾客定制化产品需求，这意味着，为了获得更为准确的信息，企业倾向于拥有自由渠道而不仅仅是代理渠道。因此，对于原创创新式商业模式的企业而言，它们倾向于从纯代理模式向混合模式过渡。这也暗示了企业商业模式演化的可能方向。

　　在新兴经济情境下，企业商业模式存在方式有其特殊性。首先，从上文的分析过程可以发现，渠道这一要素在商业模式类型划分上似乎未体现足够的意义。但事实上，新兴经济国家企业资源缺乏与市场巨大、成长迅速之间的冲突，使得企业既没有足够的资源，也没有足够的时间去自建渠道，而本书的两个案例①都呈现了这样的特点（见图4－30）：天宇和宇龙在企业发展的初级阶段都是采用纯代理的模式——要么完全用市场中既有的渠道（天宇），要么运用运营商渠道（宇龙）；而当企业实现了一定的成长，进入新的发展时期后，企业先后建立了自有渠道，总体进入了混合渠道。可见，新兴经济企业营销渠道的特征决定了企业商业模式的演化方向，即从代理转向混合。这暗示了新兴经济企业商业模式演化的方向。

　　其次，新兴经济企业面对的资源和市场的冲突还使得企业倾向于从架构能力向模块能力过渡，这也与发达经济企业有显著差异。按照Henderson和Clark（1990）的研究，企业架构能力获得的前提是企业对模块知识的积累；且在成熟产业中，架构创新是很难发生的。这似乎暗示了架构能力构建的前提是模块能力。但对后发新兴经济企业而言，一方面，模块和架构对它们来说都是毫无经验的领域，都需要投入资源；另一方面，企业投入资源构建两种能力的成本可能并没有发达国家差异那么明显。因此，新兴经济企业能力的起点既可能和西方发达国家企业一样是模块能力，也可能是架构能力。这暗示了新兴经济企业商业模式可能具有与发达经济企业不同的起点。总之，新兴经济企业商业模式可能的起点和演化状

---

　　①　本书最后关于正泰的纵向案例也表明了同样的特点。

态上都存在特殊性。前者反映了企业新创时商业模式的状态，而后者暗示了新兴经济企业商业模式趋同的特点。

第五节 新兴经济商业模式架构对企业成长的影响分析

一 横向对比

根据第四节对商业模式的分类，天宇和宇龙在不同阶段的商业模式变得清晰（见图4-32）。在行业初兴阶段，天宇为破坏式整合商业模式，宇龙为原创创新式商业模式；在放松管制阶段，天宇为山寨式商业模式，宇龙仍为原创创新商业模式；在技术跃迁阶段，天宇保持了山寨式商业模式，而宇龙则成为破坏式创新商业模式。

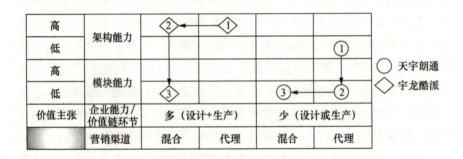

图4-32 商业模式架构分析：天宇朗通 V. S. 宇龙酷派

（一）行业初兴阶段

在行业初兴阶段，天宇和宇龙均处于企业的初创阶段，它们作为手机企业都是从零起步，销售额实现了实质性成长。对天宇来说，虽然企业这一阶段的销售额数据存在一些缺失，但企业注册资本从3000万到1亿元再到2亿元，企业对研发投入的规模为千万级，而企业在很长一段时间内都强调研发投入为企业销售收入的5%，我们有理由相信，企业在这一阶段的销售收入为亿元级。事实上，有数据显示，2003年天宇销售额为12亿元。因此，笔者有理由相信，企业在发展的第一阶段中实现了从天语手机收入从零到10亿元级的飞跃。宇龙的成长情况也比较平稳，从2003年的千万元级，到 2005 年的亿元级，销售收入翻了十七番以上。

按照第三节中对行业初兴阶段天宇和宇龙商业模式要素的具体分析，以及第四节对基于架构的企业商业模式类型分析发现，在行业初兴阶段，天宇为破坏式创新商业模式，宇龙为原创式创新式商业模式。此外，两家企业在这一阶段都实现了企业从零的成长，并且都成为亿元级的企业，没有太本质的差异。因此，提出如下命题：

命题 1：在新兴经济国家行业初兴、政府对行业存在管制时，破坏式整合商业模式和原创创新式商业模式对企业成长都具有正向的影响，且二者对企业成长的作用差异并不明显。

（二）放松管制阶段

在放松管制阶段，天宇朗通和宇龙酷派均实现了企业成长。天宇销售额在这一阶段的短短三年时间内几乎完成了从十亿元级的销售额到接近百亿元级的提升，从 2006 年的 10 亿元上升至 2008 年的 80 亿元，这一成长让业界都为之惊叹，也让天宇从一个名不见经传的公司异军突起，被戏称为"山寨中的战斗机"。宇龙的成长情况与天宇类似，其销售额在这一段时间从 2006 年的 6.4 亿元上升到 2007 年的 12.77 亿元。但由于宇龙在第一和第二阶段都是纯运营商代理方式，因此，受到 2008 年中国运营商重组而导致了销售额下降到 10.07 亿元。即便如此，企业 2009 年销售额又重新上升到 26.05 亿元，从而使得宇龙三年平均增长率超过 100%。可见，总体而言，这一阶段宇龙也实现了较为稳定的成长。此外，这一阶段宇龙多次与国际手机巨头分享各运营商集采份额也间接证明了这一点。

从企业三年平均的成长情况来看，天宇的成长显然比宇龙更为明显。一方面，天宇总体销售额比宇龙大得多，且这个差距在第二阶段进一步扩大。2006 年，天宇是宇龙总体销售规模的 1.5 倍，到 2008 年变成 8 倍多。另一方面，天宇销售额的平均增长情况也优于宇龙，天宇 2006—2008 年销售额平均增长率约为 267%，而相同时间宇龙销售额平均增长率则仅为 20%。从这个意义上说，天宇在这一阶段显然比宇龙的成长更为明显。

按照第三节中对放松管制阶段天宇和宇龙商业模式要素的具体分析，以及第四节对基于架构的企业商业模式类型分析发现，在放松管制阶段，天宇为山寨式商业模式，而宇龙则为原创式商业模式。加之对两家企业在这阶段的成长情况分析，提出如下命题：

命题 2：当政府放松对行业管制之后，山寨式商业模式和原创式商业模式对企业成长都具有正向的影响；山寨式商业模式比原创创新式商业模式对企业成长的影响更明显。

（三）技术跃迁阶段

在技术跃迁阶段，天宇和宇龙均实现了企业成长。天宇进入3G之后企业成长出现问题。首先，企业财务状况成为秘密，企业近三年财务状况除了董事长的荣秀丽本人之外，没有其他人知道，而她本人再没有公布近三年企业财务状况，业内传言天宇出现了极大的财务问题，导致荣秀丽保密财务数据；其次，企业重要管理者也相继离开（见表4-8）。因此，有理由相信，天宇在这一阶段内销售情况处于萎缩状态。宇龙的情况则正好相反。从总体规模来看，宇龙在技术跃迁阶段向百亿级销售额发起冲刺，且销售额平均成长率为88.46%。

按照第三节中对技术跃迁阶段天宇和宇龙商业模式要素的具体分析，以及第四节对基于架构的企业商业模式类型分析发现，在技术跃迁阶段，天宇仍为山寨式商业模式，而宇龙则为破坏创新式商业模式。加之对两家企业在这阶段的成长情况分析提出如下命题：

命题3：当行业技术出现跃迁之后，山寨式商业模式无法保证对企业成长的正向影响，而破坏创新式商业模式对企业成长具有正向影响。

二　纵向演化

本节对天宇和宇龙商业模式与成长在不同环境阶段的关系进行分析。对天宇来说，首先，在手机行业放松管制之前，企业是破坏创新式商业模式，而之后则逐渐过渡为山寨式商业模式。而从企业成长情况来看，这两个阶段天宇都获得了成长，但放松管制之后成长的结果更为明显，这表现为：企业规模获得了实质性扩大，从行业初兴时的亿元级上升到放松管制之后的百亿元级别；企业在行业中的地位极大提升，在放松管制阶段，很多国有品牌相继亏损甚至退出市场的情况下，天宇取得了令人瞩目的成绩，并成为中国国产手机的杰出代表。也就是说，在新兴经济国家，当行业放松管制时，企业的商业模式创新对企业成长具有明显的正向作用，且较之破坏式整合商业模式而言，山寨式商业模式对企业成长的正向作用更为明显。

其次，行业技术跃迁之前和之后，天宇的商业模式并未发生实质性变化，都是山寨式商业模式。换句话说，行业技术环境发生变化之后，企业并未进行商业模式的创新。而从企业成长情况看来，企业在这一阶段从极盛步入衰退，企业成长受到阻碍，多位高层离职（见表4-8）。销售情况也一落千丈（第一节中已经呈现了相关证据）。也就是说，在新兴经济国家，当行业技术发生变迁时，企业商业模式不进行相应调整，企业成长受到阻碍，相对而言，同是山寨式商业模式，企业在放松管制阶段的成长表现比在技术跃迁阶段的成长表现更好。

对宇龙来说，首先，在手机行业放松管制之前，企业是原创创新式商业模式，而在行业放松管制之后，仍为原创创新式商业模式。换句话说，企业并未发生明显的商业模式创新。而从企业成长情况来看，这两个阶段宇龙也都获得了较为稳定的成长，这表现为企业销售额的稳定提升，以及在行业内声誉的稳定建立。也就是说，在新兴经济国家，当行业放松管制时，企业商业模式创新对企业成长的影响并不显著，具体而言，原创创新式商业模式在行业放松管制前后对企业成长的影响差异并不显著。

其次，在手机行业技术跃迁之前，企业是原创创新式商业模式，而之后则逐渐过渡为破坏创新式商业模式。而从企业成长情况来看，这两个阶段宇龙都获得了成长，但放松管制之后成长的结果更为明显，这表现为：企业规模获得了实质性扩大，从结束跃迁时的十亿元级上升到技术跃迁之后的百亿元级别，出货量位列行业之首。也就是说，在新兴经济国家，当行业发生技术跃迁时，企业发生商业模式创新对企业成长而言具有显著正向作用，且破坏创新式商业模式对企业成长的正向作用更显著。

对上述结果进行综合，提出如下命题：

命题4：在新兴经济国家中，行业放松管制时，商业模式对企业成长的影响存在两种可能的情况：一种情况是，当企业为原创式商业模式时，企业是否进行商业模式创新对企业成长的影响并不明显；另一种情况是，当企业为破坏式整合商业模式时，企业进行商业模式创新，且成为山寨式商业模式时，企业成长更为明显。行业发生技术跃迁时，商业模式对企业成长的影响也存在两种可能的情况：一种情况是，当企业为山寨式商业模式时，企业不进行商业模式创新会导致企业成长减缓甚至出现失败；另一种情况是，当企业为原创创新式商业模式时，企业进行商业模式创新，且成为破坏式商业模式时，企业成长更为明显。

可见，对新兴经济国家企业不同环境变化阶段的商业模式对企业成长影响存在两种不同的情况，这源于企业在面对环境变化时的两种不同战略选择。政策管制的放开，意味着市场的放开，因此，企业这时存在两种战略选择，即（1）改变自身的商业模式并快速地迎合市场，从而获得企业成长；或者（2）保持原来的商业模式发展轨迹，稳定成长。这两种战略选择显然随着企业商业模式的初始状态而不同。当初始状态的商业模式是以原始创新为导向时，那么，企业能采用第二种战略选择，这是因为，原始创新为导向的商业模式本来就不是为了迎合大众市场，而是面向相对高端的用户，而这一部分市场规模是相对比较稳定的，市场规模的整体扩张带来的高端用户市场规模扩张并不一定有那么大。即便如此，企业仍然保持了在以后的任何阶段采用第一种战略选择的可能。而当企业初始状态为破坏式创新三种商业模式中的任何一种时，企业原本就是要迎合更大众的市场，因此，企业会采用第一种战略选择。可见，在新兴经济行业管制放松时，商业模式对企业成长影响的两种不同情况的本质是，企业初始状态的商业模式是否为了迎合更大的市场，如果是，那么企业会为最大限度地适应市场需求而进行商业模式调整；如果企业初始状态的商业模式并非仅仅迎合更大的市场，那么企业即便不进行商业模式的创新，也能保证在放松管制后的稳定成长，且在未来的发展阶段仍然有进行商业模式创新而迎合市场的可能，因此，企业不一定进行商业模式的创新。

　　类似地，当行业发生技术跃迁时，意味着企业原有技术积累不再能适应新阶段发展需要。当企业初始状态中以满足大众市场为主要诉求的商业模式不再能适应环境需要，就必须进行商业模式创新；而当企业初始状态就是以相对高端客户的需求为主要关注点时，企业也有两种战略选择，即（1）仍然保持原来的商业模式发展轨迹；或者（2）在企业完成技术跃迁之后开始逐步进入更为广阔的大众消费市场。在新兴经济国家中，企业只有通过长时间的能力积累才能完成在全新技术领域进行原创式创新的可能，这非常困难，在传统行业的企业实践成功的例子凤毛麟角；通过前期的技术积累，更有可能进入技术相对较差、但具有更广阔消费市场的破坏式创新商业模式。也就是采用第二种战略选择。可见，在新兴经济行业发生技术跃迁时，商业模式对企业成长影响的两种不同情况的本质是，企业初始状态的商业模式是否能适应企业这一阶段的技术变化而生存下来，以迎合市场为导向的商业模式显然不再能适应这一变化而导致企业成长萎缩甚至失败；而以技术为导向的商业模式也会在原创新技术成功可能性较低的情况下选择以破坏式方式进入消费市场。

第六节 讨论与结论

一 新兴经济背景下商业模式架构与企业成长关系环境权变

天宇在放松管制阶段为山寨式商业模式，并且导致了企业良好的成长结果；而在技术跃迁阶段，商业模式没变，成长就发生停滞，甚至失败。可见，市场管制的放松对山寨式商业模式架构对企业成长存在权变作用。宇龙在行业存在管制的阶段为原创创新式商业模式，但企业成长效果平平；而在放松管制的阶段，同样的商业模式则带来了企业显著的成长。可见，技术的跃迁对原创式商业模式架构对企业成长的作用存在权变作用。

对这些现象的理论解释有利于成长理论的推进。作为连接企业战略与战术的一个虚拟层次（Casadesus‐Masanell，Ricart，2010），企业商业模式架构对成长的环境权变性具有其合理性。本书仍对这些权变作用的机理进行解释。

首先，考察放松管制对商业模式与企业成长关系的权变效应。我国手机管制出现的初衷是为了保护手机行业，抑制恶性竞争。但副产品是限制了总体市场规模的扩大，这时企业投入的技术创新不能立竿见影。我国与西方同类企业技术发展存在差距，但是技术追赶是有一个时间过程的（Hobday，1995；Hobday，2005；江诗松、龚丽敏、魏江，2011b，2011c）。换句话说，企业进行技术方面的投入反映到企业成长结果有一定时滞。而市场规模的限制使得企业愿意这样做。事实上，西方先进企业技术的发展，以及技术资源的不断完善也使企业被模仿（Luo，Sun，Wang，2011）。这就是天宇朗通第一个阶段的故事，即商业模式架构倾向于面向技术的商业化。这和 Chesbrough 和 Rosenbloom（2002）案例的逻辑类似。

但当管制放开后，企业面临的核心问题发生了变化，从"如何追求技术前沿"变成了"如何以最快速度满足市场需求"，因为后者才是企业存在的本质原因。与西方主流成长思路中企业成长需要满足从未满足过的需求（Laurie，Doz，Sheer，2006）或下一代需求（Slywotzky，Wise，2002），从而防止市场地位动摇（Olson，van Bever，Verry，2008）的思路不同，新兴经济成长的最有效途径是使产品足够好（Immelt，Govindarajan, Trimble, 2009）。因此，企业商业模式从面向技术的商业化变成了直接面向市场需求，技术变得不那么重要了（Chesbrough，2007a）。这正是成长综述中技术主导的成长思路向市场主导思路的过渡。这正是天宇朗通第二个阶段的故事，即商业模式架构倾向于面向市场需求。可见，在新兴经济背景下，企业在放松管制前后商业模式架构对成长的影响存在差异。

其次，考察技术跃迁对商业模式与企业成长关系的权变效应。在技术跃迁发生之前，产品架构的主导逻辑（Henderson，Clark，1990）没有发生变化，也就是说，企业之前的技术累积都能在企业成长结果上有所反应，因此，当企业追求技术创新时，商业模式架构倾向于面向技术的商业化。

当技术跃迁发生时，主导逻辑发生变化，企业原来的技术积累在成长结果中的作用降低。而这种主导逻辑的变化显然不太可能是由新兴经济市场需求带来的，因为它们相对低端。因此，企业可以选择凭借自身研发实力去满足那些高端需求，也可以选择以现在的技术实力、整合外部资源去满足相对低端的群体。宇龙酷派正是选择了后者，即商业模式架构倾向于面向市场需求。可见，在新兴经济背景下，企业在技术跃迁前后商业模式架构对成长的影响存在差异。

从以上的论述可知，放松管制和技术跃迁等环境因素对商业模式架构与企业成长关系具有权变作用。但需要注意的是，两种破坏式创新商业模式对企业成长的作用并未出现权变性。本书结果只为这一阶段提供了部分证据，但这一观点符合破坏式创新现有研究结论。天宇朗通在行业市场管制阶段、宇龙酷派在技术跃迁阶段都属于破坏式商业模式中的一种，且二者都带来了企业的良好发展。这是新兴经济情境特殊性决定的。作为新兴经济的典型代表，我国具有广泛、低要求但亟须填补的中低端市场（Immelt, Govindarajan, Trimble, 2009；Luo, Sun, Wang, 2011），这显然为破坏式创新的发生提供了条件（Christensen, 1997；Christensen, Rosenbloom, 1995；Christensen, Johnson, Rigby, 2002），从这个角度来看，破坏式创新是新兴经济环境的标杆或最佳实践。

二 新兴经济背景下商业模式架构殊途同归本质

本书验证了新兴经济背景下商业模式架构的殊途同归（Meyer, Tsui, Hinings，1993）本质，响应了西方主流研究对架构本质的结论。在存在行业管制时，天宇朗通的破坏式整合商业模式与宇龙酷派的原创创新式商业模式对企业成长都具有正向的影响；当政府放松对行业管制之后，山寨式商业模式和原创式商业模式对企业成长都具有正向的影响。因此，可以推测，在第三个阶段也存在这样的殊途同归，但由于案例数量的限制，未能加以体现。这个结论用 Drazin 和 Van de Ven（1985）表示如图 4 - 33 所示。虽然未考虑任何纵向特征，但该图反映了剖面偏移（Delery，Doty，1996；Drazin，Van de Ven，1985；Venkatraman，Prescott，1990）本质，每个圆圈都代表了一个成长的相同"纬度"。

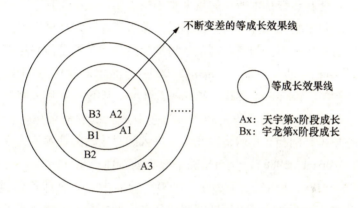

图 4 - 33　新兴经济背景下商业模式架构的殊途同归

说明：由于无法呈现商业模式的四维图像，因此，本书在 Drazin 和 Van de Ven（1985）的逻辑图 2 - 5 基础上，忽略组织结构维度，仅描绘相等的成长效果。注意，图 4 - 33 中未考虑任何纵向特征，由不同阶段企业成长情况简单叠加而成。

三　技术创新与商业模式创新的联系

这从宇龙酷派不同发展阶段技术创新与商业模式架构状态以及企业成长的结果中能管窥。在宇龙酷派发展的前两个阶段，企业投入大量资源追求技术创新，并部分达到这一目的。但由于商业模式未转化，这两个阶段的成长结果就没有第三阶段商业模式创新之后的成长结果显著。一个延伸的结论是，在新兴经济背景下，与技术创新相关的商业模式是原创创新式和破坏创新式，这两种模式都能带来新兴经济企业的成长，但后者效果更明显。可见，在新兴经济背景下，企业技术创新与商业模式创新之间的联系仍然存在。这一结论是对 Chesbrough 和 Rosenbloom（2002）研究结论在新兴经济中的延伸。

四　新兴经济企业发展阶段的企业成长新动力

天宇前两个发展阶段商业模式创新，而第二阶段商业模式延续到第三个阶段导致企业成长停滞，是我国作为新兴经济国家市场具有的二元性（Luo，Rui，2009）所带来的结果。与新兴工业化国家不同的是，新兴经济国家中有极大的国内市场（Xie，Wu，2003），这一方面使山寨式商业模式具有存活空间，企业不进行与技术相关的创新同样能生产出"足够好"（Immelt，Govindarajan，Trimble，2009）的产品，满足市场需求；但另一方面，放弃能力的累积使企业在行业出现技术跃迁时无法适应新的市场需求，仅能在传统技术所在的越来越小的市场份额中生存。

新兴经济市场二元性导致了山寨式商业模式在一定环境发展阶段对企业成长具有良好作用。与产业制度环境发展息息相关的是新兴经济市场放开（Hoskisson，Eden，Lau，Wright，2000）及技术后发（Hobday，Rush，Bessant，2004；Mathews，2002；Mathews，Cho，1999）和后入特征（Bryman，2003）。其中，前者正是新兴经济企业成长的救命稻草。新兴经济制造企业技术基础相对较弱，因此常常进入相对成熟的技术范式（Vernon Wortzel，Wortzel，1988），从而排除来源于创新性产品（过程）技术的竞争优势（Aulakh，Kotabe，Teegen，2000）的冲击。从全球价值链来看，新兴经济制造企业往往正处于低端制造环节。低端并不影响企业对新兴经济市场的满足。事实上，破坏式创新（Christensen，1997；Christensen，Baumann，Ruggles，Sadtler，2006；Christensen，Bohmer，Kenagy，2000；Christensen，Johnson，Rigby，2002；Christensen，Overdorf，2000）正是讲了一个用相对更差技术来满足非高端的、更为广阔的市场需求的故事。山寨手机是这个故事在新兴经济中的版本，显然更为极端。我国作为新兴经济市场，市场需求不仅是"足够好"，甚至是"不管不顾、只要卖"。这一市场状态转瞬即逝。如果企业在特定时间未把握住这种市场需求，可能再也无法重现这种状态。

山寨手机是破坏式创新商业模式的一种极端状态。而 Luo 等（2011）则认为这是新兴经济企业以"模仿—创新"方式成长的早期呈现。中国传统制造企业成长路径如图 4-34 所示，这显然没有西方企业成长路径的选择多样化。而山寨式商业模式对应了中国企业成长路径的前两个阶段。正泰在这条道路上走得更远，第五章将讲述这样的故事。

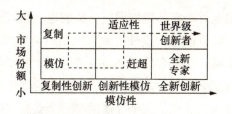

图 4 - 34　中国传统制造企业成长路径

　　这当然只是故事的开始。新兴经济制造行业普遍碰到的新环境变革问题是行业已经、正在和即将发生的技术跃迁。本书对手机行业的三阶段划分在新兴经济制造行业中具有普适性。例如，绪论部分提到的音响行业、本书重点关注的手机行业、第五章中关注的低压电器行业以及受到普遍关注的电视行业等。这当然不是行业发展的特殊性，而是新兴经济发展过程的普遍规律，我国的许多制造行业都先后经历了放松管制、技术跃迁的发展阶段。在对待放松管制后的市场井喷，企业以山寨式商业模式能最好地加以把握，但山寨式商业模式显然对新技术范式的出现毫无作用，企业从复制性创新进入创新性模仿（见图 4 - 34 箭头所示的从复制到适应性阶段的过渡）需要企业能力积累。这符合 Chesbrough 和 Rosenbloom（2002）对商业模式作为企业技术商业化过程的价值创造和价值获取的中间环节的观点。山寨式商业模式能创造旧有技术的价值并加以获取，技术的跃迁必然要求新的商业模式来完成价值创造和获取的新使命。

　　宇龙商业模式的演化则提供了新兴经济企业成长的另一种思路（见图 4 - 34 箭头所示的模仿—赶超—适应性过程[①]）。通过能力构建完成了在本土化功能赶超。然而，要成为领域中的全新专家，需要长期的能力积累，即长期的资源投入。因此，在国有资产主导的一些行业完成了从赶超—全新专家的转换，中国的高铁就是一个典型的例子。但是在本书关注的私有化程度较高的制造行业中，持续资源投入的前提一定是获得足够的市场份额。实际上，宇龙商业模式在技术跃迁时从原创创新式商业模式转变为破坏式创新商业模式，正是符合这一逻辑。

　　综上所述，企业进行商业模式的选择和创新，不仅仅是对企业内部战

---

　　① 宇龙最初进入行业也以模仿开始，由于本书在分析第一阶段商业模式关注的是一个时间段内的商业模式状况，因此，未对最初的模仿进行强调。

略选择的反映，更是对外界环境的回应。特别地，新兴经济政策和技术环境的特殊性导致了企业面对阶段性发展，从而对商业模式产生新的要求。因此，只有当商业模式能符合外界环境要求时，才能实现企业的成长；否则，企业成长无法继续，甚至走入失败。从这个角度说来，本研究应该被纳入第二章第一节对企业成长文献综述的第一个支流，即环境适应性的成长性研究。

第五章　新兴经济背景下商业模式与企业成长的共演研究

本章为全文的第三个子研究。如前文所述,子研究一(第三章)的目的是厘清商业模式构念及其特征,从而为探索企业商业模式与企业成长的情境化理论的两个子研究提供构念层次的理论基础。而子研究二(第四章)以手机行业的天宇朗通和宇龙酷派为研究对象,进行了对比案例研究,探索了企业商业模式与企业成长之间的作用机理和权变因素。本章为全文的第三个子研究,希望通过一个企业近三十年发展的纵向案例研究,展示企业商业模式和企业成长之间的潜在共演关系。

企业成长研究对企业管理者特别是中小企业管理者具有重要意义。本研究关注一个中国产业集群龙头企业——正泰集团在25年中的成长故事。产业集群(cluster)一直是区域经济发展机构、公司管理者以及国家战略学者极为关注的现象(Tallman, Jenkins, Henry, Pinch, 2004),也是我国区域经济发展的重要发动机之一。比如,本研究关注的温州柳市低压电器集群市场占有率达95%,全球市场份额也高达70%。此外,浙江温州、福建晋江以及广东东莞的鞋业集群在全球市场中也占据了半壁江山(Zeng, Williamson, 2003)。目前,产业集群已覆盖了大部分传统产业、部分高技术和文化创意等新兴产业领域,且正从其初步兴起的东南沿海向中西部地区逐步扩张。

集群成长的研究是产业集群核心研究议题之一。现有研究从集群外部资源条件(Zhang, Li, Schoonhoven, 2009)和集群内部关系(Chiles, Meyer, Hench, 2004; Krugman, 1991; Saxenian, 1994; Sorenson, 2003; Stuart, Sorenson, 2003; Zhang, Li, Schoonhoven, 2009)等视角出发,总结了产业集群成长的动因。尽管这些研究有助于从集群层面理解集群成长,但仍然存在两方面不足:首先,现有研究多从集群外部资源条件和内部关系等视角出发,分析产业集群成长的动因(Zhang, Li, Schoonhoven,

2009），却忽视了龙头企业在我国草根型产业集群中扮演的重要角色，因而难以揭示产业集群成长的微观机制。其次，现有研究多从技术创新角度出发考察企业成长，基本上仍强调研发投入的传统思路。然而这一观点已开始受到挑战。例如"架构创新"（Henderson，Clark，1990）或"破坏式创新"（Bower，Christensen，1995；Christensen，Rosenbloom，1995）等概念都颠覆了传统的技术创新路径，从而启发我们重新解释集群和集群企业的发展。

在我国草根型（本地根植型）集群，特别是制造型产业集群中，龙头企业在经历了价值链的延伸从而壮大之后，开始逐渐从大型生产者的角色向整合者的角色过渡，这既包括了龙头企业价值主张的转换，也包含了企业价值创造过程的转变，同时还伴随着价值获取方式的改变。这正是商业模式创新的典型内容（Zott，Amit，2008）。特别是进入信息经济时代，各种信息化基础设施的普及为集群龙头企业进行商业模式创新提供了重要基础。

通过对一个中国民营制造企业二十多年成长历史的纵向研究，本书旨在探索企业商业模式与成长之间的动态匹配关系。从商业模式的角度来解释产业集群内部龙头企业成长的演化机制，从而揭示产业集群成长的微观机制。具体而言，以商业模式动态性为出发点，通过对温州低压电器产业集群龙头企业——正泰集团25年成长历史的纵向研究，展示了企业商业模式创新与企业成长的潜在共演关系。本研究对企业管理者，特别是集群中小企业管理者及政策制定者具有重要意义。

本章关注产业集群龙头企业基于商业模式的成长演化的另一个重要原因是，作为产业和区域经济的龙头，它们的发展承载了产业和地方政府的希望，政府希望龙头企业在转型升级过程中扮演领头的作用。转型升级显然包含了阶段、成长的潜在假设，更重要的是，每次转型升级都是一次商业模式的创新。这符合本书的关注点。可见，关注产业集群龙头企业的商业模式创新与企业成长的共同演化是非常有意义的。

第一节 研究方法

一 研究方法的选择

研究方法必须和研究问题相互匹配（Edmondson，McManus，2007）。

当问题的理论解释尚不成熟时，适合采用定性研究。因此，本书采用案例研究方法。鉴于单案例更适合于深度纵向研究，且内部效度通常较高（Yin，2003a），所以本书采用纵向单案例研究的方法。此外，由于本研究要回答的是"如何"的问题，采用案例研究方法是合适的（Eisenhardt，1989；Strauss，Corbin，1994；Yin，2003b）。作为理论构建导向的案例研究，本书虽然会借鉴一些现有文献的逻辑，但尽量避免特定概念之间的关系或命题，并保持开放的心态，以免限制研究发现和产生偏差（Eisenhardt，1989）。

二　数据收集和分析

Glaser 和 Strauss（1967）建议使用多种来源数据，以获得对研究现象多视角的描述。此外，使用多种来源还使研究者能"三角验证"不同证据，从而提高研究信度和效度（Eisenhardt，1989；Yin，2003b）。因此，数据收集包括两个阶段：（1）笔者进行了为期一个月的二手资料收集。如在 CNKI 和多个搜索引擎中查阅所有标题中含"正泰"的文章，并加以分类和记录。笔者邀请另一位研究者收集南存辉和胡成中（原乐清求精开关厂厂长）视频资料。两名研究者分别对资料进行整理，并就一些重要议题的理解进行交叉检验（Eisenhardt，1989）。若存在不一致，则收集更多资料加以核实，或留待下一阶段核实。（2）经过二手资料的整理，两位研究者于 2009 年 3 月 4—10 日赴浙江乐清市进行了实地调研。先与当地经贸局主管领导进行座谈，了解了全市产业发展环境；再对正泰战略副总裁、办公室主任以及技术中心负责人等进行深度访谈。此外，两名研究者还走访了当地其他几家低压电器大企业（德力西、人民、天正等），获得了产业和企业的更多信息，并将多渠道所获信息形成三角验证（Yin，2003a），提高研究信度和效度，访谈情况见表 5 - 1。

表 5 - 1　　　　　　　乐清低压电器行业访谈情况

时间	调研单位	受访人员
3 月 4 日上午	乐清市经贸局	主管副局长、科长
3 月 4 日下午	低压电器行业协会	驻会负责人
3 月 5 日下午	正泰集团	战略副总裁
3 月 5 日上午		办公室主任、技术中心负责人
3 月 6 日上午	德力西集团	总裁办秘书

续表

时间	调研单位	受访人员
3月6日下午	人民电器	办公室主任
3月7日上午	天正集团	副总裁、技术中心主任
3月7日下午	兴乐集团	办公室主任*
3月8日	当地低压电器市场	—
3月10日	乐清市经贸局	科长

注：调研时间均为2009年。*表示兴乐集团虽然产品以电缆为主，但该企业办公室负责人早年在乐清非常有名的"新华电器"有较长时间的工作经验，但这家企业在前些年倒闭。因此，我们将该受访人员作为了解行业内部情况的受访者加入。

为了更好地理解正泰运营的环境，首先阅读并理解区域（温州和乐清）和产业（低压电器）发展历史的事实。然后，从公司网站提供的企业大事年表开始创建公司历史，尤其关注企业关键事件。由于公司网站提供的大事年表无法显示企业内部的战略和运作情况，又通过阅读其他来源的企业信息，并将一些关键的战略和运作事件补充进去，从而建立了比较完善的公司历史。根据一些显著的转折点和关键事件，本书将正泰划分成起步、调整、扩张三个发展阶段。接着，本书试图从公司历史找出"正泰商业模式创新如何促进企业成长"这个问题的答案。在这个过程中，笔者与另一位合作者就一些关键议题的理解进行了交叉检验（Eisenhardt，1989）。除此以外，我们还不断地利用图表来促进分析（Glaser，Strauss，1967）。通过数据收集、数据分析和概念化之间的不断交叠（Glaser，Strauss，1967），其他的关键概念及其相互关系逐渐浮现出来，直到理论达到一个满意的饱和程度。

三　基准框架

既然商业模式关注的焦点是价值，那么关于商业模式的研究需要回答两个问题：企业能提供什么价值？这些价值是如何创造的？后者又可以分为两个层次：创造这些价值的具体运作方式如何，以及创造这些价值的边界如何。商业模式概念即是对上述三个问题的回答。换言之，本书对商业模式的定义是：企业明确区别于其竞争对手的产品和服务价值的陈述、从获取原材料到满足最终客户的一系列行为以及企业活动边界所包含的内容。更具体地，为提高研究的构思效度，本书围绕着三个维度展开（详见表5-2）。

表 5 - 2　　　　　　　　　商业模式的维度、次维度和指标

维度	次维度	指标	来源和依据
价值主张	全优点罗列	产品、对顾客和竞争对手的了解、企业和产品的定位	Anderson 等（2006）；与 Chesbrough（2007a）提出的六类型呼应
	有利差异点表述		
	共鸣突出型		
价值创造	价值链	关联技术	关注企业价值创造来源；与 Stabell 和 Fjeldstad（1998）及 Tompson（1967）的三类技术对应
	价值商店	密集技术	
	价值网络	中介技术	
价值系统整合	产业活动扩散	企业整合行为是否跨越产业及如何通过这些行为建立起运作服务能力	Davies（2004）
	系统整合范围	企业对产品和顾客知识了解的范围	—

　　在我国传统产业集群中，龙头企业通过价值链延伸而壮大之后，开始从大型生产者向整合者的角色过渡，这既包括了龙头企业价值主张的转换，也包含了企业价值创造过程的转变，同时还伴随着价值获取方式的改变。这些要素正是商业模式创新的典型内容（Gong, Jiang, Wei, 2010；Zott, Amit, 2008）。特别是进入信息经济时代，信息基础设施的普及为龙头企业进行商业模式创新提供了重要基础。换言之，集群龙头企业成长过程也是商业模式不断演化的过程。基于这样的逻辑，本书提出下面的基准框架（见图 5 - 1），并通过案例来不断丰富该框架。

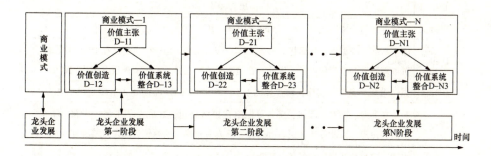

图 5 - 1　基于商业模式的企业成长演化基准框架

四　企业基本情况

20 世纪 80 年代的温州是中国改革开放民营经济蓬勃发展的一个缩

影，家庭工业和专业市场在这里蓬勃发展。到 1985 年，温州农村就已有家庭工业企业 13.3 万个，年产值 11.4 亿元，形成了专业市场 400 家，其中年成交额在 8000 万元以上的专业市场和产销基地就有 10 个，初步形成了"小商品、大市场"的良好经济格局。柳市在这一时期形成了低压电器的专业市场，供销大军把从全国各地接来的订单拿回柳市生产。而正泰集团的前身"乐清县求精开关厂"正是顺应这一时代建立的。

"乐清县求精开关厂"始创于 1984 年 7 月，以生产开关起家。1991 年，由于经营理念差异，求精开关厂解体，股东之一的南存辉以开关厂为基础创建了"中美合资温州正泰电器有限公司"。经过 25 年发展，正泰已发展成为拥有 1.8 万名员工、资产超过 70 亿元、销售收入超过 200 亿元，下辖 8 大专业公司、2000 多家国内销售中心和特约经销处，并在国外设有 40 多家销售机构的大型企业集团，其产品覆盖高低压电器、输配电设备、仪器仪表、工业自动化、建筑电器、光伏电池及组件系统和汽车电器等产业，产品销售到世界 90 多个国家和地区，是中国低压电器行业的领跑者，并正在逐渐成为亚洲低压电器行业的领军者。不过，从世界范围来看，其销售额仍远远落后于国际低压电器巨头 GE、西门子、ABB 以及施耐德四家。以 2003 年为例，正泰的销售额仅为施耐德的 1/8。关于正泰集团发展的基本情况见表 5 - 3 和图 5 - 2。

表 5 - 3　　　　　　　　　　正泰发展里程碑事件

时间	里程碑事件
1984	乐清县求精开关厂成立，8 人、50 平方米厂房、总资产 5 万元，第一年产值 1 万元
1989	国家六部一委派出工作组进驻柳市，专查假冒伪劣。由于开关厂已在 1988 年领取了机电部颁发的生产许可证，因此，在这次打假中成为正面典型被政府扶持和宣传
1991	原"求精开关厂"解体，南存辉成立了"中美合资温州正泰电器有限公司"
1993	开始在上海、西安、郑州、济南等地组建销售公司，并成立了东北、华北、华东、华南、西南、西北等十大销售办公处，标志着正泰开始将销售触角直接伸向全国
1994	组建了温州地区第一个低压电器集团——"温州正泰集团"。股东增加到 40 人，南存辉个人股权不足 40%
1996	开始进行重组，形成全资控股、部分控股和参股的多样性股权结构，股东人数急剧增加，资产总额也快速膨胀；南存辉的个人股权不足 20%
1997	研制成功 N 系列新产品，标志着正泰的技术开发已经达到国内先进水平

续表

时间	里程碑事件
1998	第二次股份制改造完成，标志着正泰进入稳步扩张的阶段
2003	销售额首次突破 100 亿元，名列全球低压电器企业第五名
2005	与美国通用电气（GE）公司合资新建总投资 586 万美元的"通用正泰（温州）电气有限公司"，各占股份比例 51%、49%
2006	正泰太阳能科技有限公司在杭州注册成立
2009	正泰诉施耐德侵权案达成全球和解协议，施耐德赔偿正泰 1.575 亿元人民币

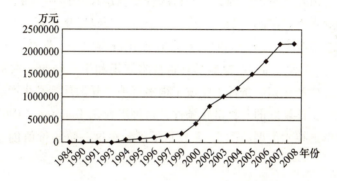

图 5-2 正泰销售额：1984—2008 年

第二节 正泰不同发展阶段的商业模式分析

一 起步阶段（1984—1989 年）

（一）价值主张

产品方面，和柳市绝大多数的企业一样，求精开关厂靠模仿起家，采用家庭作坊式生产，质量无法保证，价格也非常便宜。这一时期企业主要和供销员打交道、不直接接触市场和客户，因此对顾客和竞争对手毫无了解。南存辉曾回忆："那个时候我们跟一些供销员打交道。他们拎着一个包，走南闯北很不容易的。订单拿来了，就发了一批货……"企业信息渠道也只有这些"泥腿子"供销员，而他们很难传递顾客和市场情况信息。企业的生存压力也使其没有资源和精力了解竞争对手。在企业和产品定位上，求精厂还没有清晰概念，属于"随大流"。求精厂此时并未认为自己与其他小厂有区别，反而认为自己是其中一员，仅为"赚钱"。"开始的时候大家都没有证，我们也没有证，大家赚钱我们也赚钱，但是我们总觉得心不安①"。

（二）价值创造

起步阶段，求精厂价值创造逻辑是将原材料和元器件转化成低压电器。当时连基本的厂房都没有。胡成中②在接受中央台采访时曾说："求精开关厂是一直没有厂房的……当时考虑到盖厂房的话，一要投资比较大，第二，风险也很大。因为你银行的贷款也是有限的……加上这个时期中国社会处在不稳定的时期……你盖一个工厂起码要几百万，而且可能将来会不会被没收啊，因为当时的姓资姓社还没有定……"生产厂长南存辉"中学差 15 天毕业"，根本不具备技术知识和生产经验。求精厂就在无厂房、无生产知识的条件下完成了很多订单。开关是标准化产品，而生产过程是手工作坊式的非标准化条件，这种组合是 Tompson（1967）认为不具备效率的技术类型。图 5 - 3 显示了正泰在这一阶段价值创造的主要情况。

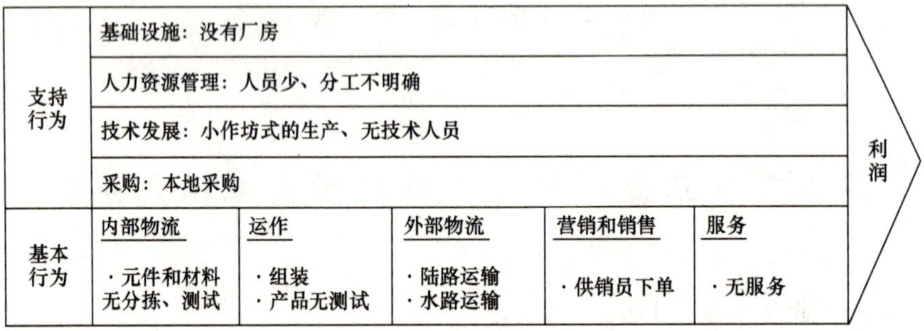

图 5 - 3　正泰起步阶段（求精厂时期）价值创造

（三）价值系统整合

求精厂起步时，我国已经进入第二代低压电器时代。这一时期国有企

---

① "证"指生产许可证。资料来源：上海卫视《第一财经》对南存辉的采访。

② 胡成中是乐清开关厂另一位厂长，企业解体时，他成立了"德力西"，是正泰在低压电器相关行业中的主要竞争对手。

业仍然一统天下，且掌握着民营企业所不具备的产品和技术相关的关键知识。市场需求的快速增加却给民营小企业以发展的机会。靠着拼装市场上买来的原材料和元器件，求精厂也生产出了自己的产品。可以说，该阶段求精厂并不真正具备低压电器产品的生产和技术知识，生产过程也是附加值极低的拼装；其行为严格地在企业内部进行。由于无须真正接触客户，因此企业也并不具备相应的顾客知识（图 5 - 8 的第一阶段）。

二　调整阶段（1989—1998 年）

（一）价值主张

这一阶段，首先企业在外力推动下逐渐完善了产品系列和种类，并进入技术含量相对较高的成套设备领域。柳市形成低压电器专业市场后，顾客蜂拥而来。为降低采购成本，他们希望在柳市甚至柳市的一家企业中就能采购所需要的所有低压电器。当时正好碰上国家鼓励建立企业集团的政策导向时期①，于是正泰在 1994 年成立企业集团。其次是在完整产品线的基础上进入成套设备领域，以满足我国第一次"两网改造"② 的需求。成套设备特点是集成程度高，技术相对低压电器单个产品复杂；企业不仅需对单个元件有所把握，更重要的是对连接、交互关系和系统性的理解。进入成套领域可以作为正泰提升产品层次的一个信号。

企业在具备了一定实力后，开始关注竞争对手发展，并逐渐开始主动接触市场。柳市中小企业主大多存在各种亲戚、同学、朋友关系，错综复杂的网络使得信息获取并不困难。访谈过程中，多位受访者都指出："柳市就这么一点点大，有个什么消息，很快大家都知道了。"1993 年开始，正泰开始在全国设立营销公司，并通过这一渠道收集顾客需求。尤其是成套设备项目上马之后，需要按照具体要求对产品进行设计和调整，正泰与顾客的沟通更为深入，对顾客的了解也逐步增加。

面对恶劣的竞争环境，正泰开始寻找产品差异求生存的道路。首先是实现产品质量的差异化。分家前，两位厂长已就质量问题达成了一些共识，并投入物力和财力进行产品质量控制。例如胡成中"三顾茅庐"请来了上海人民电器厂的退休工程师王中江到厂里抓产品质量。正泰在1986 年 8 月购置了测试检验台 8 台、快速检验台 1 台、原材料试验台 8

① 1987 年，国务院出台了《关于组建和发展企业集团的几点意见》，温州开始推行并进行试点是在 20 世纪 90 年代初，其中正泰是较早进行集团化的企业之一。
② 指对"城市配电网"和"农村配电网"两大电力网络的改造。

台，并创办了温州市第一个热继电器实验室，当年就生产出了第一只热继电器①产品，并于 1988 年 1 月领取了第一张由机电部颁发的 JR16B 热继电器、CJ10 交流接触器、JZ7 中间继电器三大系列产品生产许可证。后来，求精厂还由于抓质量出了名成为温州市典型企业。其次是价格的差异化。实验室的成立在保证产品质量的同时也提高了成本。而 20 世纪 80 年代后期正是柳市电器最"滥"的时候，大量劣质产品进入市场②，靠着极低的价格取胜。但当越来越多客户受了劣质品的骗，开始关注产品质量时，求精厂见缝插针，积极拓展这些市场，并得以维持相对较高的价格。

（二）价值创造

调整阶段，正泰的价值创造逻辑是价值链方式。企业不断加大技术和设备的引进和吸收，还加大了标准化生产的步伐（如表 5 - 4 所示）。胡成中曾在接受采访时表示："邓小平南方讲话以后，我们就比较大胆了，该投设备的投设备，该技改的技改，该盖厂房的盖厂房了。所以顾虑就少一些……"政府打假后，正泰还得到了国家金融机构的支持。随着企业规模扩大，职能部门分工也开始逐渐明晰。技术上，在上海技术专家"传帮带"的帮助下，企业内部技术骨干开始成长。反映在 Tompson（1967）的技术分类中，正泰已稳定在长关联技术象限。图 5 - 4 显示了正泰在这一阶段价值创造的主要情况。

表 5 - 4　正泰在调整阶段的固定资产投入和通过的部分标准化认证

时间	投入情况
1991 年	投入 1400 万元更新了所有生产设备
1993 年	引进 CJX2 系列交流接触器，并先后投产了生产能力 100 万台的生产流水线 4 条、购置了可编程控绕线机 8 台，使生产能力从一种产品逐步发展为 JR16B 热继电器、CJ10 交流接触器、JZ7 中间继电器三大系列产品
1994 年	投入 760 万元建立了由 98 台先进设备组成的具有国内先进水平的产品检测试验站
1994 年 12 月	在同行企业中首先通过了 ISO9001 质量管理体系认证，随后通过了美国 FMRC 公司体系认证

---

　① 热继电器是能在过流的条件下升温并切断电源从而实现保护功能的开关。
　② 由于产品质量低劣导致多起工矿企业事故，国家六部委工作组进驻柳市，喧嚣"一下子安静下来"。

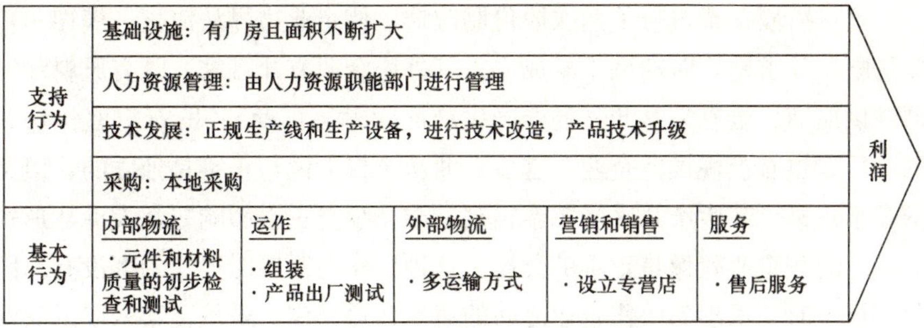

支持行为	基础设施：有厂房且面积不断扩大				利润
	人力资源管理：由人力资源职能部门进行管理				
	技术发展：正规生产线和生产设备，进行技术改造，产品技术升级				
	采购：本地采购				
基本行为	内部物流 ·元件和材料质量的初步检查和测试	运作 ·组装 ·产品出厂测试	外部物流 ·多运输方式	营销和销售 ·设立专营店	服务 ·售后服务

图 5 - 4　正泰调整阶段的价值创造示意图

　　1993 年下半年开始，正泰率先跳出本地专业市场限制，开始在全国各地建立自己的销售公司和特约经销处，先后在上海、西安、郑州、济南等地组建销售公司，把销售延伸到全国各地，并对资金较强的经销点给予资金周转和价格方面的优惠。同年，正泰还取得了低压电器产品自营出口权，产品销往 30 多个国家和地区，出口交货值占年销售额的 10% 左右。

　　（三）价值系统整合

　　进入调整阶段后，正泰从求精厂时期"作坊式"生产逐步进入了正规的生产制造，同时对产品组件及其性能有了全方位的了解。这首先得益于上海工程师的技术人员在正泰厂的"传帮带"。专家和技术人员一到正泰，就开始指导机器购置和技术改进，使正泰的生产一步一步地走向正规，正泰在这一阶段经历了从引进到自主开发的过程（见表 5 - 5）。这一系列事件表明，正泰已经掌握了低压电器产品技术及设备和生产知识。

表 5 - 5　　　　　　　　　正泰调整阶段技术关键事件

时间	事件及其意义
1993	CJX2 系列交流接触器作为引进消化的第一个品种
1995	申请了第一个外观专利
1996	在机械部支持下上马了只有少数世界著名企业才有的"电器可靠性工程"
1997	申请了第一个实用新型专利
	"N"系列新产品的开发和设计标志着正泰技术开发由"跟随型"向"先导型"转变，达到了国际产品 20 世纪 90 年代初水平，实现了中国低压电器行业飞跃
1998	与中科院沈阳自动化研究所共同研制了国内第一台触头自动铆接机及第一条交流接触器半自动装配、检测生产线

这一阶段正泰进行了两次股份制改造，使企业边界从清晰—模糊—重新清晰。从求精厂时期到正泰成立，其外协企业有几百家，既有原料和元器件供应商，也有完整产品的合同供应商（贴牌厂商）；既有家庭作坊式的小厂，也有上规模的企业。这些企业从产权上说与正泰是独立的，但又依存于正泰。其生产几乎受正泰控制，或至少受正泰影响非常大。从形式上说，这些企业就像是正泰的分厂，这种协作关系有时连契约都没有。因此，这一时期正泰与协作企业之间的边界变得模糊。虽然正泰采取以商标商誉入股的形式来凝聚生产企业，南存辉个人股份稀释，有 38 家企业进入正泰，并在 1994 年最终成立了集团，但股份制的真正完成还是在调整阶段的最后时期。此外，正泰在全国各地建立销售公司和特约经销处，使其能真正接触顾客，了解顾客，并从中获得顾客知识（见图 5 - 9 前三阶段）。

三　扩张阶段（1998 年至今）

（一）价值主张

这一阶段，正泰产品层次不断提升。成套项目上马后，正泰就确定了"低压—高压—超高压"以及"产品成套化、智能化"的发展道路，并抓住我国房地产蓬勃发展的机遇进入了输配电、住宅小区供配电系统和住宅内装电气设备系统领域。此外，正泰于 2006 年投资 3000 万美元成立了太阳能科技有限公司[①]，主要生产薄膜太阳能组件、晶硅电池组件等光伏相关产品，实现了向上游的光伏发电领域的延伸。这样，正泰产品最终覆盖了整个电力体系，成为电气相关的系统解决方案提供商。

进入高压、超高压和太阳能领域之后，正泰开始意识到顾客和竞争对手的变化。首先，确定服务对象。系统化解决方案的主要顾客是政府电力部门和大型工矿企业。相对价格来说，这些企业对系统性能和质量更敏感。这就需要正泰提供更有针对性的服务。因此，正泰将企业核心价值从产品转向服务，并明确提出了"让电尽其所能"的价值主张。南存辉多次解读这个价值主张，认为正泰是"从水电厂、火电厂和太阳能发电的建设，到输、变、配、用电终端，就是与电有关的产品，除传统发电设备之外，我们都生产，是一家专业的电气设备与解决方案供应商"[②]。其次，

---

① 浙江正泰太阳能科技公司总部位于杭州。

② 来源：温家宝总理 2009 年 8 月到正泰考察时，正泰总裁南存辉先生对正泰的介绍。

正泰将竞争对手锁定为国际先进企业，并通过与它们的合作增加了解，学习先进的管理知识和技术知识。如 2005 年 2 月正泰与世界电气巨头 GE 合资建立了通用正泰（温州）电气有限公司。

正泰不断聚焦中高端客户。2001 年，正泰首次申请发明专利，标志着正泰进入技术领先者的行列。2003 年开始，正泰多次为中国运载火箭技术研究院、北京航天试验技术研究院提供产品，还为长江三峡前期工程、首都国际机场、天津奥运场馆等精品工程以及胜利油田、重庆江北机场、吉林化纤集团、武汉市供电局、京津粤市政建设工程等国有企业和政府重点工程提供了产品和服务。至此，正泰国内市场定位逐渐明朗，即瞄准中高端市场。市场定位提升使正泰成为跨国公司强劲的竞争对手。国际电气巨头施耐德曾多次希望与正泰合作而最终未遂愿。谈判破裂后转而与正泰的竞争对手德力西达成合作协议。

（二）价值创造

该阶段，正泰明确提出整体解决方案的思路。太阳能业务仅用两年时间就实现了从长关联技术向密集型技术的转变，从生产晶硅电池到提供太阳能电站整体服务，并先后完成了广东电网、西班牙 Maetel 光伏发电站等国内外多项电力系统解决方案。这标志着正泰从提供标准化中低压产品生产商转型成系统提供商和服务提供商，且解决方案更为系统化，提供了包含发电设备—输配电设备—供配电和终端的全价值链服务。换句话说，在各部分系统化的基础上，正泰提供了整体系统化解决方案（见图 5 - 5）。从这个角度说，技术仍属于 Tompson（1967）技术分类的密集型技术，并可能在相当长的一段时间内持续。

（三）价值系统整合

通过股份制改造，正泰吸收和整合了一批电器生产和销售企业，股东人数一下翻了十几倍，让这些企业既在集团的统一指挥下运行，又保持一定的独立性。通过这样的行动，外部企业又变成了正泰内部企业。更重要的是，正泰在之前阶段已具备了低压和部分中、高压产品和成套设备的生产和技术能力，并横跨多个产业，开始提供"交钥匙"工程的系统化产品和解决方案也就自然而然了。而系统解决方案是定制化的，需要按顾客需求设计、生产和施工。通过不断与顾客沟通，正泰对顾客知识的了解也越来越丰富。

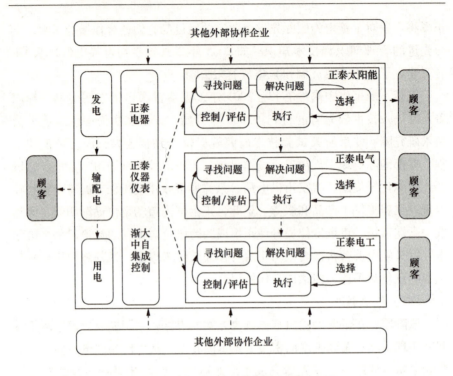

图 5 - 5　正泰扩张阶段的价值创造示意图

四　案例小结

本章通过对正泰商业模式不同维度在企业三个发展阶段演化的分析，得出了商业模式与企业成长间的动态匹配关系。在价值主张上，正泰经历了从"全优点罗列型—有利差异点宣传—共鸣突出型的变化"（见表 5 - 6）；

表 5 - 6　　　　　　　　　正泰各阶段价值主张内涵

	起步阶段	调整阶段	扩张阶段
产品	低端：价格低、技术含量低	中端：产品线较全，进入成套领域	相对高端：成套设备、进入太阳能光伏产业
对顾客和竞争对手的了解	不了解：不具备了解他们的资源和精力	主动接触：建立营销公司	按顾客需求进行产品设计和生产
市场定位	质量和价格无差异低端市场	质量和价格差异化的中端市场	中高端市场
价值主张	全优点罗列型	有利差异点宣传	共鸣突出型

价值创造上，正泰的技术属性变化经历了从"无效率技术—长关联技术—中介型技术的变化"（见图5-6），因此，其价值创造的逻辑是从"原始型—价值链—价值商店"（见表5-7）。价值系统整合上，正泰经历了"产业内的内部系统整合—产业内的外部系统整合—产业外的内部系统整合"三个过程（见图5-7）。文章所有结论总结如图5-8所示。

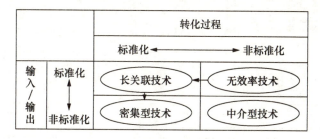

图5-6　正泰技术变化过程示意图

表5-7　　　　　　　　　　　**正泰各阶段价值创造内涵**

	起步阶段	调整阶段	扩张阶段
特点	无技术、无经验	标准化生产	提供符合顾客需求和要求的、非标准化的产品和服务
技术类型	不具备效率	长关联技术	密集型技术
价值创造类型	原始型	价值链	价值商店

表5-8　　　　　　　　　　　**正泰各阶段价值系统整合来源**

阶段	起步阶段	调整阶段	扩张阶段
企业边界	严格的企业边界	模糊	清晰
产品生产和技术知识	基本无产品和技术知识	系列产品生产和技术知识	系统产品
顾客知识	不直接接触顾客	开始直接面对顾客	定制化产品方案
跨产业联合	否	否	是

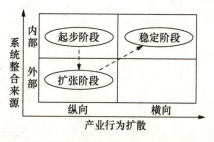

图5-7　正泰各阶段价值系统整合变化图

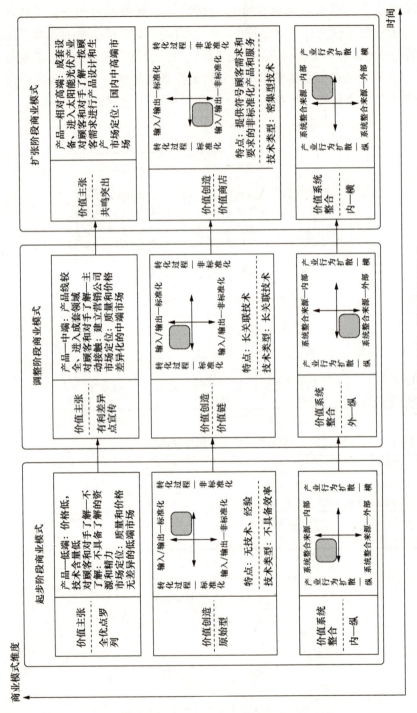

图 5 - 8 正泰商业模式与企业成长的演化

表 5 - 9 　　　　　　　纵向案例研究结论

发展阶段	起步阶段	调整阶段	扩张阶段
时间	1984—1989 年	1989—1998 年	1999 年至今
价值主张	全优点罗列型	有利差异点宣传型	共鸣突出型
价值创造	价值链	价值链	价值商店
价值链整合	内一纵	外一纵	内一横

第三节　总结与讨论

与天宇朗通和宇龙酷派相对较短的发展历史不同，正泰集团近 30 年的发展讲述了一个很好的"山寨式"企业华丽转身的故事。如前所述，山寨手机是破坏式创新商业模式的一种极端状态，是新兴经济企业以"模仿—创新"方式成长的早期呈现。而正泰的故事则完整得多。正泰从最初连模仿都算不上的家庭作坊，到购买部件开始组装模仿低压电器产品的山寨式商业模式，过渡到生产成套设备的破坏式整合商业模式，再到成为太阳能电池板生产商的高技术领域原创创新式商业模式，正泰走过了 Luo 等（2011）所指出的新兴经济企业发展道路中的"模仿—复制—适应性"的过程。这更像是在作为新兴经济的中国很多行业都在上演的故事。

本章是对第四章研究中技术和商业模式关系研究的补充，以及对 Chesbrough 和 Rosenbloom（2002）研究成果的具体响应。他们对日本 XE-ROX 的研究结果显示，商业模式是企业技术商业化的一个途径。本章在

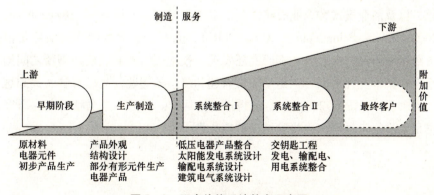

图 5 - 9　正泰价值系统整合示意图

对价值创造的描述与不同的技术类型相对应，希望呈现技术与商业模式之间的特定联系。本研究是其新兴经济的版本，并证实了这一观点的普适性。此外，作为研究的副产品，本研究中系统整合的结果反映了正泰集团制造业服务化的全景。

本章理论贡献包括三个方面。首先，从商业模式全新视角研究集群龙头企业成长过程。本研究表明，商业模式创新和企业成长之间存在共同演化，也就是说二者互为因果。这为企业的成长，特别是产业集群龙头企业的成长研究提供了一个与现有技术创新相关理论大为不同的新视角。其次，本章响应 Zott 和 Amit 的研究拓展了应用领域（Zott，Amit，2008），并将关注点放在对动态性的考察。最后，通过考察集群龙头企业成长演化揭示了集群成长机制，丰富了集群成长研究。

此外，本章对管理者和政策制定者也具有一定意义。企业管理者需认识到企业不同发展阶段商业模式不同。当进入新发展阶段时，若不进行针对性的商业模式创新，将造成二者之间的不一致而导致企业失败。对集群政策制定者而言，集群发展过程中需制定相应政策引导集群企业，特别是龙头企业进行商业模式创新。进一步，本章暗示，商业模式三个维度间也存在相互匹配关系，商业模式部分维度的调整可能无法完成与企业成长阶段的有效匹配。

本章也存在一定局限。首先，商业模式价值创造维度中"价值商店"方式未在传统制造集群企业出现，而这种方式在信息技术领域较常见。这从另一角度说明，价值创造的维度能反映不同类型企业（服务企业和制造企业）特征。其次，因为单案例研究内在的概化性问题，本研究还需得到其他更多企业和产业的检验。此外，考虑到企业不同阶段战略的变化，以及商业模式和企业战略之间的概念差异（Chesbrough，Rosenbloom，2002；Morris，Schindehutte，Allen，2005），进一步探索两者共同演化是值得继续的研究方向之一。本研究还发现，技术创新和商业模式创新之间似乎存在某种互补关系。这是个非常有趣和复杂的问题，且已有学者提到这一点（Zott，Amit，2008），也值得进一步探究。最后，本书呼吁在此研究结果上进行定量研究以检验结论的概化性。

第六章　结论和展望

　　本书关注了新兴经济背景下商业模式架构对企业成长的作用。具体而言，首先对商业模式的构念特征和构念的大伞本质进行了澄清。接着利用社会网络分析方法对商业模式现有研究流派和类型进行了分析。基于此，本书对商业模式要素在新兴经济特殊情境下进行了修正，并以得出的商业模式要素为基础，以中国制造业中的典型企业为例，探讨了不同制度环境和技术环境的情况下商业模式架构与企业成长的影响作用。然后，文章回到商业模式构念本源的几个问题，探讨了商业模式与企业成长的纵向演化情况，并得出二者共演的结论。作为结尾，本章将总结几个子研究的研究结论、理论贡献以及管理意义，并指出本研究局限及未来具有潜力的研究方向。

第一节　结　论

　　首先，本书明确了商业模式构念及其特征，并指出了商业模式构念对战略管理研究领域的重要意义。通过证明商业模式构念的理论意义、普适性，以及指出其"大伞构念"的本质，解释了学者认为商业模式构念是仅具修辞意义的构念（Porter，2001）、商业模式研究在理论发展方面受阻（Alt，Zimmermann，2001；Baden-Fuller，Morgan，2010；Morris，Schindehutte，Allen，2005；Morris，Schindehutte，Richardson，Allen，2006；Voelpel，Leibold，Tekie，2004）等尴尬现状的原因。针对这样的情况，本书提出采用架构方法来对商业模式构念及其相关研究进行理论化的建议，并特别强调了商业模式构念在战略管理领域可能发挥重要的作用。进一步，在明确商业模式构念的基础上进行的基于社会网络方法的文献分析结果发现，以商业模式为主题的研究仍然处于"新理论"的阶段，且尚未形成明确的发展流派。这符合 Zott 等（2011）的论断，即该研究仍处于起步阶段，且较为分散，未形成广为接受的理论框架。即便如此，本书的分析结果仍然鉴别了现有研究的三类：对商业模式概念和要素的探讨、创新创业领域的研究以及战略领域的研究。它们之间不是割裂的，而是相互关联的，其研究结果很可能实现相互增强，并最终完善商业模式研究的理论基础。

其次，在明确商业模式构念及其研究流派的基础上，本书在新兴经济制造产业情境中进行的商业模式要素验证和修改工作，论证了新兴经济企业（主要是制造企业）商业模式的四个要素，即价值主张、能力、价值链环节以及渠道，并强调了要素特性在商业模式研究中可能产生的重要作用。基于此，本书针对手机行业两家企业的对比案例研究结果表明，在新兴经济背景下，原创创新式商业模式和山寨式商业模式都能在政策环境放松时带来企业成长，但后者对成长的作用更明显。而当技术发生跃迁时，山寨式商业模式显然不能适应这一技术环境的变化，会带来企业成长的停滞甚至失败；而原创创新式企业也很难跟上国际先进技术发展的要求，转而进入破坏式创新商业模式，在一定程度上保持技术优势并迎合新兴经济广阔市场需求，从而带来企业成长。

最后，对我国转型升级较为成功的正泰集团的纵向案例研究，展示了我国制造企业在"抄袭—模仿—创新"过程中，不同发展阶段商业模式与企业成长的动态匹配关系，展示了企业成长过程中，商业模式演化的前因和后果，并从商业模式角度呈现了我国制造企业"起步—转型—升级"的内部动力。

事实上，本书案例中天宇朗通、宇龙酷派以及温州低压电器的正泰集团的故事代表了我国企业商业模式的三种不同状态。尚未发生技术跃迁之前，天宇和正泰类似，都是破坏式整合商业模式，以模仿作为企业发展第一步，都是市场主导型的商业模式。尽管 Luo 等（2011）将天宇朗通总结为进入模仿—创新道路的中国企业的例子，但本书研究结果显示，天宇在发展的第一阶段的确如此，但技术跃迁阶段完败。天宇的失败在于没有意识到市场需求的变化及时对商业模式进行调整。宇龙早期从特殊利基市场切入的做法与西方主流企业类似。

需要说明的是，子研究二和子研究三所使用的商业模式分析基础存在差异：前者以基于要素的商业模式架构作为研究的出发点，而后者从商业模式构念的两个本源问题推导得到的三个商业模式的维度出发，探究基于维度的商业模式架构对企业成长作用的演化关系。这样做的目的是使两个研究各有侧重。

第二节　理论贡献

第一，对商业模式构念清晰化的贡献。本研究厘清了商业模式构念及其本质特征，从而拓展了战略管理研究视野。本书对商业模式构念内涵、特征以及研究流派的总结对战略研究视野的拓展具有重要意义。本书证明了商业模式的伞形特征（Hirsch，Levin，1999），并指出了商业模式运用架构理论和方法的可行性和有效性。通过对商业模式构念的深度剖析，本书尝试回答了关于构念构成的"how"问题（Whetten，1989），有助于降低商业模式构念界定和理论建构方面的无序性，提高商业模式研究的针对性。此外，这一工作还为破坏式创新（Christensen，1997；Christensen，Baumann，Ruggles，Sadtler，2006；Christensen，Bohmer，Kenagy，2000；Christensen，Johnson，Rigby，2002；Christensen，Overdorf，2000）、逆向创新（Immelt，Govindarajan，Trimble，2009）以及甘地式创新（Prahalad，Mashelkar，2010）等非技术创新成长方式提供了理论支撑。

第二，对企业成长研究的贡献。本研究丰富了环境适应论的企业成长研究。环境适应论的学者认为，企业通过修正资源发展和市场定位，而不断适应环境，从而获得成长（Pettus，2001）。进一步，Harrison（2004）指出，在不同的产业和组织情境中需要发展独立的成长模型以帮助组织生态研究理解成长。一方面，本书在新兴经济这一新情境中关注商业模式对环境的适应；另一方面，按照 Zott 和 Amit（2008）的建议，本书将这一研究在制造企业的情境中展开。具体而言，本书为破坏式创新提供了理论基础，解释了不同类型的破坏式创新带来企业成长的机制。

第三，对中国情境化研究的贡献。本研究关注的是在新兴经济的特殊背景下，不同的制度和技术环境中商业模式对企业成长的影响情况，这符合 Cheng（1994）定义的情境嵌入式（context - embedded）研究，Whetten（2002）所定义的随情境变化而变化的情境限定（context - bounded）知识所对应的研究，以及 Tsui（2004）所说的情境特定式

（context – specific）研究。比如，本研究基于商业模式的内部核心逻辑，加上新兴经济的特定环境和实践，总结了新兴经济情境下企业商业模式的要素，并以此为基础展开研究，这符合 Tsui（2004）所指出的特定情境研究中的情境化研究方式的一种，即在测度等方式中情境化。此外，本书的权变因素中，放松管制是新兴经济企业特有的情境条件；而技术跃迁是新兴经济企业频繁碰到的状况，也就是说，这对于新兴经济企业的重要性程度要远高于这一概念对西方经济企业的作用。这符合 Tsui（2004）所说的另一种情境化研究方式，即在情境化研究中加入了情境化的环境变量。因此，本研究是对情境化的中国管理研究的初步尝试，丰富了战略管理领域商业模式研究。

第三节　管理意义

第一，中国企业管理者需要意识到，作为新兴经济的中国，企业成长道路存在西方企业不具备的备择。商业模式驱动的企业成长是中国民营企业发展的新思路。中国经济发展存在的一个悖论是，民营企业是中国经济的发动机，却又缺乏政府保护，无法触碰到政府控制的关键资源（Luo，Sun，Wang，2011）。要扭转这样的态势，民营企业的一个可行之举是先快速做大。一方面，新兴经济体内部存在巨大的市场亟待满足；另一方面，以前沿的技术创新为基础的企业成长显然无法在短期内实现，因为存在一个这样的潜在简单假设，即技术含量越高的产品，价格也越高、面对的客户也将越少（Christensen，1997）。一个全新的商业模式能使得这一切成为可能。山寨手机厂商天宇朗通发展前期爆炸式的成长正符合这一思路。

第二，企业在不同的产业政策和技术发展阶段商业模式不能"一刀切"。企业管理者需要意识到，企业的商业模式符合外部环境的要求才能实现企业成长。当产业制度环境发生变化时，商业模式需要随之创新，因此，即便非常困难，企业管理者仍需要为商业模式创新提供可能性。这种商业模式的转变是让企业在环境发生变化时不仅仅只跟着市场走，因为新兴经济的广阔低端市场可能使企业迷失，要再爬起来就很困难。

第三，企业在不同业务之间商业模式不能"一刀切"。企业管理者需要在不同业务（或产品）采用不同商业模式，以实现业务成长，并进而实现企业成长。本研究中正泰集团在低压电器、成套设备、太阳能相关业务等不同的业务单元中就采用了不同的商业模式，实现了企业转型升级，并最终实现了多业务的共同成长。这样的配置使商业模式架构殊途同归的特性得以体现。

第四节　研究局限和未来研究方向

本书在对环境进行分析时，前提假设是制度情境和技术情境是两个相互独立的维度，它们先后对行业中的企业发生作用，虽然在技术跃迁阶段分析时，暗含了政策环境已经发生变化的假设，但并未明确地考虑二者同时发生变化的情况。但在手机行业实践中，确实存在两者同时发生变化的情况。在放松管制阶段，行业在政策管制方面发生了重大变化，也即国家放开了对手机牌照的发放；同时，行业技术情境也发生了一定变化，行业中联发科的出现使得几乎所有企业都处于同一水平线上。至少存在这样的可能，即这一阶段企业商业模式对成长的影响效应中，有一小部分是因为政策和技术同时发生作用而引起的。可见，同时考虑制度情境和技术情境，故事会更复杂，也许更为有趣。

本书在分析商业模式架构时，未考虑架构中的核心要素与外围要素（Fiss, 2007）的具体指代。事实上，存在这样一种可能，即企业在不同阶段商业模式的不同可能是因为商业模式核心要素发生了变化。这也许可以解释为什么商业模式架构会呈现有限的几种类型；同时还可以解释商业模式创新过程的微观机制。可见，确定商业模式架构中核心要素和外围要素的具体指代，对破解商业模式构念本身具有相当的意义。

本书在分析企业商业模式及其创新时，未将可能存在的行业基础商业模式纳入考虑。企业的战略决策与行业的主导逻辑相关（Bettis, Prahalad, 1995），与此类似，在行业中也有类似的主导商业模式（Konde, 2009; Nosella, Petroni, Verbano, 2005），企业商业模式受到行业主导商业模式的制约。当企业要进行商业模式创新的时候，行业现有的基础商业模式会阻碍企业商业模式创新。与主导逻辑类似，企业的商业模式要"挣脱"行业主导模式，环境中必须出现重大转变才有可能。而本书关注的产业政策环境和技术环境的转变正可能带来行业中的主导商业模式发生这样的重大转变，并进而影响企业商业模式创新的方向和内容。因此，在环境变化的情境下将行业主导商业模式作为企业层商业模式变化的前提是有趣且有意义的研究主题。

参考文献

[1] Achtenhagen, L., Naldi, L., Melin, L. "Business Growth" – Do Practitioners and Scholars Really Talk About the Same Thing? [J]. *Entrepreneurship Theory and Practice*, 2010, 34 (2): 289 –316.

[2] Acock, A. C., DeFleur, M. L. A Configurational Approach to Contingent Consistency in the Attitude – Behavior Relationship [J]. *American Sociological Review*, 1972, 37 (6): 714 –726.

[3] Adner, R., Kapoor, R. Value creation in innovation ecysystems: how the structure of technological interdependence affects firm performance in new technology generations [J]. *Strategic Management Journal*, 2010, 31 (3): 306 –333.

[4] Ahlstrom, D., Bruton, G. D. Learning from Successful Local Private Firms in China: Establishing Legitimacy [J]. *Academy of Management Executive*, 2001, 15 (4): 72 –83.

[5] Ahlstrom, D., Bruton, G. D. Venture capital in emerging economies: Networks and institutional change [J]. *Entrepreneurship Theory and Practice*, 2006, 30 (2): 299 –320.

[6] Ahlstrom, D., Bruton, G. D., Lui, S. S. Y. Navigating China's changing economy: Strategies for private firms [J]. *Business Horizons*, 2000, 43 (1): 5 –15.

[7] Ahlstrom, D., Bruton, G. D., Yeh, K. S. Private firms in China: Building legitimacy in an emerging economy [J]. *Journal of World Business*, 2008, 43 (4): 385 –399.

[8] Ahlstrom, D., Young, M. N., Nair, A. Deceptive managerial practices in China: Strategies for foreign firms [J]. *Business Horizons*, 2002, 45 (6): 49 –59.

[9] Alsos, G. A. , Isaksen, E. J. , Ljunggren, E. New venture financing and subsequent business growth in men – and women – led businesses [J]. *Entrepreneurship Theory and Practice*, 2006, 30 (5): 667 – 686.

[10] Alt, R. , Zimmermann, H. – D. Preface: Introduction to Special Section—Business Models [J]. *Electronic Markets*, 2001, 11 (1): 3 – 9.

[11] Alvesson, M. , Kärreman, D. Constructing mystery: empirical matters in theory development [J]. *Academy of Management Review*, 2007, 32 (4): 1265 – 1281.

[12] Amit, R. , Zott, C. Value creation in e – business [J]. *Strategic Management Journal*, 2001, 22 (6 – 7): 493 – 520.

[13] Anderson, J. C. , Narus, J. A. , Van Rossum, W. Customer value propositions in business markets [J]. *Harvard Business Review*, 2006, 84 (3): 90 – 99.

[14] Ang, S. H. Competitive intensity and collaboration: Impact on firm growth across technological environments [J]. *Strategic Management Journal*, 2008, 29 (10): 1057 – 1075.

[15] Arnold, D. J. , Quelch, J. A. New strategies in emerging markets [J]. *Sloan management review*, 1998, 40 (1): 7 – 20.

[16] Arthur, G. , Lawrence, H. W. Strategies for Innovation in Developing Countries [J]. *Sloan Management Review* (pre – 1986), 1977, 19 (1): 57.

[17] Aulakh, P. S. , Kotabe, M. , Teegen, H. Export Strategies and Performance of Firms from Emerging Economies: Evidence from Brazil, Chile, and Mexico [J]. *The Academy of Management Journal*, 2000, 43 (3): 342 – 361.

[18] Autio, E. , Sapienza, H. J. , Almeida, J. G. Effects of age at entry, knowledge intensity, and imitability on international growth [J]. *Academy of Management Journal*, 2000, 43 (5): 909 – 924.

[19] Bacharach, S. B. Organizational Theories: Some Criteria for Evaluation [J]. *The Academy of Management Review*, 1989, 14 (4): 496 – 515.

[20] Baden – Fuller, C. , Morgan, M. S. Business Models as Models [J]. *Long Range Planning*, 2010, 43 (2 – 3): 156 – 171.

[21] Baghai, M., Smit, S., Viguerie, P. Is Your Growth Strategy Flying Blind? [J]. *Harvard Business Review*, 2009, 87 (5): 86 – 96.

[22] Baker, D. D., Cullen, J. B. Administrative Reorganization and Configurational Context: The Contingent Effects of Age, Size, and Change in Size [J]. *The Academy of Management Journal*, 1993, 36 (6): 1251 – 1277.

[23] Bamford, C. E., Dean, T. J., Douglas, T. J. The temporal nature of growth determinants in new bank foundings: implications for new venture research design [J]. *Journal of Business Venturing*, 2004, 19 (6): 899 – 919.

[24] Barney, J. Firm resources and sustained competitive advantage [J]. *Journal of management*, 1991, 17 (1): 99 – 120.

[25] Barney, J. B. Is the Resource – Based "View" a Useful Perspective for Strategic Management Research? Yes [J]. *Academy of Management Review*, 2001, 26 (1): 41 – 56.

[26] Barney, J. B., Hoskisson, R. E. Strategic groups: Untested assertions and research proposals [J]. *Managerial and decision Economics*, 1990, 11 (3): 187 – 198.

[27] Barringer, B. R., Jones, F. F., Neubaum, D. O. A quantitative content analysis of the characteristics of rapid – growth firms and their founders [J]. *Journal of Business Venturing*, 2005, 20 (5): 663 – 687.

[28] Bartlett, C. A., Ghoshal, S. Going global: lessons from late movers [J]. *Reading*, 2000. 1: 73 – 86.

[29] Batjargal, B. The effects of networks structural holes: Polycentric institutions, product portfolio, and new venture growth in China and Russia [J]. *Strategic Entrepreneurship Journal*, 2010, 4 (2): 146 – 163.

[30] Batt, R. Managing customer services: Human resource practices, quit rates, and sales growth [J]. *Academy of Management Journal*, 2002, 45 (3): 587 – 597.

[31] Baum, J. R., Bird, B. J. The Successful Intelligence of High – Growth Entrepreneurs: Links to New Venture Growth [J]. *Organization Science*, 2010, 21 (2): 397 – 412.

[32] Baum, J. R., Locke, E. A., Smith, K. G. A multidimensional model

of venture growth [J]. *Academy of Management Journal*, 2001, 44 (2): 292 – 303.

[33] Belderbos, R., Zou, J. L. On the growth of foreign affiliates: multinational plant networks, joint ventures, and flexibility [J]. *Journal of International Business Studies*, 2007, 38 (7): 1095 – 1112.

[34] Bell, M., Pavitt, K. Technological Accumulation and Industrial Growth: Contrasts Between Developed and Developing Countries [J]. *Industrial and Corporate Change*, 1993, 2 (1): 157 – 210.

[35] Bettis, R. A., Prahalad, C. The dominant logic: retrospective and extension [J]. *Strategic Management Journal*, 1995, 16 (1): 5 – 14.

[36] Bigliardi, B., Nosella, A., Verbano, C. Business models in Italian biotechnology industry: a quantitative analysis [J]. *Technovation*, 2005, 25 (11): 1299 – 1306.

[37] Birley, S., Westhead, P. Growth and performance contrasts between "types" of small firms [J]. *Strategic Management Journal*, 1990, 11 (7): 535 – 557.

[38] Björkdahl, J. Technology cross – fertilization and the business model: The case of integrating ICTs in mechanical engineering products [J]. *Research Policy*, 2009, 38 (9): 1468 – 1477.

[39] Black, J. A., Boal, K. B. Strategic resources: Traits, configurations and paths to sustainable competitive advantage [J]. *Strategic Management Journal*, 1994, 15 (S2): 131 – 148.

[40] Boisot, M., Meyer, M. W. Which Way through the Open Door? Reflections on the Internationalization of Chinese Firms [J]. *Management and Organization Review*, 2008, 4 (3): 349 – 365.

[41] Boswell, T., Brown, C. The Scope of General Theory [J]. *Sociological methods & research*, 1999, 28 (2): 154 – 185.

[42] Bothner, M. S. Relative size and firm growth in the global computer industry [J]. *Industrial and Corporate Change*, 2005, 14 (4): 617 – 638.

[43] Bottazzi, G., Cefis, E., Dosi, G. Corporate growth and industrial structures: some evidence from the Italian manufacturing industry [J]. *Industrial and Corporate Change*, 2002, 11 (4): 705 – 723.

[44] Bower, J., Christensen, C. Disruptive technologies: catching the wave [J]. *Harvard Business Review*, 1995. 73: 43 –43.

[45] Bradley, S. W., Wiklund, J., Shepherd, D. A. Swinging a double – edged sword: The effect of slack on entrepreneurial management and growth [J]. *Journal of Business Venturing*, 2011, 26 (5): 537 –554.

[46] Bresnahan, T., Yin, P. L. Reallocating innovative resources around growth bottlenecks [J]. *Industrial and Corporate Change*, 2010, 19 (5): 1589 –1627.

[47] Brinckmann, J., Salomo, S., Gemuenden, H. G. Financial Management Competence of Founding Teams and Growth of New Technology – Based Firms [J]. *Entrepreneurship Theory and Practice*, 2011, 35 (2): 217 –243.

[48] Bruton, G., Ahlstrom, D., Yeh, K. S. Understanding venture capital in East Asia: the impact of institutions on the industry today and tomorrow [J]. *Journal of World Business*, 2004, 39 (1): 72 –88.

[49] Bruton, G. D., Ahlstrom, D. An institutional view of China'venture capital industry: Explaining the differences between China and the West [J]. *Journal of Business Venturing*, 2003, 18 (2): 233 –259.

[50] Bruton, G. D., Ahlstrom, D., Singh, K. The impact of the institutional environment on the venture capital industry in Singapore [J]. *Venture Capital: An International Journal of Entrepreneurial Finance*, 2002, 4 (3): 197 –218.

[51] Bruton, G. D., Rubanik, Y. Resources of the firm, Russian high – technology startups, and firm growth [J]. *Journal of Business Venturing*, 2002, 17 (6): 553 –576.

[52] Bryman, A. Animating the Pioneer versus Late Entrant Debate: An Historic Case Study [J]. *Journal of Management Studies*, 2003, 34 (3): 415 –438.

[53] Cappelli, P., Singh, H., Singh, J., Useem, M. The India way: Lessons for the US [J]. *The Academy of Management Perspectives (formerly The Academy of Management Executive) (AMP)*, 2010, 24 (2): 6 –24.

[54] Carr, J. C., Haggard, K. S., Hmieleski, K. M., Zahra, S. A. A

study of the moderating effects of firm age at internationalization on firm survival and short – term growth [J]. *Strategic Entrepreneurship Journal*, 2010, 4 (2): 183 – 192.

[55] Casadesus – Masanell, R. , Ricart, J. E. From Strategy to Business Models and onto Tactics [J]. *Long Range Planning*, 2010, 43 (2 – 3): 195 – 215.

[56] Cassar, G. Entrepreneur opportunity costs and intended venture growth [J]. *Journal of Business Venturing*, 2006, 21 (5): 610 – 632.

[57] Castellacci, F. , Zheng, J. H. Technological regimes, Schumpeterian patterns of innovation and firm – level productivity growth [J]. *Industrial and Corporate Change*, 2010, 19 (6): 1829 – 1865.

[58] Chacar, A. , Vissa, B. Are emerging economies less efficient? Performance persistence and the impact of business group affiliation [J]. *Strategic Management Journal*, 2005, 26 (10): 933 – 946.

[59] Chan, R. Y. K. Does the natural – resource – based view of the firm apply in an emerging economy? A survey of foreign invested enterprises in China [J]. *Journal of Management Studies*, 2005, 42 (3): 625 – 672.

[60] Chang, S. J. , Chung, C. N. , Mahmood, I. P. When and how does business group affiliation promote firm innovation? A tale of two emerging economies [J]. *Organization Science*, 2006, 17 (5): 637 – 656.

[61] Cheng, J. L. C. On the Concept of Universal Knowledge in Organizational Science: Implications for Cross – National Research [J]. *Management Science*, 1994, 40 (1): 162 – 168.

[62] Chesbrough, H. Business model innovation: it'not just about technology anymore [J]. *Strategy & Leadership*, 2007a, 35 (6): 12 – 17.

[63] Chesbrough, H. (Ed.) . 2006. *Open Business Models: How to Thrive in the New Innovation Landscape.*

[64] Chesbrough, H. , Rosenbloom, R. S. The role of the business model in capturing value from innovation: evidence from Xerox Corporation'technology spin – off companies [J]. *Industrial and Corporate Change*, 2002, 11 (3): 529 – 555.

[65] Chesbrough, H. W. Why Companies Should Have Open Business Models

[J]. *MIT Sloan Management Review*, 2007b, 48 (2): 22.

[66] Child, J. Organizational structure, environment and performance: The role of strategic choice [J]. *Sociology*, 1972, 6 (1): 1.

[67] Child, J. , Tsai, T. The dynamic between firms' environmental strategies and institutional constraints in emerging economies: Evidence from China and Taiwan [J]. *Journal of Management Studies*, 2005, 42 (1): 95 – 125.

[68] Chiles, T. , Meyer, A. , Hench, T. Organizational emergence: The origin and transformation of Branson, Missouri'musical theaters [J]. *Organization Science*, 2004. 499 – 519.

[69] Chittoor, R. , Sarkar, M. B. , Ray, S. , Aulakh, P. S. Third – World Copycats to Emerging Multinationals: Institutional Changes and Organizational Transformation in the Indian Pharmaceutical Industry [J]. *Organization Science*, 2009, 20 (1): 187 – 205.

[70] Cho, H. – D. , Lee, J. – K. The developmental path of networking capability of catch – up players in Korea'semiconductor industry [J]. *R&D Management*, 2003, 33 (4): 411 – 423.

[71] Cho, H. J. , Pucik, V. Relationship between innovativeness, quality, growth, profitability, and market value [J]. *Strategic Management Journal*, 2005, 26 (6): 555 – 575.

[72] Choi, C. J. , Lee, S. H. , Kim, J. B. A note on countertrade: Contractual uncertainty and transaction governance in emerging economies [J]. *Journal of International Business Studies*, 1999, 30 (1): 189 – 201.

[73] Chowdhury, S. The moderating effects of customer driven complexity on the structure and growth relationship in young firms [J]. *Journal of Business Venturing*, 2011, 26 (3): 306 – 320.

[74] Christensen, C. The innovator'dilemma: when new technologies cause great firms to fail [M] . *Harvard Business Press*, 1997.

[75] Christensen, C. , Rosenbloom, R. Explaining the attacker'advantage: Technological paradigms, organizational dynamics, and the value network [J]. *Research Policy*, 1995, 24 (2): 233 – 257.

[76] Christensen, C. M. , Baumann, H. , Ruggles, R. , Sadtler, T. M. Disruptive innovation for social change [J]. *Harvard Business Review*,

2006, 84 (12): 94 – 101.

[77] Christensen, C. M. , Bohmer, R. , Kenagy, J. Will disruptive innovations cure health care? [J]. *Harvard Business Review*, 2000, 78 (5): 102 – 110.

[78] Christensen, C. M. , Johnson, M. W. , Rigby, D. K. Foundations for growth – How to identify and build disruptive new businesses [J]. *MIT Sloan Management Review*, 2002, 43 (3): 22 – 31.

[79] Christensen, C. M. , Overdorf, M. Meeting the challenge of disruptive change [J]. *Harvard Business Review*, 2000, 78 (2): 66 – 75.

[80] Chung, C. C. , Beamish, P. W. The impact of institutional reforms on characteristics and survival of foreign subsidiaries in emerging economies [J]. *Journal of Management Studies*, 2005, 42 (1): 35 – 62.

[81] Clarysse, B. , Bruneel, J. , Wright, M. Explaining growth paths of young technology – based firms: structuring resource portfolios in different competitive environments [J]. *Strategic Entrepreneurship Journal*, 2011, 5 (2): 137 – 157.

[82] Clarysse, B. , Wright, M. , Van de Velde, E. Entrepreneurial Origin, Technological Knowledge, and the Growth of Spin – Off Companies [J]. *Journal of Management Studies*, 2011, 48 (6): 1420 – 1442.

[83] Clemons, E. K. An empirical investigation of third – party seller rating systems in e – commerce: The case of buySAFE [J]. *Journal of Management Information Systems*, 2007, 24 (2): 43 – 71.

[84] Coad, A. Exploring the processes of firm growth: evidence from a vector auto – regression [J]. *Industrial and Corporate Change*, 2010, 19 (6): 1677 – 1703.

[85] Colombo, M. G. , Grilli, L. On growth drivers of high – tech start – ups: Exploring the role of founders' human capital and venture capital [J]. *Journal of Business Venturing*, 2010, 25 (6): 610 – 626.

[86] Corsino, M. , Gabriele, R. Product innovation and firm growth: evidence from the integrated circuit industry [J]. *Industrial and Corporate Change*, 2011, 20 (1): 29 – 56.

[87] Covin, J. G. , Green, K. M. , Slevin, D. P. Strategic process effects on

the entrepreneurial orientation – sales growth rate relationship [J]. *Entrepreneurship Theory and Practice*, 2006, 30 (1): 57 –81.

[88] Covin, J. G. , Slevin, D. P. , Heeley, M. B. Pioneers and followers: Competitive tactics, environment, and firm growth [J]. *Journal of Business Venturing*, 2000, 15 (2): 175 –210.

[89] Cuervo – cazurra, A. , Genc, M. Transforming disadvantages into advantages: developing – country MNEs in the least developed countries [J]. *Journal of International Business Studies*, 2008, 39 (6): 957 –979.

[90] Damanpour, F. , Aravind, D. Managerial Innovation: Conceptions, Processes, and Antecedents [J]. *Management and Organization Review*, 2012, 8 (2): 423 –454.

[91] Danis, W. M. , Chiaburu, D. S. , Lyles, M. A. The impact of managerial networking intensity and market – based strategies on firm growth during institutional upheaval: A study of small and medium – sized enterprises in a transition economy [J]. *Journal of International Business Studies*, 2010, 41 (2): 287 –307.

[92] Davies, A. Moving base into high – value integrated solutions: a value stream approach [J]. *Industrial and Corporate Change*, 2004, 13 (5): 727 –756.

[93] Davila, A. , Foster, G. , Gupta, M. Venture capital financing and the growth of startup firms [J]. *Journal of Business Venturing*, 2003, 18 (6): 689 –708.

[94] Delery, J. E. , Doty, D. H. Modes of Theorizing in Strategic Human Resource Management: Tests of Universalistic, Contingency, and Configurational Performance Predictions [J]. *Academy of Management Journal*, 1996, 39 (4): 802 –835.

[95] Delmar, F. , Davidsson, P. , Gartner, W. B. Arriving at the high – growth firm [J]. *Journal of Business Venturing*, 2003, 18 (2): 189 –216.

[96] Delmar, F. , Wennberg, K. , Hellerstedt, K. Endogenous growth through knowledge spillovers in entrepreneurship: An empirical test [J]. *Strategic Entrepreneurship Journal*, 2011, 5 (3): 199 –226.

[97] Delmar, F. , Wiklund, J. The effect of small business managers' growth

motivation on firm growth: A longitudinal study [J]. *Entrepreneurship Theory and Practice*, 2008, 32 (3): 437 – 457.

[98] Demil, B. , Lecocq, X. Business Model Evolution: In Search of Dynamic Consistency [J]. *Long Range Planning*, 2010, 43 (2 – 3): 227 – 246.

[99] Desai, V. M. Constrained growth: How experience, legitimacy, and age influence risk taking in organizations [J]. *Organization Science*, 2008, 19 (4): 594 – 608.

[100] Dess, G. G. , Lumpkin, G. T. , Covin, J. G. Entrepreneurial strategy making and firm performance: tests of contingency and configurational models [J]. *Strategic Management Journal*, 1997, 18 (9): 677 – 695.

[101] Devlin, R. A. , Grafton, R. Q. , Rowlands, D. Rights and wrongs: a property rights perspective of Russia 'market reforms [J]. *Antitrust Bull.* , 1998. 43: 275 – 296.

[102] Dieleman, M. , Sachs, W. M. Coevolution of institutions and corporations in emerging economies: How the Salim Group morphed into an institution of Suharto'crony regime [J]. *Journal of Management Studies*, 2008, 45 (7): 1274 – 1300.

[103] Dixon, S. E. A. , Clifford, A. Ecopreneurship – a new approach to managing the triple bottom line [J]. *Journal of Organizational Change Management*, 2007, 20 (3): 326 – 345.

[104] Doganova, L. , Eyquem – Renault, M. What do business models do? Innovation devices in technology entrepreneurship [J]. *Research Policy*, 2009, 38 (10): 1559 – 1570.

[105] Doty, D. H. , Glick, W. H. Typologies as a Unique Form of Theory Building: Toward Improved Understanding and Modeling [J]. *Academy of Management Review*, 1994, 19 (2): 230 – 251.

[106] Doty, D. H. , Glick, W. H. , Huber, G. P. Fit, Equifinality, and Organizational Effectiveness: A Test of Two Configurational Theories [J]. *The Academy of Management Journal*, 1993, 36 (6): 1196 – 1250.

[107] Drazin, R. , Van de Ven, A. H. Alternative Forms of Fit in Contingency Theory [J]. *Administrative Science Quarterly*, 1985, 30 (4): 514 – 539.

[108] Dunford, R. , Palmer, I. , Benveniste, J. Business Model Replication for

Early and Rapid Internationalisation The ING Direct Experience [J]. *Long Range Planning*, 2010, 43 (5 – 6): 655 – 674.

[109] Dutta, D. K., Thornhill, S. The evolution of growth intentions: Toward a cognition – based model [J]. *Journal of Business Venturing*, 2008, 23 (3): 307 – 332.

[110] Edmondson, A. C., McManus, S. E. Methodological fit in management field research [J]. *Academy of Management Review*, 2007, 32 (4): 1155 – 1179.

[111] Eisenhardt, K. Building theories from case study research [J]. *Academy of Management Review*, 1989, 14 (4): 532 – 550.

[112] Eisenhardt, K., Graebner, M. Theory building from cases: Opportunities and challenges [J]. *Academy of Management Journal*, 2007, 50 (1).

[113] Eisenmann, T. R. Internet companies' growth strategies: Determinants of investment intensity and long – term performance [J]. *Strategic Management Journal*, 2006, 27 (12): 1183 – 1204.

[114] Emerson, J. The Blended Value Proposition: Integrating Social and Financial Returns [J]. *California Management Review*, 2003, 45 (4): 35 – 51.

[115] Enders, A., Jelassi, T. The converging business models of Internet and bricks – and – mortar retailers [J]. *European Management Journal*, 2000, 18 (5): 542 – 550.

[116] Ernst, D., Kim, L. Global production networks, knowledge diffusion, and local capability formation [J]. *Research Policy*, 2002, 31 (8 – 9): 1417 – 1429.

[117] Erturk, I., Froud, J., Johal, S., Leaver, A., Williams, K. Ownership matters: private equity and the political division of ownership [J]. *Organization*, 2010, 17 (5): 543 – 561.

[118] Estrin, S., Wright, M. Corporate governance in the former Soviet Union: An overview [J]. *Journal of Comparative Economics*, 1999, 27 (3): 398 – 421.

[119] Fagiolo, G., Luzzi, A. Do liquidity constraints matter in explaining

firm size and growth? Some evidence from the Italian manufacturing industry [J]. *Industrial and Corporate Change*, 2006, 15 (1): 1 – 39.

[120] Fan, P. Catching up through developing innovation capability: evidence from China'telecom – equipment industry [J]. *Technovation*, 2006, 26 (3): 359 – 368.

[121] Feng, H. , Julie, F. , Sukhdev, J. , Colin, H. , Karel, W. A new business model? The capital market and the new economy [J]. *Economy & Society*, 2001, 30 (4): 467 – 503.

[122] Ferguson, T. D. , Ketchen, J. D. J. Organizational configurations and performance: the role of statistical power in extant research [J]. *Strategic Management Journal*, 1999, 20 (4): 385 – 395.

[123] Filatotchev, I. , Piesse, J. R&D, internationalization and growth of newly listed firms: European evidence [J]. *Journal of International Business Studies*, 2009, 40 (8): 1260 – 1276.

[124] Filatotchev, I. , Strange, R. , Piesse, J. , Lien, Y. C. FDI by firms from newly industrialised economies in emerging markets: corporate governance, entry mode and location [J]. *Journal of International Business Studies*, 2007, 38 (4): 556 – 572.

[125] Fiss, P. C. Building better casual theories: a fuzzy set approach to typologies in organizational research [J]. *Academy of Management Journal*, 2011, 54 (2): 393 – 420.

[126] Fiss, P. C. A set – theoretic approach to organizational configurations [J]. *Academy of Management Review*, 2007, 32 (4): 1180 – 1198.

[127] Florin, J. , Lubatkin, M. , Schulze, W. A social capital model of high – growth ventures [J]. *Academy of Management Journal*, 2003, 46 (3): 374 – 384.

[128] Galaskiewicz, J. , Bielefeld, W. , Dowell, M. Networks and organizational growth: A study of community based nonprofits [J]. *Administrative Science Quarterly*, 2006, 51 (3): 337 – 380.

[129] Galunic, D. C. , Eisenhardt, K. M. Renewing the strategy – structure – performance paradigm [J]. *Research in organizational behavior*, 1994. 16: 215 – 255.

[130] Gambardella, A., McGahan, A. M. Business – Model Innovation: General Purpose Technologies and their Implications for Industry Structure [J]. *Long Range Planning*, 2010, 43 (2 –3): 262 –271.

[131] Gao, G. Y., Murray, J. Y., Kotabe, M., Lu, J. Y. A "strategy tripod" perspective on export behaviors: Evidence from domestic and foreign firms based in an emerging economy [J]. *Journal of International Business Studies*, 2010, 41 (3): 377 –396.

[132] Garnsey, E., Stam, E., Heffernan, P. New firm growth: Exploring processes and paths [J]. *Industry and Innovation*, 2006, 13 (1): 1 –20.

[133] Gartner, W., Brush, C. 1999. Entrepreneurship as organizing. Paper presented at *the Academy of Management Conference* [C].

[134] George, G., Bock, A. J. The Business Model in Practice and its Implications for Entrepreneurship Research [J]. *Entrepreneurship Theory and Practice*, 2011, 35 (1): 83 –111.

[135] Geroski, P., Mazzucato, M. Learning and the sources of corporate growth [J]. *Industrial and Corporate Change*, 2002, 11 (4): 623 –644.

[136] Ghaziani, A., Ventresca, M. Keywords and Cultural Change: Frame Analysis of Business Model Public Talk, 1975 –2000 [J]. *Sociological Forum*, 2005, 20 (4): 523 –559.

[137] Gilbert, B. A., McDougall, P. P., Audretsch, D. B. New venture growth: A review and extension [J]. *Journal of management*, 2006, 32 (6): 926 –950.

[138] Glaser, B. G., Strauss, A. L. The discovery of grounded theory: Strategies for qualitative research [M]. *AldineTransaction*, 1967.

[139] Globerman, S., Shapiro, D., Vining, A. Clusters and intercluster spillovers: their influence on the growth and survival of Canadian information technology firms [J]. *Industrial and Corporate Change*, 2005, 14 (1): 27 –60.

[140] Golovko, E., Valentini, G. Exploring the complementarity between innovation and export for SMEs' growth [J]. *Journal of International Business Studies*, 2011, 42 (3): 362 –380.

[141] Gong, L. , Jiang, S. , Wei, J. 2010. A Dynamic Match between Business Model and Firm Growth: The Case of Chint Group. Paper presented at the *Internation Conference of Management on Innovation and Technology* [C] . Singarpore.

[142] Gong, Y. , Shenkar, O. , Luo, Y. , Nyaw, M. K. Do multiple parents help or hinder international joint venture performance? The mediating roles of contract completeness and partner cooperation [J]. *Strategic Management Journal*, 2007, 28 (10): 1021 – 1034.

[143] Gordijn, J. , Akkermans, H. Designing and evaluating e – business models [J]. *IEEE Intelligent Systems*, 2001. 11 – 17.

[144] Grandori, A. , Furnari, S. A chemistry of organization: Combinatory analysis and design [J]. *Organization Studies*, 2008, 29 (3): 459.

[145] Gresov, C. , Drazin, R. Equifinality: Functional Equivalence in Organization Design [J]. *Academy of Management Review*, 1997, 22 (2): 403 – 428.

[146] Greve, H. R. A behavioral theory of firm growth: Sequential attention to size and performance goals [J]. *Academy of Management Journal*, 2008a, 51 (3): 476 – 494.

[147] Greve, H. R. Multimarket contact and sales growth: Evidence from insurance [J]. *Strategic Management Journal*, 2008b, 29 (3): 229 – 249.

[148] Gubbi, S. R. , Aulakh, P. S. , Ray, S. , Sarkar, M. B. , Chittoor, R. Do international acquisitions by emerging – economy firms create shareholder value? The case of Indian firms [J]. *Journal of International Business Studies*, 2010, 41 (3): 397 – 418.

[149] Guillén, M. F. Business Groups in Emerging Economies: A Resource – Based View [J]. *The Academy of Management Journal*, 2000, 43 (3): 362 – 380.

[150] Guillén, M. F. , Garcia – Canal, E. The American Model of the Multinational Firm and the "New" Multinationals From Emerging Economies [J]. *Academy of Management Perspectives*, 2009, 23 (2): 23 – 35.

[151] Gundry, L. K. , Welsch, H. P. The ambitions entrepreneur: High growth strategies of women – owned enterprises [J]. *Journal of Business*

Venturing, 2001, 16 (5): 453 –470.

[152] Hafsi, T. , Kiggundu, M. N. , Jorgensen, J. J. Strategic Apex Configurations in State – Owned Enterprises [J]. *Academy of Management Review*, 1987, 12 (4): 714 –730.

[153] Hagel, J. Leveraged growth – Expanding sales without sacrificing profits [J]. *Harvard Business Review*, 2002, 80 (10): 68 –77.

[154] Hambrick, D. C. Taxonomic Approaches to Studying Strategy: Some Conceptual and Methodological Issues [J]. *Journal of management*, 1984, 10 (1): 27 –41.

[155] Hambrick, D. C. , Schecter, S. M. Turnaround Strategies for Mature Industrial – Product Business Units [J]. *The Academy of Management Journal*, 1983, 26 (2): 231 –248.

[156] Hamel, G. , Getz, G. Funding growth in an age of austerity [J]. *Harvard Business Review*, 2004, 82 (7 –8): 76 –84.

[157] Hannan, M. T. , Freeman, J. The population ecology of organizations [J]. *American Journal of Sociology*, 1977. 929 –964.

[158] Hannan, M. T. , Freeman, J. Structural inertia and organizational change [J]. *American Sociological Review*, 1984. 149 –164.

[159] Harrison, J. R. Models of growth in organizational ecology: a simulation assessment [J]. *Industrial and Corporate Change*, 2004, 13 (1): 243 –261.

[160] Hatten, K. J. , Hatten, M. L. Strategic groups, asymmetrical mobility barriers and contestability [J]. *Strategic Management Journal*, 1987, 8 (4): 329 –342.

[161] Hatten, K. J. , Schendel, D. E. Heterogeneity within an industry: firm conduct in the US brewing industry, 1952 –71 [J]. *The Journal of Industrial Economics*, 1977, 26 (2): 97 –113.

[162] Haveman, H. A. , Nonnemaker, L. Competition in multiple geographic markets: The impact on growth and market entry [J]. *Administrative Science Quarterly*, 2000, 45 (2): 232 –267.

[163] Hedman, J. , Kalling, T. The business model concept: theoretical underpinnings and empirical illustrations [J]. *European Journal of Infor-*

mation Systems, 2003. 12: 49 – 59.

[164] Henderson, R. M. , Clark, K. B. Architectural Innovation: The Reconfiguration of Existing Product Technologies and the Failure of Established Firms [J]. *Administrative Science Quarterly*, 1990, 35 (1): 9 – 30.

[165] Hermelo, F. D. , Vassolo, R. Institutional development and hypercompetition in emerging economies [J]. *Strategic Management Journal*, 2010, 31 (13): 1457 – 1473.

[166] Hill, S. A. , Birkinshaw, J. Strategy – organization configurations in corporate venture units: Impact on performance and survival [J]. *Journal of Business Venturing*, 2008, 23 (4): 423 – 444.

[167] Hirsch, P. M. , Levin, D. Z. Umbrella Advocates Versus Validity Police: A Life – Cycle Model [J]. *Organization Science*, 1999, 10 (2): 199 – 212.

[168] Hite, J. M. , Hesterly, W. S. The evolution of firm networks: From emergence to early growth of the firm [J]. *Strategic Management Journal*, 2001, 22 (3): 275 – 286.

[169] Hitt, M. A. , Dacin, M. T. , Levitas, E. , Arregle, J. – L. , Borza, A. Partner Selection in Emerging and Developed Market Contexts: Resource – Based and Organizational Learning Perspectives [J]. *The Academy of Management Journal*, 2000, 43 (3): 449 – 467.

[170] Hitt, M. A. , Li, H. , Worthington, W. J. , IV. Emerging markets as learning laboratories: Learning behaviors of local firms and foreign entrants in different institutional contexts [J]. *Management and Organization Review*, 2005, 1 (3): 353 – 380.

[171] Hoang, H. , Antoncic, B. Network – based research in entrepreneurship: A critical review [J]. *Journal of Business Venturing*, 2003, 18 (2): 165 – 187.

[172] Hobday, M. East Asian latecomer firms: Learning the technology of electronics [J]. *World Development*, 1995, 23 (7): 1171 – 1193.

[173] Hobday, M. Firm – level Innovation Models: Perspectives on Research in Developed and Developing Countries [J]. *Technology Analysis &*

Strategic Management, 2005, 17 (2): 121 – 146.

[174] Hobday, M. , Rush, H. , Bessant, J. Approaching the innovation frontier in Korea: the transition phase to leadership [J]. *Research Policy*, 2004, 33 (10): 1433 – 1457.

[175] Hofstede, G. Cultural constraints in management theories [J]. *The Executive*, 1993. 81 – 94.

[176] Holcomb, T. R. , Combs, J. G. , Sirmon, D. G. , Sexton, J. Modeling Levels and Time in Entrepreneurship Research An Illustration With Growth Strategies and Post – IPO Performance [J]. *Organizational Research Methods*, 2010, 13 (2): 348 – 389.

[177] Holliday, C. Sustainable growth, the DuPont way [J]. *Harvard Business Review*, 2001, 79 (8): 129 – 134.

[178] Hoskisson, R. E. , Eden, L. , Lau, C. M. , Wright, M. Strategy in Emerging Economies [J]. *The Academy of Management Journal*, 2000, 43 (3): 249 – 267.

[179] Hoskisson, R. E. , Hill, C. W. L. , Kim, H. The multidivisional structure: organizational fossil or source of value? [J]. *Journal of Management*, 1993, 19 (2): 269 – 298.

[180] Iacovone, L. , Crespi, G. A. Catching up with the technological frontier: Micro – level evidence on growth and convergence [J]. *Industrial and Corporate Change*, 2010, 19 (6): 2073 – 2096.

[181] Immelt, J. R. , Govindarajan, V. , Trimble, C. How GE is disrupting itself [J]. *Harvard Business Review*, 2009, 87 (10): 56 – 65.

[182] Isobe, T. , Makino, S. , Montgomery, D. B. Resource commitment, entry timing, and market performance of foreign direct investments in emerging economies: The case of Japanese international joint ventures in China [J]. *Academy of Management Journal*, 2000, 43 (3): 468 – 484.

[183] Johnson, M. W. , Christensen, C. M. , Kagermann, H. Reinventing Your Business Model [J]. *Harvard Business Review*, 2008, 86 (12): 57 – 68.

[184] Jones, C. , Hesterly, W. S. , Borgatti, S. P. A general theory of network governance: Exchange conditions and social mechanisms [J]. *A-*

cademy of Management Review, 1997. 911 – 945.

[185] Kaplan, A. The conduct of inquiry [J]. *San Francisco*, 1964. 4.

[186] Katz, D. , Kahn, R. The social psychology of organizations [M]: *Wiley New York*, 1978.

[187] Keck, S. L. , Tushman, M. L. Environmental and Organizational Context and Executive Team Structure [J]. *Academy of Management Journal*, 1993, 36 (6): 1314 – 1344.

[188] Keister, L. A. Capital structure in transition: The transformation of financial strategies in China'emerging economy [J]. *Organization Science*, 2004, 15 (2): 145 – 158.

[189] Ketchen, D. J. , Shook, C. L. The application of cluster analysis in strategic management research: an analysis and critique [J]. *Strategic Management Journal*, 1996, 17 (6): 441 – 458.

[190] Ketchen, J. D. J. , Combs, J. G. , Russell, C. J. , Shook, C. , Dean, M. A. , Runge, J. , Lohrke, F. T. , Naumann, S. E. , Haptonstahl, D. E. , Baker, R. , Beckstein, B. A. , Handler, C. , Honig, H. , Lamoureux, S. Organizational configurations and performance: a meta – analysis [J]. *Academy of Management Journal*, 1997, 40 (1): 223 – 240.

[191] Ketchen, J. D. J. , Thomas, J. B. , Snow, C. C. Organizational configurations and performance: a comparison of theoretical approaches [J]. *Academy of Management Journal*, 1993, 36 (6): 1278 – 1313.

[192] Khaire, M. Young and No Money? Never Mind: The Material Impact of Social Resources on New Venture Growth [J]. *Organization Science*, 2010, 21 (1): 168 – 185.

[193] Khanna, T. , Palepu, K. The Future of Business Groups in Emerging Markets: Long – Run Evidence from Chile [J]. *Academy of Management Journal*, 2000, 43 (3): 268 – 285.

[194] Khanna, T. , Palepu, K. Why focused strategies may be wrong for emerging markets [J]. *Harvard Business Review*, 1997, 75 (4): 41 – 51.

[195] Kim, H. , Hoskisson, R. E. Does market – oriented institutional change in an emerging economy make business – group – affiliated multi-

nationals perform better? An institution – based view [J]. *Journal of International Business Studies*, 2010, 41 (7): 1141 – 1160.

[196] Kim, H. , Hoskisson, R. E. , Wan, W. P. Power dependence, diversification strategy, and performance in keiretsu member firms [J]. *Strategic Management Journal*, 2004, 25 (7): 613 – 636.

[197] Kim, L. Stages of development of industrial technology in a developing country: A model [J]. *Research Policy*, 1980, 9 (3): 254 – 277.

[198] Kim, W. , Mauborgne, R. Strategy, value innovation, and the knowledge economy [J]. *Sloan Management Review*, 1999, 40 (3): 41.

[199] Kim, W. C. , Mauborgne, R. Value innovation – The strategic logic of high growth [J]. *Harvard Business Review*, 2004, 82 (7 – 8): 172 – 180.

[200] Klein, M. H. Poverty Alleviation through Sustainable Strategic Business Models [D] . *RSM Erasmus University, Rotterdam*, 2008.

[201] Kogut, B. Joint ventures: Theoretical and empirical perspectives [J]. *Strategic Management Journal*, 1988, 9 (4): 319 – 332.

[202] Konde, V. Biotechnology business models: An Indian perspective [J]. *Journal of Commercial Biotechnology*, 2009, 15 (3): 215.

[203] Kor, Y. Y. Experience – based top management team competence and sustained growth [J]. *Organization Science*, 2003, 14 (6): 707 – 719.

[204] Krugman, P. Increasing returns and economic geography [J]. *Journal of political economy*, 1991, 99 (3): 483 – 499.

[205] Kulatilaka, N. , Perotti, E. C. Strategic growth options [J]. *Management Science*, 1998, 44 (8): 1021 – 1031.

[206] Laaksonen, P. Managing strategic change: New business models applying wireless technology as a source of competitive edge [D] . *Unpublished D. Sc. (Tech.), Lappeenrannan Teknillinen Korkeakoulu (Finland), Finland*, 2005.

[207] Larsson, R. , Brousseau, K. R. , Driver, M. J. , Holmqvist, M. , Tarnovskaya, V. International growth through cooperation: Brand – driven strategies, leadership, and career development in Sweden [J]. *Academy of Management Executive*, 2003, 17 (1): 7 – 21.

[208] Laurie, D. L. , Doz, Y. L. , Sheer, C. P. Creating new growth plat-

forms [J]. *Harvard Business Review*, 2006, 84 (5): 80 –89.

[209] Lee, D. Y. , Tsang, E. W. K. The effects of entrepreneurial personality, background and network activities on venture growth [J]. *Journal of Management Studies*, 2001, 38 (4): 583 –602.

[210] Lee, H. J. , Kim, S. A study on the development methodology of the business model in ubiquitous technology [J]. *International Journal of Technology Management*, 2007, 38 (4): 424 –438.

[211] Leitch, C. , Hill, F. , Neergaard, H. Entrepreneurial and Business Growth and the Quest for a "Comprehensive Theory": Tilting at Windmills? [J]. *Entrepreneurship Theory and Practice*, 2010, 34 (2): 249 –260.

[212] Leonard – Barton, D. Core capabilities and core rigidities: A paradox in managing new product development [J]. *Strategic Management Journal*, 1992, 13 (S1): 111 –125.

[213] Lev, B. , Petrovits, C. , Radhakrishnan, S. Is doing good good for you? How corporate charitable contributions enhance revenue growth [J]. *Strategic Management Journal*, 2010, 31 (2): 182 –200.

[214] Li, J. , Tsui, A. S. A citation analysis of management and organization research in the Chinese context: 1984 – 1999 [J]. *Asia Pacific Journal of Management*, 2002, 19 (1): 87 – 107.

[215] Li, J. T. , Kozhikode, R. K. Knowledge management and innovation strategy: The challenge for latecomers in emerging economies [J]. *Asia Pacific Journal of Management*, 2008, 25 (3): 429 –450.

[216] Li, J. T. , Yang, J. Y. , Yue, D. R. Identity community, and audience: How wholly owned foreign subsidiaries gain legitimacy in China [J]. *Academy of Management Journal*, 2007, 50 (1): 175 –190.

[217] Li, L. , Lin, Z. , Arya, B. The turtle – hare race story revisited: Social capital and resource accumulation for firms from emerging economies [J]. *Asia Pacific Journal of Management*, 2008, 25 (2): 251 –275.

[218] Li, P. P. The evolution of multinational firms from Asia: A longitudinal study of Taiwan 'Acer Group [J]. *Journal of Organizational Change Management*, 1998a, 11 (4): 321 –337.

[219] Li, P. P. The Puzzle of China 'Township – Village Enterprises: The Paradox of Local Corporatism in a Dual – Track Economic Transition [J]. *Management and Organization Review*, 2005, 1 (2): 197 – 224.

[220] Li, P. P. Towards a geocentric framework of organizational form: A holistic, dynamic and paradoxical approach [J]. *Organization Studies*, 1998b, 19 (5): 829.

[221] Li, P. P. , Leung, K. , Chen, C. C. , Luo, J. D. Indigenous research on Chinese management: What and how [J]. *Management and Organization Review*, 2012, 8 (1): 7 – 24.

[222] Li, Y. , Li, P. P. , Liu, Y. , Yang, D. Learning trajectory in offshore OEM cooperation: Transaction value for local suppliers in the emerging economies [J]. *Journal of Operations Management*, 2010, 28 (3): 269 – 282.

[223] Lin, S. J. , Lee, J. R. Configuring a corporate venturing portfolio to create growth value: Within – portfolio diversity and strategic linkage [J]. *Journal of Business Venturing*, 2011, 26 (4): 489 – 503.

[224] Linder, J. , Cantrell, S. Carved in water: changing business model fluidly [J]. *Accenture Institute for strategic change*, 2000.

[225] Lockett, A. , Wiklund, J. , Davidsson, P. , Girma, S. Organic and Acquisitive Growth: Re – examining, Testing and Extending Penrose 'Growth Theory [J]. *Journal of Management Studies*, 2011, 48 (1): 48 – 74.

[226] Lu, J. W. , Xu, D. Growth and survival of international joint ventures: An external – internal legitimacy perspective [J]. *Journal of management*, 2006, 32 (3): 426 – 448.

[227] Lu, Y. , Zhou, L. X. , Bruton, G. , Li, W. W. Capabilities as a mediator linking resources and the international performance of entrepreneurial firms in an emerging economy [J]. *Journal of International Business Studies*, 2010, 41 (3): 419 – 436.

[228] Luo, X. W. , Chung, C. N. , Sobczak, M. How do corporate governance model differences affect foreign direct investment in emerging economies? [J]. *Journal of International Business Studies*, 2009, 40 (3): 444 – 467.

[229] Luo, Y. Are joint venture partners more opportunistic in a more volatile environment? [J]. Strategic Management Journal, 2007, 28 (1): 39 –60.

[230] Luo, Y. Determinants of entry in an emerging economy: A multilevel approach [J]. Journal of Management Studies, 2001, 38 (3): 443 –472.

[231] Luo, Y. , Han, B. J. Graft and business in emerging economies: An ecological perspective [J]. Journal of World Business, 2009, 44 (3): 225 –237.

[232] Luo, Y. , Junkunc, M. How private enterprises respond to government bureaucracy in emerging economies: The effects of entrepreneurial type and governance [J]. Strategic Entrepreneurship Journal, 2008, 2 (2): 133 –153.

[233] Luo, Y. , Rui, H. An Ambidexterity Perspective Toward Multinational Enterprises From Emerging Economies [J]. Academy of Management Perspectives, 2009, 23 (4): 49 –70.

[234] Luo, Y. , Sun, J. Y. , Wang, S. L. Emerging Economy Copycats: Capability, Environment, and Strategy [J]. Academy of Management Perspectives, 2011, 25 (2): 37 –56.

[235] Lyles, M. A. , Baird, I. S. Performance of international joint ventures in two Eastern European countries: the case of Hungary and Poland [J]. MIR: Management International Review, 1994. 313 –329.

[236] Macpherson, A. , Holt, R. Knowledge, learning and small firm growth: a systematic review of the evidence [J]. Research Policy, 2007, 36 (2): 172 –192.

[237] Magretta, J. Why business models matter [J]. Harvard Business Review, 2002, 80 (5): 86 –92.

[238] Mahadevan, B. Business models for Internet – based E – commerce: An anatomy [J]. California Management Review, 2000, 42 (4): 55 –69.

[239] Majumdar, S. 'How do they plan for growth in auto component business?' – A study on small foundries of western India [J]. Journal of Business Venturing, 2010, 25 (3): 274 –289.

[240] Majumdar, S. K. The hidden hand and the license raj to An evaluation of the relationship between age and the growth of firms in India [J].

Journal of Business Venturing, 2004, 19 (1): 107 – 125.

[241] Majumdar, S. K. Private enterprise growth and human capital productivity in India [J]. *Entrepreneurship Theory and Practice*, 2007, 31 (6): 853 – 872.

[242] Makhija, M. V. The value of restructuring in emerging economies: The case of the Czech Republic [J]. *Strategic Management Journal*, 2004, 25 (3): 243 – 267.

[243] Malik, O. R., Kotabe, M. Dynamic Capabilities, Government Policies, and Performance in Firms from Emerging Economies: Evidence from India and Pakistan [J]. *Journal of Management Studies*, 2009, 46 (3): 421 – 450.

[244] Mangematin, V., Lemarie, S., Boissin, J. P., Catherine, D., Corolleur, F., Coronini, R., Trommetter, M. Development of SMEs and heterogeneity of trajectories: the case of biotechnology in France [J]. *Research Policy*, 2003, 32 (4): 621 – 638.

[245] Manolova, T. S., Carter, N. M., Manev, I. M., Gyoshev, B. S. The differential effect of men and women entrepreneurs' human capital and networking on growth expectancies in Bulgaria [J]. *Entrepreneurship Theory and Practice*, 2007, 31 (3): 407 – 426.

[246] Manolova, T. S., Eunni, R. V., Gyoshev, B. S. Institutional environments for entrepreneurship: Evidence from emerging economies in Eastern Europe [J]. *Entrepreneurship Theory and Practice*, 2008, 32 (1): 203 – 218.

[247] March, J. G. Continuity and Change in Theories of Organizational Action [J]. *Administrative Science Quarterly*, 1996, 41 (2): 278 – 287.

[248] Marino, L. D., Lohrke, F. T., Hill, J. S., Weaver, K. M., Tambunan, T. Environmental shocks and SME alliance formation intentions in an emerging economy: Evidence from the Asian financial crisis in Indonesia [J]. *Entrepreneurship Theory and Practice*, 2008, 32 (1): 157 – 183.

[249] Markides, C., Charitou, C. D. Competing with dual business models: A contingency approach [J]. *Academy of Management Executive*, 2004,

18 (3): 22 - 36.

[250] Markman, G. D., Gartner, W. B. Is Extraordinary Growth Profitable? A Study of Inc. 500 High Growth Companies [J]. *Entrepreneurship Theory and Practice*, 2002, 27 (1): 65 - 75.

[251] Marquis, C., Huang, Z. The contingent nature of public policy and the growth of US commercial banking [J]. *Academy of Management Journal*, 2009, 52 (6): 1222 - 1246.

[252] Mathews, J. A. Competitive Advantages of the Latecomer Firm: A Resource - Based Account of Industrial Catch - Up Strategies [J]. *Asia Pacific Journal of Management*, 2002, 19 (4): 467 - 488.

[253] Mathews, J. A. Dragon multinationals: New players in 21 st century globalization [J]. *Asia Pacific Journal of Management*, 2006, 23 (1): 5 - 27.

[254] Mathews, J. A., Cho, D. - S. Combinative capabilities and organizational learning in latecomer firms: the case of the Korean semiconductor industry [J]. *Journal of World Business*, 1999, 34 (2): 139 - 156.

[255] Maurer, I., Bartsch, V., Ebers, M. The Value of Intra - organizational Social Capital: How it Fosters Knowledge Transfer, Innovation Performance, and Growth [J]. *Organization Studies*, 2011, 32 (2): 157 - 185.

[256] Mayo, M. C., Brown, G. S. Building a competitive business model [J]. *Ivey Business Journal*, 1999, 63 (3): 18.

[257] McGrath, R. G. Business Models: A Discovery Driven Approach [J]. *Long Range Planning*, 2010, 43 (2 - 3): 247 - 261.

[258] McKelvey, B. Organizational systematics—taxonomy, evolution, classification [M]: *Univ of California Pr*, 1982.

[259] McKelvey, B., Aldrich, H. Populations, Natural Selection, and Applied Organizational Science [J]. *Administrative Science Quarterly*, 1983, 28 (1): 101 - 128.

[260] McKelvie, A., Wiklund, J. Advancing Firm Growth Research: A Focus on Growth Mode Instead of Growth Rate [J]. *Entrepreneurship Theory and Practice*, 2010, 34 (2): 261 - 288.

[261] McKenzie, B. , Merrilees, B. Retail value chains: extension and development into transition economies Stockmann in Estonia and Latvia [J]. *Baltic Journal of Management*, 2008, 3 (3): 309 – 327.

[262] McPhee, R. D. , Scott Poole, M. Organizational structures and configurations [J]. *The new handbook of organizational communication: Advances in theory, research and methods*, 2001. 503 – 543.

[263] Meschi, P. X. Government corruption and foreign stakes in international joint ventures in emerging economies [J]. *Asia Pacific Journal of Management*, 2009, 26 (2): 241 –261.

[264] Meyer, A. D. , Tsui, A. S. , Hinings, C. R. Configurational Approaches to Organizational Analysis [J]. *The Academy of Management Journal*, 1993, 36 (6): 1175 –1195.

[265] Meyer, K. E. Perspectives on multinational enterprises in emerging economies [J]. *Journal of International Business Studies*, 2004, 35 (4): 259 –276.

[266] Meyer, K. E. , Estrin, S. , Bhaumik, S. K. , Peng, M. W. Institutions, resources, and entry strategies in emerging economies [J]. *Strategic Management Journal*, 2009, 30 (1): 61 –80.

[267] Miles, R. E. , Miles, G. , Snow, C. C. Collaborative entrepreneurship: A business model for continuous innovation [J]. *Organizational Dynamics*, 2006, 35 (1): 1 –11.

[268] Miles, R. E. , Snow, C. C. Organizational structure, strategy and process [J]. *Academy of Management Review*, 1978. 3: 1 –17.

[269] Miller, D. The Architecture of Simplicity [J]. *The Academy of Management Review*, 1993, 18 (1): 116 –138.

[270] Miller, D. Configurations of strategy and structure: Towards a synthesis [J]. *Strategic Management Journal*, 1986, 7 (3): 233 –249.

[271] Miller, D. Configurations revisited [J]. *Strategic Management Journal*, 1996, 17 (7): 505 –512.

[272] Miller, D. Environmental Fit versus Internal Fit [J]. *Organization Science*, 1992, 3 (2): 159 –178.

[273] Miller, D. The Genesis of Configuration [J]. *The Academy of Manage-

ment Review, 1987, 12 (4): 686 – 701.

[274] Miller, D. Organizational Configurations: Cohesion, Change, and Prediction [J]. *Human Relations*, 1990, 43 (8): 771 – 789.

[275] Miller, D. Relating Porter'Business Strategies to Environment and Structure: Analysis and Performance Implications [J]. *The Academy of Management Journal*, 1988, 31 (2): 280 – 308.

[276] Miller, D. The Role of Multivariate "Q – Techniques" in the Study of Organizations [J]. *The Academy of Management Review*, 1978, 3 (3): 515 – 531.

[277] Miller, D. Toward a new contingency approach: the search for organizational gestalts [J]. *Journal of Management Studies*, 1981, 18 (1): 1 – 26.

[278] Miller, D. What happens after success: the perils of excellence [J]. *Journal of Management Studies*, 1994, 31 (3): 325 – 358.

[279] Miller, D. , Friesen, P. Archetypes of Organizational Transition [J]. *Administrative Science Quarterly*, 1980, 25 (2): 268 – 299.

[280] Miller, D. , Friesen, P. H. A longitudinal study of the corporate life cycle [J]. *Management Science*, 1984. 1161 – 1183.

[281] Miller, D. , Friesen, P. H. Strategy – Making in Context: ten Empirical Archetypes [J]. *Journal of Management Studies*, 1977, 14 (3): 253 – 280.

[282] Miller, D. , Lant, T. K. , Milliken, F. J. , Korn, H. J. The Evolution of Strategic Simplicity: Exploring Two Models of Organizational Adaption [J]. *Journal of management*, 1996, 22 (6): 863 – 887.

[283] Mishina, Y. , Pollock, T. G. , Porac, J. F. Are more resources always better for growth? Resource stickiness in market and product expansion [J]. *Strategic Management Journal*, 2004, 25 (12): 1179 – 1197.

[284] Mitchell, D. , Coles, C. The ultimate competitive advantage of continuing business model innovation [J]. *Journal of Business Strategy*, 2003. 24: 15 – 21.

[285] Mol, J. M. , Wijnberg, N. M. , Carroll, C. Value Chain Envy: Explaining New Entry and Vertical Integration in Popular Music [J]. *Journal of Management Studies*, 2005, 42 (2): 251 – 276.

［286］ Moreno, A. M. , Casillas, J. C. Entrepreneurial orientation and growth of SMEs: A causal model ［J］. *Entrepreneurship Theory and Practice*, 2008, 32（3）: 507 – 528.

［287］ Morgan, G. , Quack, S. Institutional legacies and firm dynamics: The growth and internationalization of UK and German law firms ［J］. *Organization Studies*, 2005, 26（12）: 1765 – 1785.

［288］ Morris, M. , Schindehutte, M. , Allen, J. The entrepreneur'business model: toward a unified perspective ［J］. *Journal of Business Research*, 2005, 58（6）: 726 – 735.

［289］ Morris, M. , Schindehutte, M. , Richardson, J. , Allen, J. Is the business model a useful strategic concept? Conceptual, theoretical, and empirical insights ［J］. *Journal of Small Business Strategy*, 2006, 17（1）: 27 – 50.

［290］ Murray, F. , Tripsas, M. 2004. *The exploratory processes of entrepreneurial firms: The role of purposeful experimentation*, *Business Strategy over the Industry Life Cycle*, Vol. 21: 45 – 75, New York: Jai – Elsevier Science Inc.

［291］ Nachum, L. , Song, S. The MNE as a portfolio: Interdependencies in MNE growth trajectory ［J］. *Journal of International Business Studies*, 2011, 42（3）: 381 – 405.

［292］ Naghavi, A. , Ottaviano, G. I. P. Outsourcing, complementary innovations, and growth ［J］. *Industrial and Corporate Change*, 2010, 19（4）: 1009 – 1035.

［293］ Narayanan, V. K. , Fahey, L. The relevance of the institutional underpinnings of Porter'Five Forces Framework to emerging economies: An epistemological analysis ［J］. *Journal of Management Studies*, 2005, 42（1）: 207 – 223.

［294］ Nelson, J. , Tilley, C. , Walker, L. 1998. *Transforming post – Communist political economies: Task force on economies in transition, National Research Council* ［J］. Washington, DC: National Academy Press.

［295］ Nepal, B. , Chinnam, R. B. , Petrycia, J. , Brush, E. , Chisholm, C. , Hearn, M. , Meixner, M. A quality – based business model for determining non – product investment: A case study from a Ford automotive engine plant [J]. *Engineering Management Journal*, 2007, 19 (3): 41 – 56.

[296] Nosella, A. , Petroni, G. , Verbano, C. Characteristics of the Italian biotechnology industry and new business models: the initial results of an empirical study [J]. *Technovation*, 2005, 25 (8): 841 – 855.

[297] O' Brien, J. , David, P. Firm growth and type of debt: the paradox of discretion [J]. *Industrial and Corporate Change*, 2010, 19 (1): 51 – 80.

[298] O' Farrell, P. N. , Hitchens, D. Alternative theories of small – firm growth: a critical review [J]. *Environment and Planning*, 1988, 20 (10): 1365 – 1383.

[299] O' Leary, M. B. , Cummings, J. N. The spatial, temporal, and configurational characteristics of geographic dispersion in teams [J]. *Mis Quarterly*, 2007, 31 (3): 433 – 452.

[300] Olson, M. S. , van Bever, D. , Verry, S. When growth stalls [J]. *Harvard Business Review*, 2008, 86 (3): 50 – 61.

[301] Osterwalder, A. The business model ontology: a proposition in design science approach [D] . *l' Universite de Lausanne, Lausanne*, 2003.

[302] Ostroff, C. , Schmitt, N. Configurations of Organizational Effectiveness and Efficiency [J]. *Academy of Management Journal*, 1993, 36 (6): 1345 – 1361.

[303] Park, S. , Bae, Z. T. New venture strategies in a developing country: Identifying a typology and examining growth patterns through case studies [J]. *Journal of Business Venturing*, 2004, 19 (1): 81 – 105.

[304] Peng, M. W. Globalizing the Asia Pacific Journal of Management [J]. *Asia Pacific Journal of Management*, 2007, 24 (1): 1 – 7.

[305] Peng, M. W. , Delios, A. What determines the scope of the firm over time and around the world? An Asia Pacific perspective [J]. *Asia Pacific Journal of Management*, 2006, 23 (4): 385 – 405.

[306] Peng, M. W. , Heath, P. S. The growth of the firm in planned economies in transition: Institutions, organizations, and strategic choice [J].

Academy of Management Review, 1996. 492 – 528.

[307] Peng, M. W., Luo, Y. Managerial Ties and Firm Performance in a Transition Economy: The Nature of a Micro – Macro Link [J]. *The Academy of Management Journal*, 2000, 43 (3): 486 – 501.

[308] Peng, M. W., Tan, J., Tong, T. W. Ownership types and strategic groups in an emerging economy [J]. *Journal of Management Studies*, 2004, 41 (7): 1105 – 1129.

[309] Peng, M. W., Wang, D. Y. L., Jiang, Y. An institution – based view of international business strategy: a focus on emerging economies [J]. *Journal of International Business Studies*, 2008, 39 (5): 920 – 936.

[310] Penrose, E. The theory of the growth of the firm [M]. *New York: Oxford University Press*, 1959.

[311] Pettus, N. L. The resource – based view as a developmental growth process: Evidence from the deregulated trucking industry [J]. *Academy of Management Journal*, 2001, 44 (4): 878 – 896.

[312] Phelps, R., Adams, R., Bessant, J. Life cycles of growing organizations: A review with implications for knowledge and learning [J]. *International Journal of Management Reviews*, 2007, 9 (1): 1 – 30.

[313] Podsakoff, P. M., MacKenzie, S. B., Bachrach, D. G., Podsakoff, N. P. The influence of management journals in the 1980s and 1990s [J]. *Strategic Management Journal*, 2005, 26 (5): 473 – 488.

[314] Porter, M. E. Competitive advantage: creating and sustaining superior performance [M] (1 ed.). *California: Free Press*, 1985.

[315] Porter, M. E. Strategy and the Internet [J]. *Harvard Business Review*, 2001, 79 (3): 62 – 78.

[316] Prahalad, C., Mashelkar, R. Innovation'Holy Grail [J]. *Harvard Business Review*, 2010, 88 (7/8): 132 – 141.

[317] Prahalad, C. K., Hamel, G. The core competence of the corporation [J]. *Harvard Business Review*, 1990, 68 (3): 79 – 91.

[318] Prajogo, D. I., McDermott, P., Goh, M. Impact of value chain activities on quality and innovation [J]. *International Journal of Operations & Production Management*, 2008, 28 (7 – 8): 615 – 635.

[319] Prashantham, S. , Dhanaraj, C. The Dynamic Influence of Social Capital on the International Growth of New Ventures [J]. *Journal of Management Studies*, 2010, 47 (6): 967 – 994.

[320] Priem, R. L. A consumer perspective on value creation [J]. *Academy of Management Review*, 2007, 32 (1): 219 – 235.

[321] Priem, R. L. , Butler, J. E. Is the resource – based "view" a useful perspective for strategic management research? [J]. *Academy of Management Review*, 2001, 26 (1): 22 – 40.

[322] Quinn, J. B. Outsourcing innovation: The new engine of growth [J]. *Sloan Management Review*, 2000, 41 (4): 13 – 28.

[323] Ragin, C. C. Fuzzy – set social science [M] . *University of Chicago Press*, 2000.

[324] Ragin, C. C. Redesigning social inquiry: Fuzzy sets and beyond [M]. *University of Chicago Press*, 2008.

[325] Ramamurti, R. Risks and rewards in the globalization of telecommunications in emerging economies [J]. *Journal of World Business*, 2000, 35 (2): 149 – 170.

[326] Rauch, A. , Frese, M. , Utsch, A. Effects of human capital and long – term human resources development and utilization on employment growth of small – scale businesses: A causal analysis [J]. *Entrepreneurship Theory and Practice*, 2005, 29 (6): 681 – 698.

[327] Reger, R. K. , Huff, A. S. Strategic groups: A cognitive perspective [J]. *Strategic Management Journal*, 1993, 14 (2): 103 – 123.

[328] Reuer, J. J. , Tong, T. W. Discovering Valuable Growth Opportunities: An Analysis of Equity Alliances with IPO Firms [J]. *Organization Science*, 2010, 21 (1): 202 – 215.

[329] Rich, P. The Organizational Taxonomy: Definition and Design [J]. *The Academy of Management Review*, 1992, 17 (4): 758 – 781.

[330] Rucci, A. J. , Kim, S. P. , Quinn, R. T. The employee – customer profit chain at Sears [J]. *Harvard Business Review*, 1998, 76 (1): 82 – 98.

[331] Rumelt, R. , Schendel, D. , Teece, D. Fundamental issues in strategy: A research agenda [M] . *Harvard Business School Press*, 1994.

[332] Sabatier, V. , Mangematin, V. , Rousselle, T. From Recipe to Dinner: Business Model Portfolios in the European Biopharmaceutical Industry [J]. *Long Range Planning*, 2010, 43 (2 – 3): 431 – 447.

[333] Sainio, L. M. , Marjakoski, E. The logic of revenue logic? Strategic and operational levels of pricing in the context of software business [J]. *Technovation*, 2009, 29 (5): 368 – 378.

[334] Santangelo, G. D. , Meyer, K. E. Extending the internationalization process model: Increases and decreases of MNE commitment in emerging economies [J]. *Journal of International Business Studies*, 2011, 42 (7): 894 – 909.

[335] Santarelli, E. , Vivarelli, M. Entrepreneurship and the process of firms' entry, survival and growth [J]. *Industrial and Corporate Change*, 2007, 16 (3): 455 – 488.

[336] Sapienza, H. J. , Autio, E. , George, G. , Zahra, S. A. A capabilities perspective on the effects of early internationalization on firm survival and growth [J]. *Academy of Management Review*, 2006, 31 (4): 914 – 933.

[337] Sapienza, H. J. , Parhankangas, A. , Autio, E. Knowledge relatedness and post – spin – off growth [J]. *Journal of Business Venturing*, 2004, 19 (6): 809 – 829.

[338] Sawy, O. A. E. , Malhotra, A. , Gosain, S. , Young, K. M. IT – Intensive Value Innovation in the Electronic Economy: Insights from Marshall Industries [J]. *Mis Quarterly*, 1999, 23 (3): 305 – 335.

[339] Saxenian, A. Regional advantage: culture and competition in Silicon Valley and Route 128 [M] . *Harvard Univ Pr*, 1994.

[340] Schonfeld, I. S. , Rindskopf, D. Hierarchical linear modeling in organizational research – Longitudinal data outside the context of growth modeling [J]. *Organizational Research Methods*, 2007, 10 (3): 417 – 429.

[341] Scott, W. R. Institutions and organizations: Foundations for organizational science [M] . *Thousand Oaks, CA: Sage*, 1995.

[342] Shafer, S. M. , Smith, H. J. , Linder, J. C. The power of business models [J]. *Business Horizons*, 2005, 48 (3): 199 – 207.

[343] Shelton, L. M. Fighting an Uphill Battle: Expansion Barriers, Intra – Industry Social Stratification, and Minority Firm Growth [J]. *Entrepreneurship Theory and Practice*, 2010, 34 (2): 379 – 398.

[344] Shenkar, O., Von Glinow, M. A. Paradoxes of organizational theory and research: Using the case of China to illustrate national contingency [J]. *Management Science*, 1994, 56 – 71.

[345] Shepherd, D., Wiklund, J. Are We Comparing Apples With Apples or Apples With Oranges? Appropriateness of Knowledge Accumulation Across Growth Studies [J]. *Entrepreneurship Theory and Practice*, 2009, 33 (1): 105 – 123.

[346] Shi, Y., Rong, K, 2010. Shanzhai manufacturing and its network behaviours. Paper presented at the Industrial Engineering and Engineering Management (IEEM), 2010 IEEE International Conference on [C].

[347] Shinkle, G. A., Kriauciunas, A. P. Institutions, size and age in transition economies: Implications for export growth [J]. *Journal of International Business Studies*, 2010, 41 (2): 267 – 286.

[348] Short, J. C., Payne, G. T., Ketchen, D. J. Research on organizational configurations: Past accomplishments and future challenges [J]. *Journal of management*, 2008, 34 (6): 1053 – 1079.

[349] Siegel, J. Is there a better commitment mechanism than cross – listings for emerging – economy firms? Evidence from Mexico [J]. *Journal of International Business Studies*, 2009, 40 (7): 1171 – 1191.

[350] Siggelkow, N. Persuasion with case studies [J]. *Academy of Management Journal*, 2007, 50 (1): 20 – 24.

[351] Singh, A., Zammit, A. Corporate governance, crony capitalism and economic crises: should the US business model replace the Asian way of "doing business"? [J]. *Corporate Governance – an International Review*, 2006, 14 (4): 220 – 233.

[352] Singh, K., Mitchell, W. Growth dynamics: The bidirecitonal relationship between interfirm collaboration and business sales in entrant and incumbent alliances [J]. *Strategic Management Journal*, 2005, 26 (6): 497 – 521.

[353] Singh, N., Kundu, S. Explaining the growth of e – commerce corporations (ECCs): An extension and application of the eclectic paradigm [J]. *Journal of International Business Studies*, 2002, 33 (4): 679 – 697.

[354] Sivalingam, G. Network governance in Malaysia'telecommunications industry [J]. *Asia Pacific Business Review*, 2010, 16 (1 – 2): 143 – 159.

[355] Slywotzky, A. J., Wise, R. The growth crisis – and how to escape it [J]. *Harvard Business Review*, 2002, 80 (7): 72 – 83.

[356] Smith, W. K., Binns, A., Tushman, M. L. Complex Business Models: Managing Strategic Paradoxes Simultaneously [J]. *Long Range Planning*, 2010, 43 (2 – 3): 448 – 461.

[357] Sorenson, O. Social networks and industrial geography [J]. *Journal of Evolutionary Economics*, 2003, 13 (5): 513 – 527.

[358] Sosna, M., Trevinyo – Rodriguez, R. N., Velamuri, S. R. Business Model Innovation through Trial – and – Error Learning The Naturhouse Case [J]. *Long Range Planning*, 2010, 43 (2 – 3): 383 – 407.

[359] Spencer, J. W. The impact of multinational enterprise strategy on indigenous enterprises: Horizontal spillovers and crowding out in developing countries [J]. *Academy of Management Review*, 2008, 33 (2): 341 – 361.

[360] Stabell, C. B., Fjeldstad, Φ. D. Configuring Value for Competitive Advantage: On Chains, Shops, and Networks [J]. *Strategic Management Journal*, 1998, 19 (5): 413 – 437.

[361] Stadler, B. M. R., Stadler, P. F., Wagner, G. P., Fontana, W. The topology of the possible: Formal spaces underlying patterns of evolutionary change [J]. *Journal of Theoretical Biology*, 2001, 213 (2): 241 – 274.

[362] Stähler, P, 2002. Business models as an unit of analysis for strategizing [J] . *International Workshop on Business Models*. Lausanne, Switzerland.

[363] Steffens, P., Davidsson, P., Fitzsimmons, J. Performance Configurations Over Time: Implications for Growth – and Profit – Oriented Strategies [J]. *Entrepreneurship Theory and Practice*, 2009, 33 (1): 125 – 148.

[364] Stinchcombe, A. L. Organizations and social structure [J]. *Handbook of organizations*, 1965, 44 (2): 142 – 193.

[365] Strauss, A. , Corbin, J. Grounded theory methodology: An overview [M] . *Sage Publications*, Inc. , 1994.

[366] Stuart, T. , Sorenson, O. The geography of opportunity: spatial heterogeneity in founding rates and the performance of biotechnology firms [J]. *Research Policy*, 2003, 32 (2): 229 – 253.

[367] Stuart, T. E. Interorganizational alliances and the performance of firms: A study of growth and innovation rates in a high – technology industry [J]. *Strategic Management Journal*, 2000, 21 (8): 791 – 811.

[368] Sturgeon, T. J. Modular production networks: a new American model of industrial organization [J]. *Industrial and corporate change*, 2002, 11 (3): 451 – 496.

[369] Svejenova, S. , Planellas, M. , Vives, L. An Individual Business Model in the Making: a Chef'Quest for Creative Freedom [J]. *Long Range Planning*, 2010, 43 (2 – 3): 408 – 430.

[370] Tallman, S. , Jenkins, M. , Henry, N. , Pinch, S. Knowledge, clusters, and competitive advantage [J]. *Academy of Management Review*, 2004, 29 (2): 258 – 271.

[371] Tan, D. Foreign market entry strategies and post – entry growth: Acquisitions vs greenfield investments [J]. *Journal of International Business Studies*, 2009, 40 (6): 1046 – 1063.

[372] Tan, D. C. , Meyer, K. E. Country – of – origin and industry FDI agglomeration of foreign investors in an emerging economy [J]. *Journal of International Business Studies*, 2011, 42 (4): 504 – 520.

[373] Tan, J. , Tan, D. Environment – strategy co – evolution and co – alignment: a staged model of Chinese SOEs under transition [J]. *Strategic Management Journal*, 2005, 26 (2): 141 – 157.

[374] Tan, J. J. , Litsschert, R. J. Environment – strategy relationship and its performance implications: An empirical study of the chinese electronics industry [J]. *Strategic Management Journal*, 1994, 15 (1): 1 – 20.

[375] Tapscott, D. Strategy in the new economy [J]. *Strategy & Leadership*,

1997, 25 (6): 8.

[376] Teece, D., Pisano, G., Shuen, A. Dynamic Capabilities and Strategic Management [J]. *Strategic Management Journal*, 1997, 18: 509 –533.

[377] Teece, D. J. Business Models, Business Strategy and Innovation [J]. *Long Range Planning*, 2010, 43 (2 –3): 172 –194.

[378] Thakur, S. P. Size of investment, opportunity choice and human resources in new venture growth: Some typologies [J]. *Journal of Business Venturing*, 1999, 14 (3): 283 –309.

[379] Thompson, J. D., MacMillan, I. C. Business Models: Creating New Markets and Societal Wealth [J]. *Long Range Planning*, 2010, 43 (2 –3): 291 –307.

[380] Timmers, P. Business Models for Electronic Markets [J]. *Electronic markets*, 1998. 4: 1 –6.

[381] Tompson, J. D. Organizations in action [M]. *New York: McGraw – Hill*, 1967.

[382] Tong, T. W., Alessandri, T. M., Reuer, J. J., Chintakananda, A. How much does country matter? An analysis of firms' growth options [J]. *Journal of International Business Studies*, 2008, 39 (3): 387 –405.

[383] Tseng, C. H., Tansuhaj, P., Hallagan, W., McCullough, J. Effects of firm resources on growth in multinationality [J]. *Journal of International Business Studies*, 2007, 38 (6): 961 –974.

[384] Tsui, A. From homogenization to pluralism: International management research in the Academy and beyond [J]. *Academy of Management Journal*, 2007, 50 (6): 1353.

[385] Tsui, A. S. Contextualization in Chinese management research [J]. *Management and Organization Review*, 2006, 2 (1): 1 –13.

[386] Tsui, A. S. Contributing to global management knowledge: A case for high quality indigenous research [J]. *Asia Pacific Journal of Management*, 2004, 21 (4): 491 –513.

[387] Tsui, A. S., Schoonhoven, C. B., Meyer, M. W., Lau, C. –M., Milkovich, G. T. Organization and Management in the Midst of Societal Transformation: The People' Republic of China [J]. *Organization*

Science, 2004, 15 (2): 133 – 144.

[388] Uhlenbruck, K., Rodriguez, P., Doh, J., Eden, L. The impact of corruption on entry strategy: Evidence from telecommunication projects in emerging economies [J]. *Organization Science*, 2006, 17 (3): 402 – 414.

[389] Ulrich, D., McKelvey, B. General organizational classification: An empirical test using the United States and Japanese electronics industries [J]. *Organization Science*, 1990, 99 – 118.

[390] van der Borgh, M., Cloodt, M., Romme, A. G. L. Value creation by knowledge – based ecosystems: evidence from a field study [J]. *R & D Management*, 2012, 42 (2): 150 – 169.

[391] Venkatraman, N. The Concept of Fit in Strategy Research: Toward Verbal and Statistical Correspondence [J]. *The Academy of Management Review*, 1989, 14 (3): 423 – 444.

[392] Venkatraman, N., Henderson, J. C. Real strategies for virtual organizing [J]. *Sloan Management Review*, 1998, 40 (1): 33 – 48.

[393] Venkatraman, N., Prescott, J. E. Environment – Strategy Coalignment: An Empirical Test of Its Performance Implications [J]. *Strategic Management Journal*, 1990, 11 (1): 1 – 23.

[394] Venkatraman, N., Walker, G, 1989. Strategic consistency and business performance: Theory and analysis [J]. *Cambridge, Mass.: Sloan School of Management, Massachusetts Institute of Technology*.

[395] Vernon – Wortzel, H., Wortzel, L. H. Globalizing strategies for multinationals from developing countries [J]. *Columbia Journal of World Business*, 1988, 23 (1): 27 – 36.

[396] Voelpel, S. C., Leibold, M., Tekie, E. B. The wheel of business model reinvention: how to reshape your business model to leapfrog competitors [J]. *Journal of Change Management*, 2004, 4 (3): 259 – 276.

[397] von Krogh, G., Cusumano, M. A. Three strategies for managing fast growth [J]. *MIT Sloan Management Review*, 2001, 42 (2): 53 – 61.

[398] Watson, W., Stewart, W. H., BarNir, A. The effects of human capital, organizational demography, and interpersonal processes on venture partner perceptions of firm profit and growth [J]. *Journal of Business*

Venturing, 2003, 18 (2): 145 – 164.

[399] Wei, J., Malik, K., Shou, Y. Y. A pattern of enhancing innovative knowledge capabilities: Case study of a Chinese telecom manufacturer [J]. *Technology Analysis & Strategic Management*, 2005, 17 (3): 355 – 365.

[400] Weill, P., Vitale, M. What IT infrastructure capabilities are needed to implement e – business models? [J]. *Mis Quarterly*, 2002, 1 (1): 17 – 34.

[401] Weinzimmer, L. G., Nystrom, P. C., Freeman, S. J. Measuring organizational growth: Issues, consequences and guidelines [J]. *Journal of management*, 1998, 24 (2): 235 – 262.

[402] Wernerfelt, B. A resource – based view of the firm [J]. *Strategic Management Journal*, 1984, 5 (2): 171 – 180.

[403] Whetten, D. A. 2002. Constructing cross – context scholarly conversations. In A. S. T. a. C. M. Lau (Ed.), The management of enterprises in the People'Republic of China: 29 – 48. Boston: Kluwer Academic Publishers.

[404] Whetten, D. A. An examination of the interface between context and theory applied to the study of Chinese organizations [J]. *Management and Organization Review*, 2009, 5 (1): 29 – 55.

[405] Whetten, D. A. Organizational growth and decline processes [J]. *Annual review of sociology*, 1987, 335 – 358.

[406] Whetten, D. A. What Constitutes a Theoretical Contribution? [J]. *The Academy of Management Review*, 1989, 14 (4): 490 – 495.

[407] White, S. Competition, Capabilities, and the Make, Buy, or Ally Decisions of Chinese State – Owned Firms [J]. *The Academy of Management Journal*, 2000, 43 (3): 324 – 341.

[408] Whittington, R., Pettigrew, A., Peck, S., Fenton, E., Conyon, M. Change and complementarities in the new competitive landscape: A European panel study, 1992 – 1996 [J]. *Organization Science*, 1999, 583 – 600.

[409] Wiklund, J., Shepherd, D. Aspiring for, and achieving growth: The moderating role of resources and opportunities [J]. *Journal of Management Studies*, 2003, 40 (8): 1919 – 1941.

[410] Wiklund, J., Shepherd, D. Entrepreneurial orientation and small business performance: a configurational approach [J]. *Journal of Business Venturing*, 2005, 20 (1): 71 – 91.

[411] Wirtz, B. W., Schilke, O., Ullrich, S. Strategic Development of Business Models Implications of the Web 2.0 for Creating Value on the Internet [J]. *Long Range Planning*, 2010, 43 (2 – 3): 272 – 290.

[412] Wright, M., Filatotchev, I., Hoskisson, R. E., Peng, M. W. Strategy Research in Emerging Economies: Challenging the Conventional Wisdom [J]. *Journal of Management Studies*, 2005, 42 (1): 1 – 33.

[413] Wright, M., Hoskisson, R. E., Busenitz, L. W. Firm rebirth: Buyouts as facilitators of strategic growth and entrepreneurship [J]. *Academy of Management Executive*, 2001, 15 (1): 111 – 125.

[414] Wright, M., Hoskisson, R. E., Busenitz, L. W., Dial, J. Entrepreneurial growth through privatization: The upside of management buyouts [J]. *Academy of Management Review*, 2000, 25 (3): 591 – 601.

[415] Wright, M., Hoskisson, R. E., Filatotchev, I., Buck, T. Revitalizing privatized Russian enterprises [J]. *The Academy of Management Executive* (1993 – 2005), 1998, 74 – 85.

[416] Xie, W., Wu, G. S. Differences between learning processes in small tigers and large dragons – Learning processes of two color TV (CTV) firms within China [J]. *Research Policy*, 2003, 32 (8): 1463 – 1479.

[417] Yamakawa, Y., Peng, M. W., Deeds, D. L. What drives new ventures to internationalize from emerging to developed economies? [J]. *Entrepreneurship Theory and Practice*, 2008, 32 (1): 59 – 82.

[418] Yin, R. Applications of case study research [M]. *Sage Publications, Inc.*, 2003a.

[419] Yin, R. Case study research: Design and methods [M]. *Thousands Oaks: Sage Publications*, 2003b.

[420] Yiu, D., Bruton, G. D., Lu, Y. Understanding business group performance in an emerging economy: Acquiring resources and capabilities in order to prosper [J]. *Journal of Management Studies*, 2005, 42 (1): 183 – 206.

[421] Yoon, W. , Hyun, E. Economic, social and institutional conditions of network governance Network governance in East Asia [J]. *Management Decision*, 2010, 48 (7 - 8): 1212 - 1229.

[422] Young, M. N. , Ahlstrom, D. , Bruton, G. D. , Rubanik, Y. What do firms from transition economies want from their strategic alliance partners? [J]. *Business Horizons*, 2010, 54 (2): 163 - 174.

[423] Young, M. N. , Peng, M. W. , Ahlstrom, D. , Bruton, G. D. , Jiang, Y. Corporate governance in emerging economies: A review of the principal - principal perspective [J]. *Journal of Management Studies*, 2008, 45 (1): 196 - 220.

[424] Yunus, M. , Moingeon, B. , Lehmann - Ortega, L. Building Social Business Models: Lessons from the Grameen Experience [J]. *Long Range Planning*, 2010, 43 (2 - 3): 308 - 325.

[425] Zahra, S. A. , Ireland, R. D. , Gutierrez, I. , Hitt, M. A. Privatization and Entrepreneurial Transformation: Emerging Issues and a Future Research Agenda [J]. *The Academy of Management Review*, 2000, 25 (3): 509 - 524.

[426] Zajac, E. J. , Kraatz, M. S. , Bresser, R. K. F. Modeling the Dynamics of Strategic Fit: A Normative Approach to Strategic Change [J]. *Strategic Management Journal*, 2000, 21 (4): 429 - 453.

[427] Zajac, E. J. , Shortell, S. M. Changing generic strategies: Likelihood, direction, and performance implications [J]. *Strategic Management Journal*, 1989, 10 (5): 413 - 430.

[428] Zander, I. , Zander, U. The inside track: On the important (but neglected) role of customers in the resource - based view of strategy and firm growth [J]. *Journal of Management Studies*, 2005, 42 (8): 1519 - 1548.

[429] Zeng, M. , Williamson, P. J. The Hidden Dragons [J]. *Harvard Business Review*, 2003, 81 (10): 92 - 99.

[430] Zhang, Y. , Li, H. , Schoonhoven, C. B. Intercommunity relationships and community growth in China'high technology industries 1988 - 2000 [J]. *Strategic Management Journal*, 2009, 30 (2): 163 - 183.

[431] Zimmerman, M. A. , Zeitz, G. J. Beyond survival: Achieving new

venture growth by building legitimacy [J]. *Academy of Management Review*, 2002, 27 (3): 414 – 431.

[432] Zook, C., Allen, J. Growth outside the core [J]. *Harvard Business Review*, 2003, 81 (12): 66 – 74.

[433] Zott, C., Amit, R. Business model design and the performance of entrepreneurial firms [J]. *Organization Science*, 2007, 18 (2): 181 – 199.

[434] Zott, C., Amit, R. Business Model Design: An Activity System Perspective [J]. *Long Range Planning*, 2010, 43 (2 – 3): 216 – 226.

[435] Zott, C., Amit, R. The fit between product market strategy and business model: Implications for firm performance [J]. *Strategic Management Journal*, 2008, 29 (1): 1 – 26.

[436] Zott, C., Amit, R., Massa, L. The Business Model: Recent Developments and Future Research [J]. *Journal of management*, 2011, 37 (4): 1019 – 1042.

[437] 陈新焱:《"山寨"穷途》,《南方周末》2011b。

[438] 龚丽敏、江诗松:《产业集群龙头企业的成长演化:商业模式视角》,《科研管理》2012 年第 7 期。

[439] 龚丽敏、江诗松、魏江:《试论商业模式构念的本质、研究方法及未来研究方向》,《外国经济与管理》2011 年第 3 期。

[440] 黄金萍:《山寨本为何长不大》,http://www.infzm.com/content/37916。

[441] 江诗松、龚丽敏、魏江:《转型经济背景下后发企业的能力追赶:一个共演模型》,《管理世界》2011 年第 4 期。

[442] 江诗松、龚丽敏、魏江:《转型经济背景下后发企业的能力追赶:一个共演模型——以吉利集团为例》,《管理世界》2011 年第 4 期。

[443] 江诗松、龚丽敏、魏江:《转型经济中后发企业创新能力的追赶路径:国有企业和民营企业的双城故事》,《管理世界》2011 年第 12 期。

[444] 马克·格兰诺维特:《镶嵌:社会网与经济行动》,社会科学文献出版社 2007 年版。

[445] 武亚军:《中国本土新兴企业的战略双重性:基于华为、联想和海尔实践的理论探索》,《管理世界》2009 年第 12 期。

［446］晏新尘：《"山寨浪潮"第二波?》，http：//www. infzm. com/con-
tent/16168。

［447］约翰·斯科特：《社会网络分析法》，刘军译，重庆大学出版社
2007 年版。

［448］赵晶、关鑫、仝允桓：《面向低收入群体的商业模式创新》，《中国
工业经济》2007 年第 10 期。